Dédié avec notre affectueux souvenir à notre maître et ami le Docteur Eric Berne

NAITRE GAGNANT

L'Analyse transactionnelle dans la vie quotidienne

MURIEL JAMES

DOROTHY JONGEWARD

Conseillers en relations et communications humaines

Traduit de l'américain par LAURIE HAWKES

Inter
Editions

L'édition originale de cet ouvrage a été publiée aux Etats-Unis par Addison-Wesley Publishing Company, Inc., Reading, Massachusetts, sous le titre *Born to Win*. © 1971.

PHOTOGRAPHIES Couverture de J. Pearson, frontispice de J. James. Pages 22 et 23 de S. Morgan   Page 122 : celle de gauche de M. James, en haut à droite de E. Cheney et en bas de D. Buop   Page 123 : en haut à gauche de D. Buop, les autres de S. Morgan   Page 143 en haut à gauche de D. Jongeward et en bas de E. Cheney, celle de droite de J. Pearson   Page 147 : celle de gauche de J. Pearson, celle de droite de D. Buop.

ISBN 2-7296-0056-6

TABLE DES MATIÈRES

AVANT-PROPOS

Lecteur, lectrice, qui que vous soyez, promenez-vous au long de ces pages et expérimentez, seul ou avec d'autres, certains des exercices proposés. Peut-être constaterez-vous, à la fin de cette promenade, que les paysages que vous connaissiez depuis si longtemps se transforment, s'illuminent de couleurs nouvelles et que des chemins, dont vous ne soupçonniez pas l'existence, s'ouvrent devant vous; c'est à vous seul qu'il appartient de les emprunter ou non.

Ce livre nous arrive en France après un très grand succès aux Etats-Unis. Les auteurs, Muriel James et Dorothy Jongeward, en des mots de tous les jours, clairs, directs, incisifs, ont su capter ce qui fait la trame de notre vie quotidienne, y apportant un éclairage qui révolutionne notre regard. Elles ont également su saisir ce qui fait le drame de notre vie et nous amène à répéter inlassablement des comportements qui nous entravent dans toutes les situations que nous rencontrons. Elles nous apportent des clés pour comprendre ce drame et des instruments originaux et simples qui peuvent, si nous le voulons, nous conduire à un changement personnel et relationnel.

Cet ouvrage est dans la ligne directe des travaux du Dr. Eric Berne, qui, à la recherche d'une voie thérapeutique permettant aux patients de prendre en charge très rapidement leur propre changement, a développé, avec un groupe de psychothérapeutes et de travailleurs sociaux, une théorie et une pratique qu'il a nommées l'*analyse transactionnelle*. Celle-ci permet de comprendre, en termes neufs, ce que nous sommes et ce que nous faisons, et de décider ce que nous voulons changer dans nos vies.

Aujourd'hui, en France comme dans beaucoup d'autres pays européens, un nombre croissant de personnes qui veulent se connaître mieux et modifier la nature de leur relation avec le monde et la vie, ainsi que de nombreux formateurs et psychothérapeutes, découvrent la richesse de cette approche qui permet d'accéder à un mieux-être et un mieux-vivre. Beaucoup se sont regroupés au sein d'associations qui se sont donné pour but de faire connaître l'analyse transactionnelle et d'informer tous ceux qui s'intéressent à cette approche de la personne humaine et de ses rapports avec autrui.

Nous souhaitons que cet ouvrage permette à beaucoup d'apprécier et de profiter de l'analyse transactionnelle.

Claude Dupin
*Présidente de l'Institut Français
d'Analyse Transactionnelle
Psychologue -- Formatrice à l'Institut
Supérieur de Pédagogie*

PREFACE

Nous observons actuellement un regain d'intérêt pour le « pourquoi » et le « comment » du comportement humain et pour la quête d'un sens de l'existence. Les patrons étudient la manière de travailler avec leurs subordonnés, les parents suivent des cours pour savoir comment élever leurs enfants, maris et femmes apprennent à discuter et à jouer « de bonne guerre », les professeurs s'entraînent à faire face aux troubles affectifs de leurs élèves et à « renverser » les effets de certaines privations.

En plus de leur intérêt pour les biens matériels et la technologie, nombre de personnes se préoccupent de ce qu'être un homme signifie. Comme le disait un jeune cadre d'une société importante : « J'ai un diplôme de comptable. Quand j'ai commencé à travailler ici, je pensais que mes problèmes concerneraient la comptabilité. Mais non, ce sont des problèmes humains. »

L'analyse transactionnelle, élaborée par le Docteur Eric Berne, et la Gestalt-thérapie dans l'interprétation du Docteur Frederick Perls, sont deux nouvelles approches de la compréhension d'autrui et de soi-même. Ce livre est centré essentiellement sur notre interprétation de l'analyse transactionnelle et sur son application dans la vie quotidienne de l'individu moyen. Des expériences d'orientation gestaltiste servent à compléter la théorie de l'analyse transactionnelle. Les exemples cliniques sont tirés de notre expérience d'enseignantes et de thérapeutes.

L'analyse transactionnelle propose une méthode d'analyse et de compréhension du comportement; la Gestalt-thérapie donne une méthode utile pour rechercher et trouver les « parties fragmentées » de la personnalité, les intégrer, et développer la confiance en soi. Toutes deux se préoccupent de découvrir et de maintenir la conscience, la responsabilité et l'authenticité. Toutes deux concernent ce qui se passe *maintenant*.

Nous pensons que ce livre peut servir de référence ou de moyen d'étude à ceux qui s'intéressent aux théories de la personnalité et aux rapports interpersonnels. Il est destiné à aider les professionnels dans les domaines de la santé mentale, de l'organisation et de l'éducation, et les amateurs qui cherchent de nouveaux moyens d'arriver à leur propre compréhension. Il n'est certes pas destiné à remplacer la psychothérapie professionnelle. Les personnes atteintes de troubles sérieux ont besoin, pour guérir, d'une aide extérieure aussi bien que de leur propre et total engagement.

Nous sommes convaincues que les individus ne sont totalement à la merci ni de leur hérédité, ni de leur milieu. Ils peuvent les modifier tous les deux. Notre espoir est que ce livre puisse accroître la conscience du pouvoir réel dont vous disposez pour diriger votre vie, prendre des décisions, élaborer votre propre système moral, enrichir la vie d'autrui, et comprendre que vous êtes nés pour gagner.

Nous tenons à remercier de la façon la plus sincère les nombreuses personnes qui nous ont aidées et assistées. Il nous serait impossible d'énumérer tous leur noms ici. Nous voulons exprimer particulièrement notre reconnaissance aux Docteurs Eric Berne et Frederick Perls pour leur enseignement et leurs ouvrages, à l'Association Internationale d'Analyse Transactionnelle (ITAA) et au Docteur Kenneth Everts, son ancien président.

Nous désirons également remercier nos étudiants et les membres de nos groupes pour la confiance qu'ils nous ont témoignée et pour tout ce que nous avons appris les uns des autres.

Enfin, nous remercions nos maris et nos enfants pour leur patience, leur amour, et leurs encouragements.

Muriel James

Dorothy Jongeward

Avertissement au lecteur

Certains mots du langage courant font partie du vocabulaire de base de l'analyse transactionnelle; cependant, ils ont une signification différente de leur signification habituelle. Afin d'éviter une mauvaise interprétation, ces termes, lorsqu'ils sont introduits pour la première fois, sont signalés par une astérisque (*) qui renvoie au glossaire de la page 291.

1

GAGNANTS ET PERDANTS

On ne peut rien enseigner à autrui
On ne peut que l'aider à le découvrir en lui-même.
  Galilée

Avec tout être humain naît quelque chose de nouveau, quelque chose qui n'a encore jamais existé. Chacun de nous vient au monde avec la capacité de gagner au jeu de la vie. Avec sa manière unique de voir, d'entendre, de toucher, de goûter, de penser, tout homme possède ses propres potentialités, ses capacités et ses limites. Il peut acquérir une valeur, avoir ses pensées, sa conscience et sa créativité personnelles, en un mot, devenir un gagnant.*

Les mots « gagnant » et « perdant » ont de nombreux sens. Quand nous faisons référence ici à une personne en tant que gagnant, nous ne voulons pas dire par là qu'elle fait perdre un adversaire. Pour nous, le gagnant est celui qui réagit de façon authentique, se rend digne de confiance, est sensible et vrai à la fois en tant qu'individu et en tant que membre d'une société. Le perdant ne parvient pas à exprimer sa personnalité de façon authentique. Martin Buber souligne cette distinction en racontant la vieille histoire du rabbin à qui, sur son lit de mort, on demande s'il est prêt pour l'au-delà. Le rabbin répond affirmativement; après tout, on ne va pas lui demander « Pourquoi n'as-tu pas été Moïse? » mais seulement, « Pourquoi n'as-tu pas été toi-même? ».

Peu d'entre nous sont gagnants à cent pour cent ou perdants à cent pour cent. C'est une question de degré. Toutefois, lorsqu'on s'est engagé sur la bonne voie pour devenir un gagnant, les chances d'y parvenir augmentent d'autant plus. Le but de ce livre est de faciliter le voyage.

LES GAGNANTS

Les gagnants ont des potentialités variables. Ce qui compte, ce n'est pas la réussite, mais l'authenticité. Les personnes authentiques se

1

ressentent comme réelles en se connaissant elles-mêmes et en devenant sensibles et dignes de confiance. Elles sont capables de révéler le caractère unique de leur personnalité et admettent la singularité des autres.

Les gagnants ne consacrent pas leur vie à une conception de ce qu'ils croient *devoir* être; ils sont eux-mêmes, et n'utilisent pas leur énergie à jouer la comédie, à maintenir une apparence, à se servir des autres. Les gagnants peuvent se révéler tels qu'ils sont plutôt que de montrer d'eux-mêmes une image qui plaît, de provoquer ou de séduire les autres. Ils sont conscients de la différence qui existe entre aimer et avoir l'air aimant, entre être stupide et le paraître, entre le savoir et l'apparence du savoir. Ils n'ont pas besoin de se cacher derrière un masque. Ils refusent la supériorité ou l'infériorité. L'autonomie ne les effraie pas.

Nous passons tous par des moments d'autonomie, aussi fugitifs soient-ils. Toutefois, les gagnants sont capables de maintenir leur autonomie pendant des durées sans cesse croissantes. Ils peuvent perdre du terrain de temps à autre, et même essuyer des échecs. Cependant, malgré ces revers, les gagnants gardent une confiance en soi fondamentale.

Les gagnants n'ont pas peur de penser par eux-mêmes et d'utiliser leurs propres connaissances. Ils savent distinguer les faits des opinions et ne prétendent pas connaître toutes les réponses. Ils écoutent les autres, évaluent leurs discours, mais en tirent leurs propres conclusions. Bien que les gagnants puissent admirer et respecter les autres, ils ne se sentent pas complètement définis et détruits par eux, liés à eux ou terrifiés par eux.

Les gagnants ne jouent pas à être « sans défense », pas plus qu'ils ne jouent à rejeter la faute sur les autres. Ils préfèrent assumer la responsabilité de leur propre vie. Ils ne donnent pas à d'autres la possibilité d'avoir une fausse autorité sur eux. Ils sont leur propre patron et ils le savent.

Un gagnant sait choisir son moment. Il réagit à une situation donnée de façon appropriée. Ses réactions sont adaptées au message envoyé et préservent ainsi la personnalité, le bien-être, et la dignité des autres. Il sait qu'il y a un temps pour tout et un moment pour chaque activité.

Le temps d'être agressif et le temps d'être passif
Le temps d'être ensemble et le temps d'être seul

Le temps de se battre et le temps d'aimer
Le temps de travailler et le temps de jouer
Le temps de pleurer et le temps de rire
Le temps de parler et le temps de se taire.

Le temps est précieux pour les gagnants. Ils ne le gaspillent pas, mais le vivent ici et maintenant. Vivre dans le présent ne signifie pas qu'ils ne tiennent pas compte de leur passé ou oublient de se préparer à l'avenir. Mais plutôt qu'ils connaissent leur passé, sont conscients du présent, et savent l'assumer en attendant l'avenir avec confiance.

Les gagnants apprennent à connaître leurs sentiments et leurs limites et à ne pas les craindre. Ils ne sont pas arrêtés par leurs propres contradictions ou leurs ambivalences. Ils sont conscients de leur propre colère et savent écouter la colère des autres. Ils sont capables d'aimer et d'être aimés.

Les gagnants savent être spontanés. Ils n'ont pas à réagir de façon prédéterminée et rigide, mais peuvent changer leurs projets quand la situation l'exige. Ils ont le goût de la vie, aiment travailler, jouer, manger, faire l'amour; ils savent apprécier les autres et la nature. Ils se réjouissent sans honte de leurs propres succès, et sans envie des succès des autres.

Bien que les gagnants puissent s'amuser librement, ils peuvent aussi retarder le plaisir, se discipliner dans le présent pour enrichir leur plaisir dans l'avenir. Ils n'ont pas peur d'obtenir ce qu'ils désirent mais le font de façon appropriée. Ils ne trouvent pas leur sécurité dans le contrôle des autres et ne se mettent pas davantage en position de perdre.

Un gagnant se sent concerné par le monde et ses nations. Il n'est pas étranger aux grands problèmes de l'humanité, mais y est sensible, en est conscient, cherche à améliorer la qualité de la vie. Face aux problèmes nationaux et internationaux, il ne se sent pas impuissant. Le gagnant essaie d'oeuvrer pour un monde meilleur.

LES PERDANTS

Bien que les individus naissent pour gagner, ils naissent également sans défense et totalement à la merci de leur environnement. Les gagnants passent avec succès d'un manque de défense total à l'indépendance, et de l'indépendance à l'interdépendance. Les perdants n'y parviennent pas. A un moment donné ils commencent à éviter de se sentir responsables de leur propre vie.

Comme nous l'avons déjà précisé, peu de personnes sont totalement des gagnants ou des perdants. La plupart sont gagnants dans certains domaines de la vie et perdants dans d'autres. Leur capacité de gagner ou de perdre est influencée par les conditions dans lesquelles s'est déroulée leur enfance.

L'absence de réponse à des besoins de dépendance, une mauvaise nutrition, des soins physiques inadéquats, la brutalité, des rapports affectifs malheureux, des déceptions répétées et des événements traumatisants peuvent contribuer à les faire devenir des 'perdants. De telles expériences interrompent, découragent, ou préviennent la progression normale vers l'autonomie et l'accomplissement de soi. Pour faire face à des expériences négatives, les enfants apprennent à exercer des pressions sur les autres et sur eux-mêmes. Plus tard, il devient difficile de renoncer à ces techniques de manipulation et elles demeurent souvent des comportements établis. Les gagnants travaillent à s'en défaire. Les perdants s'y raccrochent.

Certains perdants se décrivent comme ayant réussi mais restent anxieux, piégés, malheureux. D'autres se considèrent comme complètement vaincus, sans but, incapables d'agir, ou s'ennuyant à mourir. Souvent les perdants ne savent pas reconnaître que, la plupart du temps, ils ont construit leur propre cage, causé leur propre ennui, creusé leur propre tombe.

Un perdant vit rarement dans le présent; il le détruit plutôt en se concentrant sur des souvenirs du passé ou dans l'attente de l'avenir. Il vit dans le passé, remâche le bon vieux temps ou d'anciennes mésaventures personnelles. Il se raccroche avec nostalgie à ce qui « était avant », ou se plaint de sa mauvaise fortune. Il s'apitoie sur son sort et rejette sur autrui la responsabilité d'une vie décevante. Blâmer les autres et se trouver des excuses font souvent partie des jeux du perdant. Un perdant vit dans le passé et se lamente :

« *Si seulement* j'avais épousé quelqu'un d'autre... »

« *Si seulement* je faisais un autre travail... »

« *Si seulement* j'avais été beau (belle)... »

« *Si seulement* mon mari (ma femme) avait cessé
de boire... »

« *Si seulement* j'étais né(e) riche... »

« *Si seulement* j'avais eu de meilleurs parents... »

Ceux qui vivent dans l'avenir peuvent rêver à un miracle, après lequel ils vivront « heureux et auront beaucoup d'enfants ». Au lieu de poursuivre leurs propres efforts pour vivre, les perdants attendent un sauvetage* magique. Comme la vie sera merveilleuse :

« *Quand* le Prince Charmant ou la femme idéale
viendra enfin... »

« *Quand* j'aurai terminé mes études... »

« *Quand* les enfants seront grands... »

« *Quand* j'aurai ce nouveau travail... »

« *Quand* mon tour viendra... »

En contraste, d'autres perdants vivent dans la crainte constante d'une catastrophe. Ils évoquent certaines éventualités :

« *Et si* je perdais mon emploi... »

« *Et si* je perdais la tête... »

« *Et si* je me cassais la jambe... »

« *Et si* les gens ne m'aimaient pas... »

« *Et si* je me trompais... »

En se concentrant sans cesse sur l'avenir, ces perdants ressentent de l'anxiété dans le présent. Ils sont inquiets de l'avenir — réel ou imaginaire — les examens, les factures à payer, une aventure sentimentale, une crise, une maladie, la retraite, le temps, et ainsi de suite. Les personnes trop profondément impliquées dans l'imaginaire laissent échapper les possibilités réelles du moment. Elles s'encombrent l'esprit d'éventualités sans rapport avec la situation actuelle. Cette anxiété fausse le présent. Ainsi, elles sont incapables de voir, d'entendre et de sentir par elles-mêmes, de goûter, de toucher, ou de penser par elles-mêmes.

Dans cette incapacité d'appliquer le plein potentiel de leurs sens à la situation immédiate, les perdants en reçoivent des perceptions fausses ou incomplètes. Ils voient les autres et se voient eux-mêmes comme à travers un prisme déformant. Leur capacité à faire face efficacement au monde réel en est diminuée.

Les perdants passent une grande partie de leur temps à jouer la comédie, à faire semblant, à se servir des autres et à éterniser les attitudes de leur enfance. Ils investissent leur énergie à garder un masque, montrant souvent une façade factice. Karen Horney écrit : « Le développement du moi factice se fait toujours au détriment du moi réel, ce dernier étant traité avec dédain, au mieux comme le parent pauvre » [2]. Pour celui qui se joue la comédie, la représentation a souvent plus d'importance que la réalité.

Les perdants répriment leur capacité d'exprimer spontanément et de façon appropriée toute la gamme des comportements possibles. Ils sont souvent inconscients de l'existence d'autres choix qui pourraient leur offrir une vie plus enrichissante, plus épanouie. Ils ont peur de la nouveauté et préfèrent se maintenir dans leur propre statu quo. Ils répètent non seulement leurs propres erreurs, mais aussi celles de leur famille et de leur culture.

Le perdant éprouve du mal à donner ou à recevoir de l'affection et s'engage difficilement dans des rapports intimes, honnêtes, directs avec les autres. Il essaie au contraire de se servir d'eux pour qu'ils se conduisent selon son attente. Son énergie est souvent consacrée toute entière à vivre dans cette attente des autres [3].

Ceux qui deviennent des perdants ne se servent pas de leur intelligence de façon appropriée, mais de façon abusive en intellectualisant chaque événement, chaque sentiment. Ils trouvent des excuses pour rendre leurs actes plausibles ou tentent de noyer les autres sous le flot de leur verbiage. Ainsi, une grande partie de leurs potentialités reste en sommeil, irréalisée et méconnue. Comme le prince-crapaud des contes de fées, le perdant est contraint par le sort à ne pas vivre sa vie comme elle devrait être.

DES OUTILS DE CHANGEMENT

Une personne qui veut découvrir et changer une « tendance perdante » et ressembler davantage au gagnant ou à la gagnante qu'elle est destinée à être, peut arriver à ce changement grâce à des expériences de type Gestalt et à l'analyse transactionnelle. Il s'agit de deux approches psychologiques nouvelles et passionnantes pour tenter de résoudre les problèmes humains. La première connaît un renouveau grâce au Dr. Frederick Perls; la seconde a été élaborée par le Dr. Eric Berne. Perls naquit en Allemagne en 1893 mais s'expatria lorsque Hitler prit le pouvoir. Berne naquit à Montréal en 1910. Tous deux reçurent une formation de psychanalystes freudiens; tous deux rompirent avec la psychanalyse orthodoxe. C'est aux Etats-Unis qu'ils furent le mieux compris et connurent le plus grand succès. Nous avons travaillé avec Berne et Perls, et nous aimons leurs méthodes parce qu'elles sont efficaces.

Dans ce livre, nous espérons montrer comment la théorie de l'analyse transactionnelle — à laquelle sont adjointes certaines expériences imaginées par nous-mêmes et d'autres tirées de la Gestalt-thérapie — peut servir à accroître et à épanouir la « tendance gagnante » d'une personne. Nous croyons que chaque être, au moins dans un aspect de sa condition d'homme, possède en puissance les moyens de devenir un gagnant : d'être une personne vraie, une personne vivante, une personne consciente.

FREDERICK PERLS ET LA GESTALT-THERAPIE

Ce n'est pas la psychologie gestaltiste qui est nouvelle, mais la Gestalt-thérapie. Le Dr. Frederick Perls, qui pratiqua longtemps l'analyse freudienne, utilisa certains des principes et des découvertes de la psychologie gestaltiste pour créer et développer la Gestalt-thérapie. « Gestalt » est un mot allemand qui n'a p... d'équivalent exact en français; il signifie, approximativement, « un tout organisé ».

Pour Perls, de nombreuses personnes n'ont pas conscience de leur moi comme d'un tout mais n'en ressentent que des parties. Par exemple, une femme peut ignorer ou ne pas vouloir admettre qu'elle agit parfois comme sa mère; un homme peut ignorer ou ne pas vouloir admettre qu'il a parfois envie de pleurer comme un bébé.

Le but de la Gestalt-thérapie est d'aider chaque individu à acquérir sa propre plénitude, à prendre conscience du manque d'unité de sa personnalité, à l'admettre et à parvenir à réaliser cette unité. Cette « intégration » permet de passer de la dépendance à l'indépendance; d'un soutien extérieur de type autoritaire à un authentique soutien intérieur [4]. Posséder un tel soutien intérieur est une preuve de confiance en soi. On ne se sent plus contraint de s'appuyer sur son conjoint ou sur son thérapeute, sur ses diplômes universitaires, ses titres professionnels, son compte en banque et ainsi de suite. On découvre que les capacités nécessaires à sa vie se trouvent en soi-même et qu'il est possible de les utiliser. Selon Perls, une personne qui refuse d'accomplir ce changement peut être considérée comme névrosée :

J'appelle névrosé tout homme
Qui utilise son potentiel pour
Se servir des autres
Au lieu de favoriser son propre épanouissement.
Il prend les commandes, la puissance l'enivre,
Il mobilise parents et amis
Pour tout ce qu'il est incapable d'accomplir
Par ses propres moyens.
Il agit ainsi car il ne peut supporter
Les tensions et les frustrations
Qui accompagnent le développement de sa personnalité,
Et puis il est dangereux de courir des risques
Trop dangereux même pour y penser. [5]

Parmi les méthodes courantes utilisées en Gestalt-thérapie on peut citer : le jeu de rôles*, l'exagération de symptômes ou de comportement, l'utilisation de l'imagination, le fait de s'attacher au moment immédiat, c'est-à-dire l'expérience consistant à « rester dans le maintenant »; l'usage du mot « je » au lieu du mot « ça », comme moyen d'assumer la responsabilité d'un comportement, apprendre à s'entretenir *avec* quelqu'un plutôt que de monologuer *devant* un vis-à-vis; prendre conscience de sensations physiques, et savoir « rester avec un sentiment » jusqu'à ce qu'il soit compris et intégré [6].

Pour beaucoup de patients, la méthode la plus difficile à comprendre est la forme particulière du jeu de rôles de Perls. Le jeu de rôles n'est pas une nouveauté en pratique psychologique. Dès 1908 le Docteur Jacob Moreno avait étudié cette méthode dont sont issues de nombreuses formes de traitements et de rencontres de groupe. En 1919 il inventa le mot *psychodrame* pour décrire la façon dont il indiquait à ses patients de prendre l'identité d'autres personnes et d'exposer leurs problèmes en les mettant en scène à partir de différents points de vue [7].

Contrairement à Moreno, Perls introduit rarement d'autres personnes dans le jeu de rôles. Il prétend que ces personnes « introduiraient leur propre imagination, leurs propres interprétations » [8]. Perls demande donc que son patient imagine et joue tous les rôles. Il se concentre sur *la façon* dont le patient agit *maintenant*, et non sur le *pourquoi* de son comportement.

Bien que de multiples dispositions puissent être utilisées pour ce type de jeu de rôles, la technique de la chaise est propre à Perls. Voici les accessoires qu'il utilise : 1. la « *place chaude* », une chaise destinée au patient qui décide de « travailler », 2. une chaise vide en face de lui et sur laquelle le patient projette ses nombreux moi, et 3. une boîte de mouchoirs en papier pour les yeux larmoyants et les nez qui coulent.

Voici un exemple d'application de la méthode de la « place chaude ». Une institutrice se décrivait comme aimable et serviable, et pourtant elle n'arrivait pas à comprendre pourquoi elle n'avait pas d'amis intimes. Bien qu'elle niât éprouver tout sentiment de colère, elle utilisait fréquemment des expressions semblables à « tu le regretteras » ou « des gens comme toi me font pitié », ce que les autres percevaient comme menaçant et hostile.

Quand cette patiente effectua un jeu de rôles, elle joua son « moi amical » dans la place chaude et imagina son « moi en colère » sur le siège opposé. Elle changea de chaise en même temps qu'elle changeait de rôle et peu à peu un dialogue commença :

Place chaude:	Je ne sais pas ce que je fais ici. Je suis toujours aimable et serviable.
Chaise opposée:	Mais si, tu sais très bien ce que tu fais là. Tu n'as pas d'amis.
Place chaude:	Je ne comprends pas pourquoi. Je suis toujours en train de rendre service aux gens.
Chaise opposée:	C'est justement ça le problème. Toujours à jouer les bonnes soeurs. Tu t'arranges pour que tout le monde te soit obligé.

Très rapidement la voix de l'institutrice se fit stridente et forte. De la place chaude, elle se défendit violemment contre l'accusation d'être une « bonne soeur ».   Stupéfaite par sa propre agressivité, elle commenta, incrédule : « Je n'aurais jamais cru que je pourrais me mettre tellement en colère ».   Bien que les autres aient eu l'occasion de voir assez souvent cet aspect de sa personnalité, c'était la première fois qu'elle-même admettait ses deux sentiments opposés de colère et de serviabilité — ses polarités.

Il arrive que des personnes soient conscientes de *l'un* seulement de leurs pôles, comme dans le cas cité ci-dessus.   Elles peuvent être conscientes des deux et dire : « Je suis tantôt gai comme un pinson, tantôt écrasé de dépression », ou : « tantôt je suis coléreux et agressif, tantôt j'ai peur et je doute de tout ».

Un individu dont la personnalité est ainsi fragmentée de façon polarisée, se conduit sur un mode alternant, se montrant arrogant ou complètement effacé, impuissant ou tyrannique, méchant ou vertueux.   Une personne « coincée » dans l'impasse de telles forces contraires est en proie à une lutte interne.   Grâce à la technique du jeu de rôles de Perls, ces forces contraires d'une même personnalité arrivent à « régler leurs comptes », à se pardonner, à trouver un compromis, ou tout au moins à se découvrir.

Par la technique des deux chaises, les patients ont la possibilité de prendre conscience des divers aspects de leur personnalité en entreprenant un dialogue et en jouant les divers rôles, en changeant de chaise à chaque changement de rôle.   Les rôles joués représentent les personnes soit telles qu'elles sont en réalité, soit comme un enfant, une mère, un père, un conjoint, ou un patron.   Le rôle sert également à exprimer un symptôme physique : un ulcère, un mal de tête ou de dos, des mains moites, des palpitations cardiaques ou à retrouver un objet vu dans un rêve, par exemple un meuble, un animal, une fenêtre, etc.

Le jeu de rôles, avec la place chaude, est également utilisé à préciser n'importe quelle relation humaine.   Pour cela, la personne imagine qu'une autre personne se trouve assise sur la chaise opposée.   Elle lui parle, lui disant ce qu'elle a vraiment sur le coeur.   Elle prend ensuite le rôle de l'autre et répond.   Dans ce processus, les rancoeurs et les affections muettes sont mises à jour et peuvent ainsi être comprises et résolues.

On peut aussi jouer les diverses parties d'un rêve pour arriver à une conscience du moi.   Selon Perls, le rêve est « la voie royale de l'intégration » [9].

...Toutes les parties différentes du rêve sont des fragments de notre personnalité. Puisque notre but est de faire de chacun de nous un être sain, c'est-à-dire une personne unifiée, sans conflits, nous devons assembler les différents fragments du rêve. Nous devons *ré-assumer* ces parties fragmentées, projetées, de notre personnalité, et ré-assumer le potentiel caché qui apparaît dans le rêve [10].

Ou bien, en d'autres termes, tout le rêve est le rêveur. Chaque personne ou chaque chose apparaissant dans le rêve est un aspect du rêveur. En jouant les rôles des personnages, du rêve, des objets du rêve, ou même seulement un fragment de rêve, le message existentiel qui y est contenu peut être découvert, non par l'analyse, mais en revivant le rêve.

Par exemple, prenons le cas d'un homme qui avait un rêve récurrent où apparaissait toujours un bureau. Quand on lui demanda de s'imaginer dans le rôle de ce meuble, il grommela : « mais c'est idiot, je ne suis pas un bureau ». Avec un peu d'encouragement, il surmonta son trac et commença à jouer le rôle. « Je suis un grand bureau. Je suis plein à craquer de choses appartenant aux autres. Les gens empilent des choses sur moi, m'écrivent dessus, me piquent avec des stylos. Ils ne font que se servir de moi et je ne peux pas bouger... » Plus tard il dit : « ah c'est bien moi! Tout comme un bureau je laisse tout le monde se servir de moi, et je reste là sans rien faire! »

En Gestalt-thérapie les patients parviennent à se comprendre sur les plans affectif et intellectuel à la fois, mais la méthode insiste plutôt sur le premier plan. La compréhension affective vient au moment de la découverte de soi, quand la personne dit « ah bon ». Perls décrit l'expérience du « ah bon » comme étant « ce qui se passe lorsqu'un « clic » se produit et tombe en place; chaque fois qu'une Gestalt est close, il y a ce petit clic du « ah bon! », le choc de la reconnaissance » [11]. La compréhension intellectuelle, elle, survient avec l'accumulation des données.

ERIC BERNE ET L'ANALYSE TRANSACTIONNELLE

En analyse transactionnelle, les patients arrivent également à se comprendre sur les plans affectif et intellectuel à la fois, mais la méthode insiste plutôt sur le dernier plan. C'est un processus de réflexion, de type souvent analytique, et grâce auquel la personne conclut fréquemment : « c'était donc ça! »

Selon le Dr. Berne, ses théories ont pris forme en observant les changements de comportement qui se produisaient chez un patient lorsqu'un stimulus nouveau, tel un mot, un geste, ou un son, entrait dans son champ d'attention. Ces changements concernaient l'expression de son visage, son intonation, la structure de ses phrases, sa position et son allure, les mouvements de son corps, ses gestes et ses tics. Tout se passait comme si plusieurs personnes coexistaient à l'intérieur du même individu. Par moment, l'une ou l'autre de ces différentes personnes semblaient contrôler l'entière personnalité de son patient.

Le Docteur Berne put observer que ces différents « moi » se conduisaient avec les autres de différentes façons qui pouvaient être analysées. Il s'aperçut que certaines attitudes avaient des motifs cachés; le patient s'en servait comme moyen de pression sur les autres dans des jeux[1] ou des rackets* psychologiques. Il remarqua également que les personnes semblaient jouer des rôles prédéterminés, se conduisant comme si elles étaient sur scène et lisaient un scénario. Ces observations amenèrent Berne à créer la théorie appelée l'Analyse Transactionnelle, ou plus simplement l'AT.

A l'origine, l'AT fut instituée comme une méthode de psychothérapie. On la pratique de préférence en groupe (tout comme la Gestalt-thérapie). Le groupe est un cadre dans lequel les patients peuvent devenir plus conscients d'eux-mêmes, de la structure de leur propre personnalité, de la façon dont ils conduisent leurs transactions* avec les autres, des jeux auxquels ils se livrent, et des scénarios* qu'ils sont en train de vivre. Cette prise de conscience leur permet de voir plus clairement en eux-mêmes, donnant à chacun la possibilité de changer ce qu'il veut changer et d'affermir ce qu'il veut affermir.

Le traitement débute par un contrat bilatéral entre le thérapeute et le client. Il peut soit concerner l'atténuation de symptômes tels que le fait de rougir, la frigidité ou le mal de tête, soit viser à contrôler les penchants conduisant à l'excès de boisson, au mauvais traitement des enfants, à l'échec scolaire, soit être centré sur des expériences vécues dans l'enfance et qui sont à l'origine de symptômes

---

[1] L'analyse des jeux a reçu une large audience grâce au bestseller de Berne: *Des jeux et des hommes* (*Games People Play*) [12].

ou de comportements spécifiques actuels, des expériences au cours desquelles l'enfant a été diminué, abandonné, gâté, négligé, ou brutalisé [13]. La méthode du contrat permet de préserver l'auto-détermination du client. Elle lui permet également de savoir a quel moment les termes du contrat ont été remplis.

L'AT n'est pas seulement un instrument utile à tous ceux qui ont à s'occuper de psychothérapie, elle fournit également une perspective stimulante de réflexion sur le comportement humain, que la plupart des personnes peuvent comprendre et appliquer. Elle utilise des mots simples, directs, souvent familiers, plutôt que des termes psychologiques, scientifiques, ou spécifiques. Par exemple, les éléments principaux de la personnalité sont nommés les états du moi Parent*, Adulte*, et Enfant*.

L'analyse transactionnelle est une approche rationnelle de la compréhension du comportement. Elle est basée sur l'hypothèse que chaque individu peut apprendre à avoir confiance en lui-même, à penser pour lui-même, à prendre ses propres décisions, à exprimer ses sentiments. Les principes de cette méthode trouvent leur application dans le travail, en famille, à l'école, avec les voisins, bref, dans tous les rapports humains.

D'après Berne, un des buts importants de l'analyse transactionnélle est « d'établir une communication aussi ouverte et authentique que possible entre les composantes affectives et intellectuelles de la personnalité » [14]. Quand cela se produit, la personne est capable d'utiliser à la fois son émotivité et son intelligence, et non l'une au détriment de l'autre. Les techniques de la Gestalt-thérapie peuvent accélérer ce processus, particulièrement au niveau des émotions.

Dans ce livre, chaque chapitre comporte des exercices et des expériences qui ont pour but de vous aider à appliquer personnellement la théorie présentée. Nous suggérons qu'à mesure que vous terminez un chapitre, vous lisiez rapidement les expériences et exercices qui s'y rapportent. Faites immédiatement ceux qui vous semblent possibles et intéressants. Puis plus tard, revenez aux autres pour compléter tout ce qui paraît vous concerner.

RESUME

N'avoir pas conscience de la façon dont on agit ou de ce que l'on ressent, constitue un appauvrissement de la personnalité. Sans une base de confiance en soi, toute personne est le jouet de forces internes en conflit. Elle n'atteint pas à la plénitude, puisque certaines parties de son moi sont aliénées – l'intelligence, les émotions, la créativité, les sensations physiques, ou tel comportement particulier. Une personne qui devient consciente agit de façon à se retrouver et à enrichir sa personnalité.

Ceux qui décident de devenir plus gagnants que perdants acceptent ces éléments de compréhension, grâce auxquels ils découvrent qu'ils peuvent se fier, sans cesse davantage, à leurs propres capacités de sentir et de juger. Ils continuent à se découvrir et à se renouveler. Pour eux, la vie consiste non pas à obtenir plus mais à devenir plus. Les gagnants sont heureux d'être en vie!

EXPERIENCES ET EXERCICES

1. Liste de traits de caractère

Parcourez rapidement la liste suivante de traits de caractère. Cochez (√) ceux qui correspondent à l'image que vous avez de vous-même. Mettez une croix (x) en face de ceux qui ne conviennent pas, et un point d'interrogation (?) pour marquer ceux dont vous n'êtes pas sûr.

—— m'aime bien

—— peur des autres ou blessé(e) par eux

—— on peut me faire confiance

—— fais bonne figure

—— dis généralement ce qu'il faut

—— pas content(e) de moi

—— peur de l'avenir

—— compte sur les idées des autres

—— perds mon temps

—— exploite bien mes talents

—— pense par moi-même

—— connais mes sentiments

—— ne me comprends pas

—— ne peux pas conserver un emploi

—— ai confiance en moi-même

—— dis généralement ce qu'il ne faut pas

—— aime la compagnie des autres

—— n'aime pas être de mon sexe

—— découragé par la vie

—— n'aime pas la compagnie des autres

—— n'ai pas su développer mes talents

—— content(e) d'être de mon sexe

—— fais souvent ce qu'il ne faut pas

___ me sens enfermé(e)

___ emploie bien mon temps

___ les gens m'évitent

___ pas concerné(e) par les problèmes de la communauté

___ aime travailler

___ aime la nature

___ n'aime pas travailler

___ engagé(e) dans la solution des problèmes communautaires

___ les gens aiment bien être avec moi

___ fais bien mon travail

___ sais me contrôler

___ aime la vie

___ ai du mal à me contrôler

___ ne m'aime pas

A présent, observez les traits que vous avez cochés:

- S'en dégage-t-il un schéma de comportement?
- S'en dégage-t-il des traits caractéristiques de gagnant, de perdant, ou un mélange?
- Quels traits aimeriez-vous changer?

Au fur et à mesure que vous avancerez dans ce livre, revenez à cette liste. Revoyez encore ce que vous avez coché et changez ce que vous décidez de changer.

2.   Le continuum gagnant/perdant

En vous basant sur votre satisfaction personnelle, sur ce que vous avez accompli dans votre vie et sur vos relations avec les autres, placez-vous quelque part sur le continuum ci-dessous. Imaginez que l'une des extrémités du continuum représente un perdant tragique et l'autre un gagnant qui a tout réussi.

- Etes-vous content(e) de vous?

Perdant ————————————————————— Gagnant

- Etes-vous heureux(se) de ce que vous avez accompli dans la vie?

Perdant ————————————————————— Gagnant

- Etes-vous satisfait(e) de vos rapports avec les autres?

Perdant ————————————————————— Gagnant

- Etes-vous satisfait(e) de votre place sur le continuum?
- Si non, que voulez-vous changer?

3. Le jeu de rôles et le dialogue intérieur

La prochaine fois que vous n'arriverez pas à vous endormir, à vous concentrer, à écouter quelqu'un d'autre parce qu'un dialogue incessant tourne sans fin dans votre tête, prenez conscience de la nature de cette conversation.

- Ecoutez-la. Qui parle dans votre tête? Vous adressez-vous à une personne particulière?

- A présent, extériorisez cette conversation. Placez deux chaises face à face. Suivant la méthode de jeu de rôles de Perls, reprenez cette conversation à voix haute. Changez de chaise quand vous changez de rôle.

- Essayez de donner une conclusion à ce dialogue.

2

UN SURVOL DE
L'ANALYSE TRANSACTIONNELLE

Le fou dit : « Je suis Napoléon »,
le névrosé dit : « Ah si j'étais Napoléon »,
et le bien-portant dit : « Je suis moi, et tu es toi »..
    Frederick Perls [1]

A certains moments de leur vie, un grand nombre de personnes sont amenées à se définir. A de tels moments, l'analyse transactionnelle leur offre un cadre de référence que la plupart d'entre eux sont capables de comprendre et d'appliquer. Dans ce chapitre nous allons survoler brièvement la théorie de l'AT et ses applications [2]. Les chapitres suivants reprendront chaque phase plus en détail.

L'analyse transactionnelle relève de quatre niveaux d'analyse :

L'analyse structurelle :	l'analyse d'une personnalité individuelle.
L'analyse transactionnelle :	l'analyse des actions et des discours qui s'échangent entre les personnes.
L'analyse des jeux :	l'analyse des transactions piégées aboutissant à un « bénéfice ».
L'analyse de scénarios :	l'analyse de trames spécifiques tissées inéluctablement au cours d'une vie.

INTRODUCTION A L'ANALYSE STRUCTURELLE

L'analyse structurelle est un moyen de répondre aux questions : Qui suis-je? Pourquoi est-ce que j'agis comme je le fais? Comment suis-je devenu qui je suis? C'est une méthode d'analyse des pensées, des sentiments et des comportements d'un individu, qui se fonde sur le phénomène des états du moi* [3].

17

Imaginez une mère en colère grondant ses enfants qui se disputent à grand bruit. Ses sourcils se froncent, sa voix devient aiguë, elle a le bras crispé et levé. Soudain, la sonnerie du téléphone retentit et, décrochant l'appareil, elle reconnaît la voix d'une amie. Sa position, son intonation et l'expression de son visage commencent à changer. La voix se module, le bras, crispé peu avant, repose maintenant tranquillement sur les genoux.

Imaginez deux ouvriers discutant âprement d'un problème de travail. La querelle est animée, féroce même. On dirait deux enfants se disputant un bonbon. Soudain, un épouvantable fracas métallique, suivi d'un hurlement de douleur, vient interrompre la discussion. Leur comportement est instantanément transformé, la querelle oubliée. Les expressions de colère font place à l'inquiétude. L'un se précipite pour voir ce qui s'est passé, tandis que l'autre appelle une ambulance. Selon la théorie de l'analyse structurelle, ces ouvriers, ainsi que la mère de l'exemple précédent, ont changé d'état du moi.

Dans la définition de Berne, un état du moi est « un ensemble cohérent de sentiments et d'expériences directement lié à un ensemble cohérent correspondant de comportements » [4]. Berne écrit :

...dans cette optique, le cerveau fonctionne comme une bande magnétique sur laquelle seraient enregistrées toutes les expériences vécues en séries successives, sous une forme reconnaissable d'« états du moi » — ce qui signifie que les états du moi contiennent la façon naturelle de ressentir et celle d'enregistrer ces expériences dans leur totalité. Mais simultanément, bien sûr, ces expériences sont également enregistrées sous des formes fragmentées... [5] .

Ceci implique que les expériences vécues par une personne sont imprimées dans son cerveau et dans ses tissus nerveux. Elles contiennent tout ce que la personne a vécu au cours de l'enfance et a acquis des personnages parentaux, la façon de percevoir les événements et les sentiments qui y sont associés, ainsi que les déformations subies par les souvenirs. Ces enregistrements sont entreposés comme dans une immense bibliothèque de vidéo-cassettes. On peut les faire rejouer et ainsi se rappeler ou même revivre ces événements.

Chaque personne possède trois états du moi qui sont des sources individuelles et distinctes de comportement : l'état du moi Parent, l'état du moi Adulte et l'état du moi Enfant. Ce ne sont pas là des concepts abstraits mais bien des réalités. « Le Parent, l'Adulte et l'Enfant représentent des personnes réelles existant ou ayant existé, ayant un nom légal et un état civil » [6].

La figure ci-dessous représente donc la structure de la personnalité.

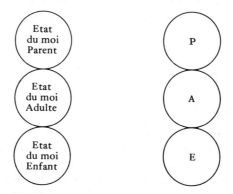

Structure des états du moi   Diagramme simplifié

Plus familièrement, on appelle simplement ces états du moi : Parent, Adulte, Enfant. Dans ce livre, lorsqu'ils sont précédés d'une majuscule, ces mots désignent des états du moi et non des parents, des adultes, ou des enfants réels.

On définit comme suit les trois états du moi :

L'*état du moi Parent* comprend des attitudes et des comportements provenant de sources extérieures et principalement des parents. Il se manifeste souvent envers les autres sous la forme de préjugés ou de comportements critiques ou protecteurs. Intérieurement, il agit sous forme d'anciens messages Parentaux qui continuent d'influencer l'Enfant.

L'*état du moi Adulte* n'est pas en rapport avec l'âge de la personne. Il est orienté vers la réalité présente et l'accumulation objective des données. Il est organisé, souple, intelligent, et son mode de fonctionnement consiste à analyser la réalité, à estimer les probabilités et à traiter les données impartialement.

L'*état du moi Enfant* renferme toutes les pulsions qui viennent naturellement au petit enfant. Il contient également les enregistrements des expériences vécues par le très jeune enfant, de ses réactions et des « positions »* adoptées vis-à-vis de soi et des autres. Il s'exprime sous forme d'anciens (archaïques) comportements venus de l'enfance.

Lorsque vous reproduisez les gestes, les pensées, les sentiments que vous avez observés chez vos parents, vous êtes dans votre état du moi Parent.

Quand vous faites face à la situation présente, rassemblant des données et les traitant objectivement, vous êtes dans votre état du moi Adulte.

Si vous répétez les actions ou les sentiments de votre enfance, vous êtes dans votre état du moi Enfant.

Exemple clinique

On avait conseillé à l'un de nos clients de se renseigner sur une école privée pour son fils. Lorsqu'il vint nous raconter comment il avait jugé cette école, où l'enseignement était assez détendu et la créativité encouragée, on put aisément observer trois réactions distinctes. Tout d'abord, il fronça les sourcils en disant : « Je ne vois pas comment on pourrait apprendre quoi que ce soit dans cette école. Les murs ne sont même pas propres! ». Puis, se détendant sur sa chaise, il dit, après réflexion, le front redevenu lisse : « Avant de me décider, il faudrait que je m'assure du niveau de l'école et que je parle à quelques parents d'élèves ». Enfin, l'instant suivant, son visage s'éclaira d'un large sourire, tandis qu'il s'exclamait : « Tout de même, ce que j'aurais aimé aller dans une école comme celle-là! »

Quand on l'interrogea sur la nature de ses réactions, le client conclut, après une brève analyse, que la première était celle qu'aurait eue son père. La seconde venait de son Adulte recherchant de plus amples renseignements. La troisième représentait son Enfant se rappelant avec tristesse sa propre scolarité et s'imaginant combien il aurait pu s'amuser dans une école semblable.

Avant de prendre une décision définitive, il se procura les réponses aux questions de son Adulte. Par la suite, son fils fut bien inscrit dans l'école en question, il y est heureux et y obtient des résultats bien meilleurs qu'auparavant.

Selon l'analyse structurelle, toute personne peut réagir à un stimulus particulier de façon très différente à partir de chacun de ses états du moi; ceux-ci sont parfois en accord et parfois en conflit. Voyons les exemples suivants :

Devant une oeuvre d'art moderne

Parent :   Mon Dieu! Mais qu'est-ce que c'est donc censé représenter?

Adulte :   Cela coûte 1750 francs à en croire l'étiquette.

Enfant :   Oh! Les belles couleurs!

A une demande de rapport au bureau

Parent :   Décidément, M. Dupont n'a pas l'étoffe d'un bon directeur.

Adulte :   Je sais que M. Dupont a besoin de son rapport avant 5 heures.

Enfant :   J'ai beau faire, je n'arrive jamais à satisfaire M. Dupont.

Face à un acte de violence dans la rue

Parent :   Ça lui apprendra à cette fille à sortir aussi tard.

Adulte :   Je ferais mieux d'appeler la police.

Enfant :   Enfin, un peu d'action!

En plein régime alimentaire, on lui propose du gâteau au chocolat

Parent :   Bah, vas-y mon chou, ça te donnera des forces.

Adulte :   Il doit y avoir au moins 400 calories dans ce morceau de gâteau. Je pense qu'il vaut mieux s'abstenir.

Enfant :   Il est vraiment délicieux ce gâteau! Je le mangerais bien tout entier!

En entendant le fracas d'une musique rock

Parent :   C'est vraiment horrible ce que les jeunes peuvent écouter de nos jours!

Adulte :   J'ai du mal à penser ou à parler quand la musique est aussi forte.

Enfant :   Ça me donne envie de danser.

Une jeune secrétaire arrive en retard

Parent :   Pauvre petite, elle n'a pas l'air d'avoir fermé l'oeil de la nuit.

Tout le monde possède trois états du moi

■ La résolution de problèmes
de l'état du moi Adulte

■ Les comportements critiques
proviennent souvent de l'état
du moi Parent

■ La joie et le rire de l'état du
moi Enfant

Même les enfants possèdent trois états du moi

■ Les comportements nourriciers proviennent souvent de l'état du moi Parent

■ Le raisonnement logique de l'état du moi Adulte

■ Les comportements rebelles de l'état du moi Enfant

Adulte : Si elle ne rattrape pas son retard, les autres employés ne seront pas contents.

Enfant : J'aimerais bien moi aussi avoir le temps de m'amuser.

Un conférencier n'hésite pas à glisser quelques mots un peu corsés dans sa causerie

Parent : L'utilisation de tels explétifs dénote un manque de vocabulaire déplorable.

Adulte : Je me demande pourquoi il a décidé d'employer ces mots là, et quel effet ils ont sur l'auditoire.

Enfant : Ah si moi j'osais parler comme ça!

Il flotte une odeur de chou

Parent : Le chou, c'est bon pour la santé de toute la famille.

Adulte : Le chou a une forte teneur en vitamine C.

Enfant : Rien au monde ne pourrait me forcer à manger ce truc qui sent mauvais.

Une nouvelle connaissance masculine vous met la main sur l'épaule

Parent : Ne te laisse jamais toucher par un inconnu.

Adulte : Je me demande pourquoi il fait cela.

Enfant : Il me fait peur.

On peut sentir, toucher, parler, écouter, regarder, agir, et éprouver des sentiments à partir de n'importe quel état du moi. Chacun est programmé d'une certaine façon. Certains ont tendance à réagir plus souvent à partir d'un état du moi donné qu'à partir des autres. Par exemple, les personnes qui tendent à réagir plutôt à partir de leur état du moi Parent ont une vision du monde semblable à celle de leurs parents. Dans ce cas, leur capacité à ressentir le monde pour et par eux-mêmes se trouve diminuée ou déformée.

LA FORMATION DES ETATS DU MOI

La conscience du nouveau-né est orientée vers ses besoins et son confort propres. Le bébé cherche à éviter tout ce qui est douloureux et réagit aux sensations et aux sentiments. L'état du moi Enfant de ce nourrisson se manifeste très rapidement. (Les influences de la période prénatale sur l'état du moi Enfant ne sont pas encore clairement déterminées.)

C'est l'état du moi Parent qui se développe ensuite. Ses premières manifestations apparaissent souvent lorsque l'enfant « joue aux parents », imitant leur comportement. Il est parfois très troublant pour les parents de se voir ainsi représentés, et parfois c'est une grande source de plaisir et de fierté pour eux.

L'état du moi Adulte se forme lorsque l'enfant essaie de comprendre le monde, et découvre qu'il existe des moyens de pression sur les autres. Par exemple, il peut se demander : « Pourquoi donc est-ce qu'il faut que je mange quand je n'ai pas faim? », et ensuite tenter de « manipuler » son entourage en prétextant avoir mal au ventre pour échapper au repas.

Exemple clinique

Chantal, une petite fille de vingt-deux mois, reçut à Noël une poussette pour sa poupée. Elle essaya tout d'abord d'y grimper en déclarant : « Moi, bébé ». Ayant constaté la taille de la poussette, elle se proposa d'y mettre sa poupée. Celle-ci y rentrait parfaitement. Chantal ravie s'écria : « Moi, maman », et se mit à promener la poussette. Mais se lassant vite de ce rôle, elle enleva rageusement la poupée, renversa la poussette, puis la redressa et essaya à nouveau de s'y installer. Elle était toujours trop petite. Frustrée, elle y remit la poupée. Ayant ainsi recommencé ses tentatives d'échange quatre fois de suite, elle décida apparemment qu'elle était trop grande, et se résigna à être maman, agissant envers sa poupée comme sa mère agissait envers elle.

Le comportement maternel de Chantal, une véritable imitation de sa mère, provenait de son état du moi Parent. Bien que le désir de son état du moi Enfant fût d'être bébé, Chantal, dans son moi Adulte, rassembla et analysa les données objectives — elle ne tenait pas dans la poussette.

N'importe quelle situation peut provoquer un état du moi particulier, et parfois, comme dans le cas de Chantal, les états du moi se disputent les commandes. Quand il s'agit de deux personnes, un « bébé » face à un autre « bébé » peut essayer soit d'être un parent, soit d'être un bébé « plus fort ».

INTRODUCTION A L'ANALYSE DES TRANSACTIONS

Chaque fois qu'une personne en reconnaît une autre et le manifeste par un sourire, un hochement de tête, un froncement de sourcils, ou un bonjour, ces manifestations, en termes d'AT, sont appelées signes de reconnaissance*. Deux signes de reconnaissance ou plus constituent une transaction. Toute transaction peut être classée comme complémentaire, croisée ou piégée [7].

Transactions Complémentaires

Une transaction complémentaire prend place lorsqu'un message provenant d'un état du moi donné reçoit la réponse attendue d'un état du moi donné de l'autre personne. Berne décrit la transaction complémentaire comme une transaction « appropriée et attendue, et suivant l'ordre naturel des bonnes relations humaines » [8]. Par exemple, si une femme pleurant une amie perdue est réconfortée par un mari compatissant, son besoin momentané de dépendance est satisfait de façon appropriée (voir le schéma ce-dessous).

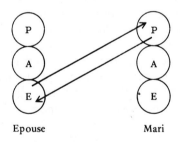

Epouse   Mari

Une transaction complémentaire peut prendre place entre deux quelconques des états du moi. Par exemple, deux personnes établissent des transactions Parent-Parent en se lamentant sur le départ de leurs enfants, ou Adulte-Adulte en résolvant un problème, Enfant-Enfant ou Parent-Enfant en s'amusant ensemble. A partir de son Parent une personne est capable d'engager une transaction avec n'importe lequel des états du moi d'une autre personne, et le fait également à partir de son Adulte ou de son Enfant. Si l'on obtient la réaction attendue, la transaction est alors complémentaire. Les lignes de communication sont *ouvertes* et les transactions peuvent continuer entre les deux interlocuteurs.

Les gestes, l'expression du visage, la contenance, le ton de la voix, etc., contribuent à la signification de chaque transaction. Pour saisir intégralement le sens d'un message verbal, le destinataire doit donc tenir compte des aspects non-verbaux aussi bien que des mots prononcés.

Pour mieux comprendre les exemples suivants, nous allons admettre que le stimulus initial est franc, que les messages explicites et implicites s'accordent. Tout exemple ne peut d'ailleurs être, au mieux, qu'une hypothèse bien fondée. Pour donner des exemples absolument exacts, il faudrait connaître les véritables états du moi Parent, Adulte et Enfant de chaque personne concernée.

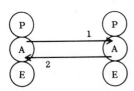

Echange de données dans une transaction Adulte/Adulte (Fig. 2.2)

1. A combien se monte le salaire annuel pour cet emploi?
2. Il débute à 50 000 F.

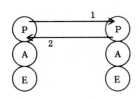

Transaction compatissante Parent/Parent (Fig. 2.3)

1. Leur père leur manque bien, à ces enfants.
2. Oui, emmenons-les donc au parc pour qu'ils s'amusent un peu.

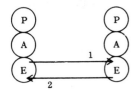

Transaction joueuse Enfant/Enfant (Fig. 2.4)

1. Je t'aime bien, tu sais.
2. Moi aussi je t'aime.

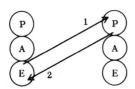

Transaction Enfant/Parent Nourricier* (Fig. 2.5)

1. Je suis tellement inquiète pour mon fils que je n'arrive pas à me concentrer sur ce rapport.
2. Vous pourrez partir tôt ce soir pour passer le voir à l'hôpital.

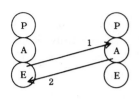

Transaction d'écoute Enfant en colère/ Adulte (Fig. 2.6)

1. Je suis tellement énervé que je jetterais volontiers cette fichue machine à écrire par la fenêtre.

2. Quelque chose t'a mis en colère au point que tu as envie de balancer le matériel. C'est bien ça?

Dans chacune des transactions ci-dessus la communication reste ouverte parce que les réactions obtenues étaient bien celles qu'on attendait et convenaient au stimulus initial. Ce n'est pas toujours le cas; parfois un stimulus suscite une réaction inattendue ou inappropriée et les lignes de communication se croisent.

Transactions Croisées

Quand deux personnes se fusillent du regard, se tournent le dos, refusant de poursuivre leurs transactions, ou sont déconcertées par ce qui vient de se passer entre elles, il y a de fortes chances qu'elles aient vécu là une *transaction croisée*. La transaction croisée est ce qui se produit lorsqu'une réaction inattendue est apportée au stimulus. Ce n'est pas l'état du moi approprié qui répond, les lignes de transaction entre les interlocuteurs sont donc croisées. A de tels moments, ces personnes ont tendance à se replier sur elle-mêmes, à se détourner l'une de l'autre, ou à changer de sujet de conversation. Si un mari répond sèchement à son épouse affligée : « Et moi, tu crois que je me sens bien? », l'effet probable de ses paroles sera qu'elle se détournera de lui (fig. 2.7).

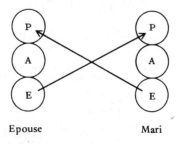

Epouse   Mari

Les transactions croisées sont très souvent à l'origine des peines que s'infligent les individus — entre parents et enfants, mari et femme, employeur et employé, enseignant et étudiant, etc. La personne qui prend l'initiative d'une transaction en attend une certaine réaction et ne l'obtenant pas, voit ses desseins contrariés et se sent souvent dévalorisée et incomprise.

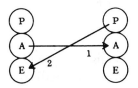

Figure 2.8

1. Patron :   Quelle heure est-il?

2. Secrétaire :   Vous êtes toujours telle-
                   ment pressé!

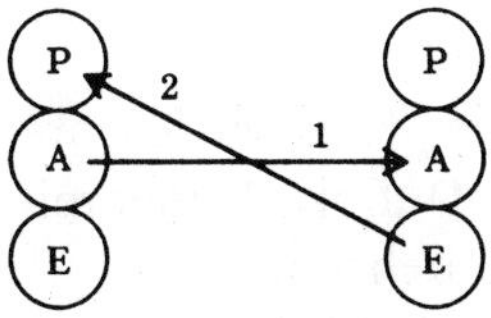

Figure 2.9

1. Mari : .   Est-ce que tu peux emme-
                   ner la voiture au garage cet
                   après-midi?

2. Femme :   Aujourd'hui il faut que je
                   fasse mon repassage, Pierrot
                   va vouloir un gâteau d'an-
                   niversaire, il faut emmener
                   le chat chez le vétérinaire,
                   et en plus tu veux que
                   j'emmène la voiture à ré-
                   parer.

Figure 2.10

1. Patron :   Il me faudrait 25 exem-
                   plaires de ce rapport pour
                   le conseil d'administration
                   de cet après-midi. Pouvez-
                   vous me les faire?

2. Secrétaire :   Vous en avez de la chance
                   que je sois là pour m'occu-
                   per de vous!

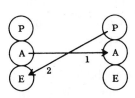

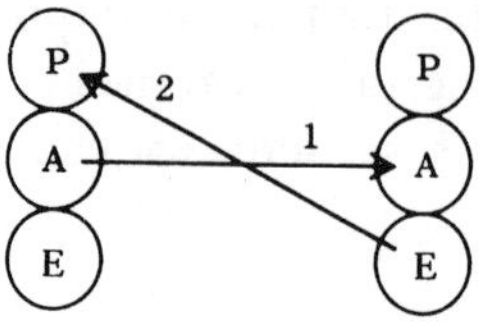

Figure 2.11

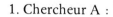

1. Chercheur A :   Peut-être y a-t-il des paramètres dont nous n'avons pas tenu compte pour cette expérience.

2. Chercheur B :   Et. alors, qu'est-ce que ça peut faire?

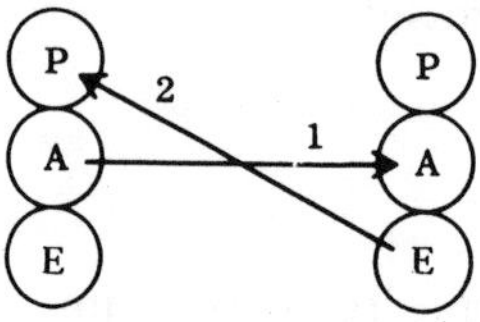

Figure 2.12

1. Epouse :   J'aimerais bien prendre la voiture mercredi soir pour aller voir ma soeur.

2. Mari :   Mais tu ne veux jamais rester ici pour bavarder avec moi.

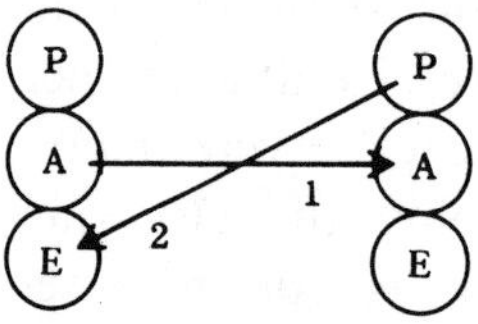

Figure 2.13

1. Chef de service :   Auriez-vous vu le contrat Dubois, Mademoiselle Lebrun?

2. Documentaliste :   Si vous dirigiez bien ce service, vous n'auriez pas besoin de me demander où se trouve le contrat Dubois.

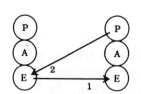

Figure 2.14

1. Jean :   Amusons-nous un peu.

2. Marianne :   Tu ne peux donc jamais être sérieux?

Une transaction peut être directe ou indirecte, franche ou déguisée, intense ou faible. Les *transactions indirectes* se jouent à trois : une première personne parle à une deuxième, espérant en toucher une troisième qui se trouve à portée d'oreille. Par exemple, un homme qui craint de s'adresser directement à son patron pourra parler d'un problème à un collègue, dans l'espoir que le patron « recevra le message ».

Les *transactions déguisées* sont souvent mi-hostiles, mi-affectueuses; le message est déguisé sous forme de plaisanterie. Par exemple, un étudiant dit à un autre : « Dis donc, petit génie, tu l'auras bientôt fini ce livre? J'aimerais bien le lire. » L'autre alors le lui lance en répliquant : « Le voilà, petit malin. Attrape le donc si tu peux. »

On appelle *transactions faibles* celles qui sont superficielles, de pure forme, et dénuées d'intérêt. C'est le cas par exemple lorsqu'à sa femme qui lui dit : « Je me demande si nous ferions bien de sortir dîner ce soir », le mari répond : « Je ne sais pas ma chérie, comme tu voudras ma chérie. »

Dans une relation saine, les individus échangent des transactions directes, franches, et, à l'occasion, intenses [9]. Ces transactions sont complémentaires et dénuées de tout motif caché.

Transactions Piégées

Ce sont les transactions les plus complexes. Elles diffèrent des transactions complémentaires ou croisées en ce qu'elles impliquent plus de deux états du moi. Lorsqu'on émet un message piégé, on le déguise sous la forme d'une transaction socialement recevable. Tel est le but du cliché classique : « Ne voulez-vous pas monter voir ma collection d'estampes? ». Dans ce cas, l'Adulte exprime une chose tandis que l'Enfant en insinue une autre (Fig. 2.15).

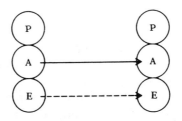

Quand un concessionnaire automobile dit, d'un air narquois, à son client : « Vous avez là notre meilleur modèle sport, mais il est sans doute un peu osé pour vous », il envoie un double message qui peut être perçu soit par l'Adulte soit par l'Enfant du client (Fig. 2.16).

Si c'est son Adulte qui le reçoit, la réaction sera par exemple : « Oui, vous avez raison, étant données mes obligations professionnelles ». Mais si c'est son Enfant, il pourra avoir cette réponse :.« Je la prends. C'est exactement la voiture qu'il me faut ».

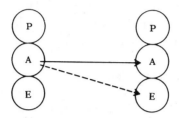

Il peut également y avoir un message caché, lorsqu'une secrétaire soumet à son patron une lettre comportant plusieurs fautes de frappe. C'est inviter le patron à la rabrouer par son Parent (voir la Fig. 2.17). Le même phénomène se produit lorsqu'un étudiant est toujours en retard pour rendre ses devoirs, ou est absent du cours, ou écrit illisiblement, afin que, d'une façon ou d'une autre, il s'attire l'équivalent d'une réprimande parentale.

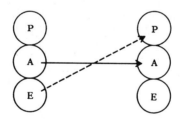

Le même type de transaction piégée existe si un homme, ancien alcoolique « guéri », arrive au bureau un matin avec la gueule de bois mais l'oeil malicieux, et se vante auprès de son collègue : « Mon vieux, hier soir j'ai vraiment fait sauter la baraque, je me suis saoûlé à en rouler sous la table. Aujourd'hui j'ai la tête comme ça! ». En apparence, il donne une information de fait; cependant, au niveau caché, son état du moi Enfant fait appel au Parent de l'autre pour en obtenir un sourire indulgent et l'absolution de son ivresse.

Au lieu de recevoir cette réaction Parentale, il risque de déclencher l'état du moi Enfant de son collègue, qui réagira alors en riant.

Si le collègue rit, que ce soit de son état du moi Parent ou du moi Enfant, il renforcera l'injonction parentale donnée implictement à l'alcoolique (en tant qu'enfant) : « Va te faire foutre, espèce de bon à rien ». Ces rire ou sourire malvenus sont appelés par Claude Steiner la *transaction du pendu* [10]. Le sourire sert à resserrer le noeud autour du cou et renforce le comportement destructeur.

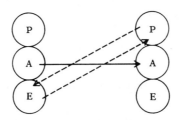

Toute réaction souriante aux malheurs d'une personne peut tenir lieu de transaction du pendu. C'est le cas lorsque

un professeur montre son amusement devant le « comportement stupide » d'un élève,

une mère rit de son enfant de trois ans qui a souvent des accidents,

un père se réjouit des nombreux risques pris par son fils.

Ces transactions du pendu, comme d'autres transactions à motif caché, sont très répandues parmi les perdants. Ceux-ci s'en servent pour favoriser leurs jeux psychologiques.

LES JEUX

Les individus jouent entre eux à des jeux psychologiques assez semblables aux jeux de société comme le monopoly, le bridge ou les échecs. Chaque partenaire doit connaître les règles du jeu avant de commencer — après tout, si quelqu'un intervenait dans un cercle avec l'intention de jouer au bridge, alors que les autres faisaient déjà un piquet, le nouveau venu serait bien en peine de bridger.

Tous les jeux ont un début, un système de règles déterminées et un but final. Toutefois, les jeux psychologiques ont de plus un dessein caché. On n'y joue pas pour le plaisir. C'est aussi le cas de certains jeux de poker.

Dans la définition de Berne, un *jeu psychologique* est « un ensemble réitératif de transactions, souvent répétitif, rationnel en apparence, comportant une motivation cachée, ou, plus familièrement, c'est une série de transactions avec un truc » [11]. Trois éléments spécifiques doivent exister pour que des transactions puissent être considérées comme des jeux :

1. une série suivie de transactions complémentaires plausibles au niveau social,

2. une transaction piégée comportant le message sous-jacent du jeu,

3. un bénéfice prévisible qui sera la conclusion du jeu et en représente le véritable but.

Les jeux empêchent les rapports honnêtes, intimes et ouverts entre partenaires. Pourtant, on y joue pour passer le temps, attirer l'attention des autres, renforcer ses opinions primitives sur soi-même et les autres et répondre au besoin de croire au destin.

On joue à un jeu psychologique pour gagner, mais celui qui fait des jeux son mode de vie n'est pas un gagnant. Parfois, on prend une attitude de perdant afin de gagner (Fig. 2.19). Par exemple, lors d'un jeu psychologique dit *Botte-moi les fesses*, l'un des joueurs suscite chez un autre une réaction humiliante.

Etudiant :	Je me suis couché trop tard hier soir et je n'ai pas fini mon devoir (message caché : je suis un vilain garçon, botte-moi les fesses).
Enseignant :	Pas de chance. C'était le dernier jour où j'acceptais ce devoir (message caché : oui, tu es un vilain garçon, voilà ton coup de pied).

Bien qu'elles le nient généralement, les personnes qui affectionnent ce jeu attirent des partenaires acceptant de tenir le rôle complémentaire et de leur donner le « coup de pied » recherché.

Dans tout jeu, il y a une démarche initiale. Certaines sont implicites : un geste de dédain, un battement de cils engageant, un doigt accusateur brandi, une porte qu'on fait claquer, des souliers boueux qui souillent les tapis, le courrier personnel ouvert et lu par une autre personne, un regard pitoyable ou un silence obstiné. D'autres manières d'engager le jeu s'expriment verbalement, par exemple :

« Tu as l'air bien solitaire tout seul ici... »

« Quoi, tu veux aller à l'école dans cette tenue? »

« Tu as entendu ce qu'il t'a dit? Tu ne vas pas admettre cela! »

« J'ai un problème insoluble... »

« N'est-ce pas terrible, comme... »

Le jeu préféré de Christine et de Guy était *La Scène*. Chacun en connaissait le premier pas, de sorte que chacun pouvait commencer. Une fois lancé, le jeu passait par une suite de transactions prévisibles, aboutissant à une violente dispute. Le résultat était toujours le même : un recul hostile, pour éviter toute intimité. C'était là le but du jeu, éviter l'intimité.

Pour entamer le jeu, Christine ou Guy provoquait l'autre par un comportement non-verbal, par exemple en boudant, en fumant cigarette sur cigarette, en prenant un air renfrogné ou irrité. Dès que le partenaire se laissait prendre, le jeu était engagé. Au cours du jeu, il ou elle se faisait rejeter ou rabrouer. Après un échange de mots coléreux, ils finissaient par s'éloigner l'un de l'autre.

Quand Christine prend l'initiative du jeu, les transactions se déroulent ainsi :

Christine : (se met à bouder en fumant cigarette sur cigarette, avec des gestes excessifs)

Guy : « Qu'est-ce qu'il y a? Qu'est-ce qui ne va pas? »

Christine : « Ça ne te regarde pas! »

Guy : (sort pour aller boire un verre)

Christine : (Entre dans une violente colère quand il revient. S'ensuit une longue querelle, pleine de reproches de part et d'autre. Le bénéfice est recueilli : Christine fond en larmes et se précipite dans la chambre en claquant la porte. Guy va dans la cuisine pour boire encore. Ils ne se verront plus de la soirée.)

Quand Guy prend l'initiative du jeu, les transactions se déroulent de la façon suivante :

Guy :   (Se prépare un apéritif, va dans le bureau et en ferme la porte.)

Christine : « Pourquoi ne m'as-tu pas versé à boire, à moi aussi? Qu'est-ce. qui ne va pas? »

Guy :   « Je ne peux même pas être tranquille cinq minutes! »

Christine : « Bon, si tu veux être seul, je m'en vais! » (Christine part faire des courses, achète un tas de choses qu'elle n'a pas les moyens de s'offrir et revient chargée de paquets.)

Guy :   (Entre dans une violente colère au sujet de sa façon de dépenser l'argent. La boucle est bouclée lorsqu'elle trépigne de rage et qu'il va faire son lit dans le bureau.)

Les jeux tendent à se répéter. On se surprend à dire les mêmes mots de la même façon, seuls le lieu et le moment peuvent changer. C'est peut-être en partie cette répétition qui permet parfois de dire : « J'ai l'impression d'avoir déjà fait ça ».

Les jeux se déroulent à des degrés d'intensité variables, depuis le niveau acceptable en société, jusqu'au niveau criminel de l'homicide ou du suicide. Berne écrit :

a) Un Jeu du Premier Degré est socialement acceptable dans le milieu du joueur.

b) Un Jeu du Second Degré ne cause aucun dommage permanent ou irrémédiable, mais les joueurs préfèrent le dissimuler au public.

c) Un Jeu du Troisième Degré est joué pour de bon, jusqu'au bout et se termine en salle d'opération, au tribunal ou à la morgue [12].

Chaque jeu est programmé individuellement. On y joue dans son état du moi Parent si ce sont les jeux des parents que l'on reproduit;

dans son état du moi Adulte s'ils font l'objet d'un calcul conscient; dans son état du moi Enfant s'ils sont basés sur les expériences vécues dans l'enfance et sur les décisions et positions alors adoptées par l'enfant à propos de lui-même et des autres.

LE TEMPS DES DECISIONS

Avant l'âge de huit ans, les enfants se forgent une conception de leur propre valeur. Ils portent également des jugements sur la valeur des autres. Les expériences se cristallisent, ils en tirent la leçon et décident des rôles qu'ils auront à jouer et de la façon de les jouer. C'est pour les enfants le temps des décisions [13].

Ces jugements sur soi et sur autrui, formés tôt dans la vie, peuvent être très peu réalistes. Ils sont sans doute en partie déformés et irrationnels, car les enfants ne perçoivent la vie que par la voie étroite de leur expérience encore limitée. Ces déformations sont parfois à l'origine d'une pathologie d'importance variable allant des cas minimes aux cas graves, avec tous les échelons intermédiaires. Cependant, elles paraissent logiques au moment où l'enfant les détermine. L'histoire suivante, racontée par Elizabeth, une femme de quarante trois ans, mariée à un alcoolique pendant vingt ans, illustre bien l'effet de ces décisions formées dans l'enfance.

Exemple clinique

Mon père était alcoolique et violent. Quand il était ivre, il me battait et me réprimandait en criant. J'essayais de me cacher. Un jour il rentra plus saoûl que d'habitude. Il saisit un couteau de boucher et se mit à courir d'un bout à l'autre de la maison. Je me suis cachée dans un placard à vêtements. J'avais alors presque quatre ans. J'étais tellement terrifiée dans ce placard. C'était noir et sinistre et des objets me heurtaient sans cesse la figure. Ce jour là, je me suis fait mon opinion sur les hommes, c'était tous des brutes qui ne cherchaient qu'à me faire du mal. J'étais une enfant assez forte et je me rappelle avoir pensée : « Si j'étais plus petite, il m'aimerait », ou « Si j'etais plus jolie, il m'aimerait ». J'ai toujours pensé que je ne valais rien.

Ce « temps des décisions » amène les êtres à adopter une position psychologique définie [14]. Dans l'exemple précédent, cette femme a pris les positions suivantes : « Je ne vaux rien (je ne suis pas OK*) » et « Les hommes sont des brutes qui me feront du mal (les hommes ne sont pas OK) ». Se basant sur ces positions, elle choisit par la suite autour d'elle des personnes qui devraient remplir des rôles donnés, adaptés au schéma de sa propre vie.

Elle épousa une « brute », alcoolique de surcroît. De plus, elle jouait souvent *Au Viol* en société. Elle engageait la conversation avec un homme et essayait de l'entraîner d'un air séducteur. S'il répondait à son invite, elle se détournait pleine d'une vertueuse indignation, convaincue une fois de plus que « les hommes sont des brutes qui me feront du mal ».

LES POSITIONS PSYCHOLOGIQUES

Lorsqu'ils ont déterminé les positions les concernant, les individus peuvent conclure :

Je suis intelligent(e).   Je suis bête.   Je suis fort(e).

Je suis incapable.   Je suis sympa.   Je suis méchant(e).

Je suis un ange.   Je suis un démon.

Je ne peux rien faire de bien.   Je ne peux rien faire de mal.

Je vaux autant que les autres.   Je ne mérite pas de vivre.

Lorsqu'ils adoptent leurs positions sur les autres, ils pensent :

On me donnera tout ce que je veux.   Personne ne me donnera jamais rien.

Les gens sont formidables.   Les gens ne valent rien du tout.

Il y aura toujours quelqu'un pour m'aider.

Ils veulent tous m'avoir.

Tout le monde m'aime.   Personne ne m'aime.

Les gens sont sympa.   Tout le monde est méchant.

D'une façon générale, les positions ci-dessus se regroupent de la façon suivante : « Je suis OK » ou « Je ne suis pas OK », et « Vous êtes OK » ou « Vous n'êtes pas OK ». Les positions psychologiques prises à propos de soi ou des autres relèvent donc de quatre systèmes de base [15]. Le premier est le système du gagnant, mais les gagnants eux-mêmes ressentent parfois des sentiments rappelant les trois autres.

La Première Position : Je suis OK, Vous êtes OK

est en puissance une position de santé mentale. Si elles sont réalistes, les personnes ayant cette attitude envers elles-mêmes et les autres sont capables de résoudre leurs problèmes de façon constructive. Ce qu'elles attendent de la vie est généralement positif et elles acceptent l'importance des autres.

La Deuxième Position : Je suis OK, Vous n'êtes pas OK

est la position des individus qui se sentent victimes ou persécutés et qui font souffrir ou persécutent les autres. Ils leur reprochent leurs propres misères. C'est souvent la position prise par les délinquants et les criminels dont le comportement paranoïaque peut aller, dans les cas extrêmes, jusqu'à l'homicide.

La Troisième Position ou Position d'Introjection : Je ne suis pas OK, Vous êtes OK

est très répandue parmi ceux qui se sentent inférieurs aux autres. Elle les amène à se replier sur eux-mêmes, à sombrer dans la dépression et, dans les cas graves, à avoir des tendances suicidaires.

La Quatrième Position ou Position de Renoncement : Je ne suis pas OK, Vous n'êtes pas OK

concerne ceux qui ont perdu goût à la vie et manifestent un comportement schizoïde, allant dans les cas extrêmes jusqu'au suicide ou à l'homicide.

Les personnes se trouvant dans la première position pensent « la vie vaut la peine d'être vécue ». Dans la seconde, leur impression est « votre vie ne vaut pas grand-chose »; dans la troisième « ma vie ne vaut pas grand-chose »; dans la quatrième « la vie n'a absolument aucune valeur ».

LA SEXUALITE ET LES POSITIONS PSYCHOLOGIQUES

Les positions psychologiques ont également une portée sexuelle. Lorsqu'on se forge son identité, on choisit deux positions ou deux estimations de soi : l'une générale et l'autre sexuelle. Quelquefois ces positions sont semblables, quelquefois elles sont différentes. Par exemple, certains se trouvent à l'aise dans leur existence d'étudiant, leur vie professionnelle, etc..., mais ne se sentent pas bien dans leur peau en tant qu'être de sexe masculin ou féminin. Dans ces cas là, on observe la pratique de jeux sexuels comme *Au Viol* ou *Bon Ça Suffit Comme Ça*.

Le mythe antique de Cadmos reflète cette double identité. Cadmos sut faire preuve d'une grande compétence d'architecte en construisant la cité de Thèbes, mais il échoua dans son rôle sexuel au sein de sa propre famille. En effet, ses descendants vécurent de nombreuses tragédies, dont la plus connue est celle d'Oedipe.

Dans un groupe de thérapie, un Cadmos des temps modernes exprima le même problème, disant : « Je sais bien que je suis un architecte capable, mais j'ai l'impression d'être un raté en tant qu' homme, particulièrement avec ma famille ». Une femme lui répondit : « Je connais cela. J'ai toujours eu les meilleures notes à l'université, mais je ne me sens pas vraiment féminine ». De nombreuses déclarations dévoilent une attitude psychologique liée à l'un des deux sexes [16].

Je ne *trouverai* jamais d'homme (de femme).

Je ne *serai* jamais un homme (une femme).

Je suis beau (belle).

On ne peut pas faire confiance aux femmes.

Les femmes sont de vrais tyrans.

Les hommes sont de vrais tyrans.

Les femmes sont douces et tendres.

Les hommes prendront soin de moi.

Certains décident que l'un des sexes est OK et que l'autre ne l'est pas :

Les hommes sont intelligents, mais les femmes sont idiotes.

Les hommes sont dégoûtants, mais les femmes sont pures.

Une fois qu'une position est prise, l'individu cherche à affirmer le sens qu'il a donné à son existence en renforçant cette position. Ce processus devient une position de vie à partir de laquelle se jouent certains jeux et se déroule un scénario. Plus la pathologie est grave, plus la personne concernée se sent poussée à renforcer cette position. On peut schématiser ainsi le processus :

Expériences vécues $\longrightarrow$ Décisions $\longrightarrow$ Positions psychologiques $\longrightarrow$ Comportement renforçant le scénario

INTRODUCTION A L'ANALYSE DE SCENARIOS

On peut définir brièvement le scénario comme étant un plan de vie semblable à une mise en scène de théâtre et qu'un individu se sent astreint à suivre.

Le scénario est lié aux réactions ressenties dans l'enfance et aux positions alors adoptées. Il est contenu dans l'état du moi Enfant et est « écrit » peu à peu au cours des transactions entre parents et enfants. Les jeux habituels font partie du scénario. Une fois que l'on a identifié les positions et les jeux pratiqués, on devient plus conscient de son scénario de vie.

Illustration clinique

Dans un groupe de thérapie, Paul raconta un jour : « On a dû me le dire au moins cent fois : « Pourquoi avoir fait une chose aussi stupide Paul. Tu ne peux donc rien faire correctement? » Pour ma famille, je ne parlais jamais assez vite et maintenant encore il m'arrive de bégayer. A l'école, je ne semblais jamais rien faire comme il le fallait. J'étais toujours le dernier et je me rappelle que les professeurs disaient « Mais Paul, c'est une question idiote. » Les professeurs étaient exactement comme ma mère. Quand ils lisaient les notes, mon nom venait toujours en dernier et tous les camarades se moquaient de moi. Puis je suis entré au lycée et le conseiller pédagogique disait que je pourrais faire mieux, que je n'étais pas bête, seulement paresseux. Je n'y comprends rien. »

Au cours des séances suivantes, Paul décrit que, très jeune, il avait adopté la position : « Je suis idiot. Je ne suis pas OK». Il estimait être un raté et en jouait le rôle. Bien qu'il obtint de mauvais résultats, Paul resta à l'école, joua le jeu de L'Imbécile et ne suscita de la part de ses professeurs que réprimandes, remarques défavorables et mauvaises notes. Cela renforça sa position psychologique fondamentale.

Paul découvrit que son scénario était celui d'un perdant. Dans son état du moi Enfant il se sentait idiot et jouait à L'Imbécile. Il découvrit également que son état du moi Parent approuvait une telle position et le poussait ainsi à l'échec. L'analyse de ses états du moi donna à l'Adulte de Paul les données objectives nécessaires pour l'éclairer sur ce qu'il était, comment il l'était devenu et la direction qu'il avait imprimée à son existence. Il lui fallut longtemps pour décider lequel de ses états du moi allait diriger sa vie. Finalement, son Adulte remporta la victoire. Il s'inscrivit à l'université et obtint régulièrement de bons résultats.

Après la découverte de son scénario de perdant, Paul décida qu'être perdant n'était pas la seule alternative. S'il le voulait, il pouvait devenir un gagnant. Selon Berne, « le but fondamental de l'analyse transactionnelle est l'analyse des scénarios, puisque le scénario détermine le destin et l'identité de l'individu » [17].

RESUME

A notre époque, on cache sous des masques divers son être authentique qui demeure ainsi inconnu, même à soi. La possibilité d'une confrontation avec sa propre réalité, c'est à dire la connaissance de soi-même, peut apporter frayeur et frustration. Nombreux sont ceux qui s'attendent à découvrir le *pire*. Mais il existe aussi une peur secrète de pouvoir éventuellement découvrir le *meilleur*.

Découvrir le pire, c'est avoir à faire face à l'alternative de continuer ou non le même comportement. Apprendre le meilleur, c'est se trouver devant cette autre alternative : vivre ou non selon son plein potentiel. Ces deux découvertes entraînent parfois des changements et sont génératrices d'angoisse. Mais cette angoisse peut cependant se changer en énergie créatrice et en enthousiasme, celui d'accroître ses chances de devenir un gagnant.

L'analyse transactionnelle vous permet d'apprendre à vous connaître, de comprendre la nature et le fonctionnement de vos relations avec les autres et de découvrir comment votre vie est orientée.

L'unité structurelle de la personnalité est l'état du moi. En acquérant une conscience de vos états du moi, vous pourrez distinguer les diverses sources de vos pensées, de vos émotions et de vos comportements, découvrir à la fois les contradictions et l'harmonie de votre personnalité. Vous prendrez conscience des options qui vous sont offertes.

L'unité de mesure des relations entre personnes est la transaction. En analysant vos transactions vous acquerrez un plus grand contrôle sur votre conduite envers les autres et sur leur façon d'agir envers vous. Il vous sera possible de reconnaître vos transactions complémentaires, croisées ou piégées et découvrir vos « jeux » privilégiés.

L'analyse transactionnelle est un système pratique de référence grâce auquel vous pourrez juger vos décisions et comportements anciens et changer ce que vous souhaitez changer.

EXPERIENCES ET EXERCICES

Trouvez un coin tranquille où l'on ne vous dérangera pas. Prenez le temps d'imaginer en détail chaque situation suggérée et réfléchissez aux questions suivantes.

1. **Apprenez à connaître vos états du moi**

    Votre Parent

    - Pensez à quelque chose que vous avez vu accomplir par un personnage parental, que vous faites encore actuellement et que peut-être vous reproduisez pour votre conjoint, vos enfants, vos amis ou vos collègues.

    - Pensez à un message parental que vous avez dans la tête et auquel vous obéissez, que vous combattez ou qui vous trouble.

    Votre Adulte

    - Repensez à une situation récente dans laquelle vous croyez avoir rassemblé des faits et, vous basant sur ces faits, avoir pris une décision raisonnable.

    - Repensez à une situation récente dans laquelle vous vous sentiez hostile et agressif(ve) (ou boudeur(se), déprimé(e), etc.) et où vous avez pourtant réussi à agir de façon raisonnable et appropriée malgré les sentiments éprouvés.

Votre Enfant

• Pensez à une forme de « manipulation » des autres qui vous réussissait lorsque vous étiez enfant et que vous utilisez encore aujourd'hui.

• Pensez à quelque chose qui vous amusait lorsque vous étiez enfant et qui vous amuse encore aujourd'hui.

2. Vos états du moi et vos émotions

Imaginez-vous seul(e) à la maison par une nuit d'orage. Vous dormez depuis quelques heures lorsqu'on frappe à la porte; l'horloge qui vient de sonner vous apprend qu'il est trois heures du matin.

• Que ressentez-vous et que pensez-vous? Que feriez-vous?

• Qu'auriez-vous ressenti, enfant? Réagissez-vous de la même façon à présent?

• Qu'aurait fait chacun de vos parents? Votre comportement ressemblerait-il à celui de l'un de vos personnages parentaux?

• D'après vous, quelle serait la « meilleure » chose à faire?

Imaginez-vous allant travailler comme d'habitude. Le patron vous attend, tendu et en colère, et vous tombe dessus immédiatement au sujet d'un travail que vous avez oublié de faire.

• Que ressentez-vous et que pensez-vous? Que feriez-vous?

• Qu'auriez-vous ressenti, enfant, si le rôle du patron avait été tenu par un parent ou un enseignant? Est-ce ce que vous ressentez à présent?

• D'après vous, quelle serait la « meilleure » chose à faire?

3. L'analyse d'une transaction

Repensez à une transaction que vous avez eue avec quelqu'un aujourd'hui. Essayez de la représenter dans le schéma ci-dessous. Croyez-vous qu'il y ait une transaction piégée se dissimulant sous un autre message? Le cas échéant, ne l'omettez pas dans le schéma.

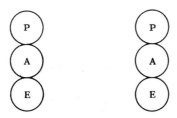

4. **Etes-vous OK?**

Imaginez-vous face à une personne très importante pour vous qui vous regarde droit dans les yeux et vous demande : « Te sens-tu OK ou pas OK? »

- Quelles seraient vos émotions et vos pensées?   Comment réagiriez-vous?
- Vous rappelez-vous quand vous avez décidé que vous étiez OK ou pas OK?
- Imaginez cette scène.   Qui était présent et que se passa-t-il? Essayez de la revivre.

5. **Etes-vous OK sur le plan sexuel?**

Imaginez-vous dans une situation où votre rôle sexuel est important.   Par exemple, vous êtes un conjoint, un(e) petit(e) ami(e), un(e) parent(e).   Avez-vous l'impression d'être bien dans votre peau, en tant qu'être masculin ou féminin?

- Repensez aux attitudes de vos parents en ce qui concerne votre masculinité ou votre féminité.   Tâchez de vous rappeler les mots employés à ce sujet.

- Essayez de revivre un incident dont vous avez gardé le souvenir et qui était lié à votre sexualité.

3

LA SOIF DE SIGNES DE RECONNAISSANCE ET LA SOIF DE STRUCTURATION DU TEMPS

Si tu me touches, doucement, gentiment,
Si tu me regardes et me souris,
Si tu m'écoutes parler parfois avant de parler toi-même,
Alors je pourrai m'épanouir vraiment.
    Gérard (9 ans)

Chacun éprouve le besoin d'être touché et « reconnu » par les autres et d'occuper le temps qui le sépare de la mort. Ce sont là des nécessités biologiques et psychologiques que Berne appelle « soifs ».

La soif d'être touché et « reconnu » peut être apaisée par des stimulus ou des caresses, c'est-à-dire « tout acte impliquant la reconnaissance de la présence de l'autre » [1]. Un stimulus peut prendre la forme d'un toucher physique effectif, ou une forme symbolique de reconnaissance, comme un regard, un mot, un geste, ou toute autre action exprimant « Je sais que tu existes ».

Cette soif de signes de reconnaissance détermine souvent la façon dont on utilise le temps. Par exemple, on peut passer des minutes, des heures, ou sa vie entière à tenter d'obtenir des stimulus de diverses façons, y compris à l'aide de jeux psychologiques. Ou bien on peut passer des minutes, des heures, ou sa vie entière, à essayer d'éviter tout stimulus en s'y dérobant.

LA SOIF DE SIGNES DE RECONNAISSANCE

Les nouveaux-nés ne se développent pas normalement s'ils ne sont pas touchés par les autres [2]. Ce besoin est généralement satisfait au cours des transactions quotidiennes du changement des couches, de l'allaitement, de l'attente du petit rot, de l'application de talc, des câlineries, et des caresses qu'une mère tendre prodigue à son bébé.

46

Le fait d'être touché stimule les fonctions chimiques du nouveau-né et favorise sa bonne croissance physique et mentale. Les nourissons négligés, dont on se désintéresse, ou qui, pour une raison ou pour une autre ne sont pas touchés suffisamment, dépérissent physiquement et mentalement parfois jusqu'à en mourir.

Les nouveaux-nés privés de caresses, les jeunes enfants placés dans des crèches, et ceux élevés selon le principe « il ne faut pas trop prendre un bébé dans les bras, car cela le gâte », peuvent souffrir d'un manque de caresses comparable à une grave déficience nutritive. Ces deux faits sont également préjudiciables à la bonne croissance de l'enfant.

Les analystes transactionnels ont coutume de dire que « Si un enfant n'est pas caressé, sa moëlle épinière se flétrit » [3]. Le film documentaire *Une Seconde Chance* [4], résumé ci-dessous, illustre de façon dramatique ce besoin de contacts physiques.

Exemple clinique

Quand le père de Suzanne la confia à un important hôpital pour enfants, elle avait 22 mois. Elle ne pesait pourtant que 15 livres (le poids d'un bébé normal de 5 mois), et ne mesurait que 71 centimètres (la taille moyenne d'un enfant de 10 mois). Son développement moteur était presque nul, elle ne savait ni marcher à quatre pattes, ni parler, ni même « gazouiller ». Si on s'approchait d'elle, elle s'écartait en pleurant.

Après trois semaines, Suzanne n'ayant reçu aucune visite, une assistante sociale prit contact avec la mère. Elle et son mari possédaient une culture au-dessus de la moyenne. Cependant la mère déclara « Un bébé mérite à peine le nom d'être humain ». Elle disait que Suzanne n'aimait pas qu'on la prenne dans les bras et préférait rester seule. Elle avait renoncé à toute tentative de contact avec Suzanne, et en ce qui concernait les soins à lui apporter, avouait : « Je ne veux plus avoir à le faire ».

Les examens ne mirent en évidence aucune cause physique pouvant expliquer cet important retard dans le développement physique et mental de Suzanne, et on diagnostiqua un « syndrome de privation maternelle ».

On fit appel à une volontaire pour remplacer la mère et consacrer à Suzanne six heures de soins attentionnés par jour, cinq jours par semaine. Le personnel de l'hôpital accorda également beaucoup d'attention à Suzanne, la prenant souvent dans les bras, la berçant, jouant avec elle, et la faisant manger en lui prodiguant un maximum de contacts physiques. Deux mois plus tard, bien qu'elle manifestât encore un retard marqué, Suzanne avait acquis des réactions affectives très développées. Elle avait aussi pris six livres et grandi de cinq centimètres. Ses capacités motrices s'étaient nettement améliorées : elle savait marcher à quatre pattes et aussi debout lorsqu'on la soutenait. Elle pouvait sans crainte supporter la présence de personnes inconnues. Les soins affectueux et tendres prodigués à Suzanne avaient eu un effect remarquable.

A mesure que l'enfant grandit, la soif primaire de contact physique se modifie et devient une soif de signes de reconnaissance. Un sourire, un hochement de tête, un mot, un froncement de sourcils, un geste remplacent certaines caresses. Tout comme les caresses, ces formes de reconnaissance, qu'elles soient positives ou négatives, stimulent le cerveau de l'enfant et lui permettent de s'assurer qu'il existe et qu'il existe aussi pour les autres. Les signes de reconnaissance évitent aussi que le système nerveux de l'enfant ne « se flétrisse ».

Certaines personnes ont un grand besoin d'être reconnues pour se sentir en sécurité. Cette soif peut être fortement ressentie en n'importe quelle circonstance − à la maison, à l'école, et même sur les lieux de travail. Dans une entreprise, un surveillant se plaignait qu'un de ses techniciens passait trop de temps près du distributeur d'eau fraîche, délaissant son laboratoire toutes les heures, à la recherche d'un collègue avec qui bavarder. Après un stage d'AT le surveillant prit l'habitude de passer au laboratoire de temps en temps pour avoir un bref entretien amical avec ce technicien. Les sorties dans le couloir diminuèrent considérablement. Comme ce surveillant put en faire l'expérience, les besoins de reconnaissance doivent être pris en considération par tous ceux qui travaillent avec d'autres personnes. Les patrons efficaces sont souvent des individus capables de « toucher » et de « reconnaître » les autres de façon appropriée.

LES SIGNES DE RECONNAISSANCE POSITIFS

Le manque de signes de reconnaissance a toujours eu sur les êtres des conséquences négatives. Et bien que caresses négatives et positives puissent stimuler de la même façon les fonctions chimiques de l'enfant, seuls les stimulus positifs sont capables de favoriser le développement d'une bonne santé affective et un sentiment de bien-être — celui d'être OK. La valeur d'un stimulus positif va du simple « bonjour » à la communion profonde entre deux êtres.

Certain signes de reconnaissance ne sont que superficiels. Il s'agit alors de transactions simples qui peuvent être assimilées à des stimulus « d'entretien ». Ils n'ont généralement pas une signification très importante, mais suffisent à garder ouverte la communication, à entretenir chez l'autre la sensation d'être en vie. Les rituels de salutation, comme les courbettes et les poignées de main, sont des méthodes structurées pour donner et obtenir des signes de reconnaissance de cette nature.

Les stimulus positifs consistent généralement en des transactions complémentaires directes, appropriées et accordées à la situation présente. Lorsqu'un stimulus est positif, son destinataire se sent bien, vivant, alerte, important. A un niveau plus profond, il lui est agréable, augmente son bien-être, lui donne confiance en ses capacités intellectuelles. Les sentiments sous-jacents sont bienveillants et traduisent la position Je suis OK — Vous êtes OK. Si le stimulus provient de sentiments authentiques, s'il est en harmonie avec les faits, s'il ne force pas la note, il encourage la personne qui le reçoit et amplifie sa tendance gagnante.

Un parent donne à son enfant une caresse positive en le soulevant de terre avec un « Ah je t'aime, toi! ». Un directeur donne un stimulus positif en répondant directement à la question d'un subordonné. Un vendeur donne au client un stimulus positif en l'accueillant d'un « Bonjour Monsieur ».

Les signes de reconnaissance sont souvent l'expression de sentiments d'affection ou d'appréciation :

« C'est drôlement bien de danser avec toi. »

« Je suis heureuse de t'avoir pour fils. »

« Vous m'avez vraiment bien dépanné en terminant ce rapport. »

« C'est un véritable plaisir de partager un bureau avec vous. »

Ou ils peuvent prendre la forme de compliments :

« Tu es si jolie que tu pourrais figurer sur la couverture d'un magazine. »

« C'est formidable d'avoir une fille dans la maison. »

« Vos bouquets égaient bien ce bureau. »

« Tu nages comme un poisson. »

« Tu en as une belle veste sport! »

« Votre proposition est claire et brève, exactement ce qu'il nous fallait. »

Les signes de reconnaissance positifs peuvent également renseigner les individus sur leur compétence, les aider à prendre conscience de leurs talents et de leurs ressources personnelles. Par exemple, si un père demande à son fils de tondre la pelouse, puis lui dit : « Tu as vraiment bien tondu la pelouse. Elle est très belle comme cela et je te remercie. », il permet à son fils d'en tirer des conclusions positives sur lui-même et de savoir qu'il possède certaines capacités. Cela l'aide à maintenir sa position de gagnant et à penser : je suis OK.

Une ancienne étudiante racontait que ses parents avaient toujours accueilli ses succès en disant : « Tu es une si gentille fille! ». Ces stimulus ne lui avaient pas déplu jusqu'au jour où, à l'âge de quarante ans, elle se mit à la recherche d'un emploi; quand on lui demanda ce qu'elle savait faire son enregistrement parental ne sut que lui répéter : « Tu sais être une si gentille fille! ».

Il en est de même pour les signes de reconnaissance adressés par un adulte à un autre. Par exemple, une nouvelle secrétaire qui a su habilement éloigner un visiteur indésirable se verra complimenter par : « Vous êtes un ange », au lieu de « J'apprécie le tact dont vous avez fait preuve avec cette personne ». Bien que nombre de secrétaires aient plaisir à se faire traiter d'ange de temps à autre, cela ne les renseigne pas beaucoup sur leur compétence professionnelle, en particulier si elles débutent.

Un enfant reçoit des stimulus positifs si un parent, un professeur, ou un(e) ami(e) le gratifie d'un « bonjour » chaleureux, l'appelle par son nom (prononcé correctement), le regarde attentivement en face, et par dessus tout, écoute sans réprobation ce que l'enfant a à dire sur ses sentiments ou ses réflexions personnelles. Cette attitude l'aide à préserver son sentiment de dignité.

Ecouter est l'un des plus beaux signes de reconnaissance que l'on puisse donner à autrui. L'écoute la plus efficace implique que l'on concentre toute son attention sur celui qui parle. Cette discipline peut être apprise. Nombreux sont les ignorants ou les indifférents qui ne développent jamais ce talent et il en résulte que :

Les enfants se plaignent : « Mes parents ne m'écoutent jamais. »

Les parents disent : « Mes enfants ne m'écoutent jamais. »

Maris et femmes déplorent : « Il(elle) ne comprend jamais ce que je dis. »

Les patrons constatent : « Je lui ai dit au moins cent fois et il ne m'écoute toujours pas. »

Et les employés disent : « Personne ne nous écoute jamais à la direction. »

Une personne qu'on a écoutée sait que ses idées, ses opinions et ses sentiments ont été vraiment compris. On ne l'a pas « coupée », on lui a adressé un « feedback » actif. L'écoute active. appelée aussi écoute réfléchie, implique qu'on donne un « feedback » verbal du contenu du discours ou des actions concernés, en même temps qu'une hypothèse sur le sentiment qui est à la base des mots prononcés ou des actes accomplis. Ceux-ci sont alors formulés clairement. Ecouter véritablement ne signifie pas forcément approuver. Cela signifie tout simplement clarifier et comprendre les sentiments et le point de vue de l'autre.

Quand un adolescent rentre à la maison, jette ses livres sur la table et grommelle :« L'école est vraiment embêtante », une mère à l'écoute dira quelque chose comme « L'école t'a semblé embêtante aujourd'hui, et tu es plutôt en colère. C'est bien cela? ».

Quand une secrétaire fait des fautes de frappe répétées, se met à marmonner et à rembarrer les visiteurs, un patron réellement à l'écoute s'exprimera par exemple ainsi : « D'après ce que vous venez de dire, il semble que vous soyez énervée. N'est-ce pas? ».

Dans les cas ci-dessus c'est la transaction de « feedback » Adulte qui est utilisée. Sans réprobation ni indulgence, l'Adulte écoute à la fois le contenu du discours et les sentiments exprimés par l'état du moi Enfant de l'autre personne. L'interlocuteur ne se lance pas dans des discours centrés sur « Je », mais insiste sur le message à la deuxième personne « Tu/Vous ». Cette transaction est appropriée quand une personne vient de ressentir une violente émotion et a besoin qu'on l'écoute, non qu'on la sermonne.

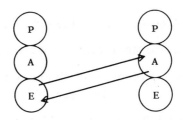

Un enseignant qui avait des problèmes de discipline dans sa classe apprit à se servir de cette transaction avec une adresse qui améliora nettement l'ambiance des cours. Il avoua : « La première fois que j'ai essayé cette méthode d'écoute active, j'ai eu des démêlés avec mon Parent et mon Enfant. Ma réaction immédiate à un comportement qui me déplaisait était Parentale, je voulais donner une fessée ou une bonne réprimande au gamin. Ma réaction suivante venait de l'Enfant. Je me sentais vraiment dépassé quand les élèves se conduisaient mal et je me disais : « Je suis sûrement un mauvais professeur, sinon ça n'arriverait pas. ». Après avoir appris une nouvelle façon de réagir, je ne me suis plus senti aussi incapable et j'ai eu moins besoin de réprimander. Les enfants aussi semblent se sentir mieux dans la classe. »

Tout le monde a besoin de signes de reconnaissance et s'ils ne sont pas positifs en quantité suffisante, on en suscitera souvent de négatifs. Ainsi les enfants se rendent parfois insupportables ou deviennent délinquants, invitant ainsi leurs parents à les frapper, à les réprimander, enfin à les rabaisser. Ainsi un conjoint se mettra à geindre, à dépenser trop, à rentrer tard, à flirter, à boire, à se battre, enfin d'une façon ou d'une autre à provoquer un affrontement. Le même processus peut se produire dans le cadre du travail [5]. Les employés ralentissent la cadence du travail, font des erreurs, se blessent. Des études ont montré que si dans une entreprise, le travail est dépourvu de tout élément affectif, la production baisse et des conflits se font jour. Il semble, aussi bien pour les enfants que pour les adultes, que l'opposition soit préférable à un manque d'attention total.

LA DEVALORISATION ET
LES SIGNES DE RECONNAISSANCE NEGATIFS

Si un parent dévalorise la sensibilité et les besoins du petit enfant, il nuit à son épanouissement. Une dévalorisation résulte soit du manque d'attention, soit d'une attention négative provoquant une atteinte physique ou affective. Un enfant qu'on néglige ou à qui on donne des stimulus négatifs reçoit le message : « Tu n'est pas OK ». Une personne envers laquelle on ne montre qu'indifférence, qu'on taquine, qu'on rabaisse, qu'on humilie, qu'on diminue physiquement, qu'on insulte, qu'on ridiculise, dont on rit, est en fait traitée en quantité négligeable. Cette personne se sent minimisée, dévalorisée. Les dé-valorisations comportent toujours un rabaissement implicite.

La dévalorisation est un écueil fréquent dans la résolution de cer-tains problèmes. Il y a dévalorisation si 1. le problème lui-même n'est pas pris au sérieux (par exemple si la mère regarde la télévision pendant que son bébé pleure); 2. la portée du problème est niée (un directeur dit : « Vous prenez tout cela trop au sérieux. Ce n'est pas si important »); 3. la solution est niée (« On ne peut rien faire avec un mari entêté à ce point. »); enfin 4. la personne nie sa propre capacité à résoudre le problème (« Je n'y peux rien si j'ai mauvais caractère. Ce n'est pas ma faute. ») [6].

Si une femme demande ingénument à son mari : « Chéri, quand seras-tu là pour dîner? », et qu'il répond pompeusement : « Je serai là quand je rentrerai », c'est une dévalorisation pour elle. Sa signifi-cation propre en tant qu'individu est diminuée par le message caché : « Tu n'est pas importante » et elle souffrira sans doute de cette transaction faussée.

Il est toujours douloureux d'être dévalorisé. Entre parents et en-fants, c'est une cause de troubles pathologiques du caractère – qui forment des perdants. Entre adultes, la dévalorisation conduit à des relations humaines malheureuses, ou alimente des scénarios destruc-tifs, sans issue.

Comme le cas de Suzanne nous l'a démontré, l'indifférence est un moyen désastreux de dévaloriser un petit enfant. Le cas d'Etienne est assez semblable. Lorsqu'il était petit, ses parents s'adressaient rarement à lui directement. Un jour, dans une tentative désespérée pour obtenir une rencontre directe avec eux, il fit un trou dans le mur de sa chambre avec sa batte de baseball, et attendit leur réaction. Aucune ne vint; ses parents restèrent indifférents à cet acte. Le lendemain il entendit sa mère dire : « Etienne a dû tomber contre le mur : il y a un trou dedans ». La répétition de telles preuves d'indifférence dévalorisa tant ce garçon qu'il devint psychotique.

Les effets d'un manque de signes de reconnaissance peuvent retentir sur la vie d'un adulte.

Exemple clinique

Hubert était un enfant unique. A sa naissance sa mère avait quarante-et-un ans et son père cinquante-huit. Il fut élevé dans une maison de quatorze pièces, située sur un terrain d'environ un hectare, très éloignée de tout voisinage. Hubert décrivait ses parents comme réservés et distants. S'ils le touchaient quand c'était absolument nécessaire, ils n'eurent jamais d'effusions spontanées ni d'embrassades affectueuses.

Adulte, Hubert se refusait à toucher sa femme ou ses enfants. Il rationalisait sa réserve en proclamant, comme l'avait fait son père, que « les démonstrations d'affection en public sont une preuve de mauvais goût », ou « ne m'embrasse pas devant les enfants, Alice, on ne sait jamais ce qu'ils pourraient penser! »

Hubert était professeur mais se sentait mal à l'aise avec les autres et les évitait le plus possible. Il refusait de rencontrer parents ou élèves après les cours, évitait les réunions d'enseignants et se décrivait comme « incapable d'arriver à quoi que ce soit. »

Le fait qu'Hubert n'avait pas été suffisamment touché physiquement dans son enfance contribuait à son scénario négatif. Il n'arriverait effectivement à rien de positif tant qu'il n'aurait pas appris à donner et à recevoir des caresses. Quand il le fit, sa vie de famille et sa carrière s'en trouvèrent améliorées.

Les parents ont de nombreuses raisons de paraître indifférents ou de refuser des caresses à leurs enfants. Le plus souvent c'est parce qu'eux-mêmes, dans leur enfance, n'ont pas été suffisamment touchés et ont appris à « garder leurs distances ».

D'autres parents, devinant leur intense colère intérieure, s'astreignent à « garder leurs mains pour eux » pour ne pas « lui casser la tête à ce gamin ». Ainsi que le disait un père, « Si jamais je la touche, j'ai bien peur de la tuer. D'ailleurs, une fois quand mon père s'est mis en colère, il a jeté ma soeur par la fenêtre. Elle a eu le crâne fracturé et ne s'en est jamais remise. »

D'autres encore sont indifférents à leurs enfants parce qu'ils sont irrités de leur présence et des responsabilités qu'ils représentent. Une étude indique que 700 000 enfants non désirés naissent chaque année aux Etats-Unis [7]. Nombre de ces enfants ne sont jamais acceptés par leurs parents et vivent dans un climat affectif d'hostilité et de rejet.

Une mère décrit le climat affectif qu'elle a créé à cause de sa réaction de rancune vis-à-vis de son fils Dibs, schizophrène à six ans et considéré comme retardé mental malgré son quotient intellectuel de 168 :

C'est un enfant très difficile à comprendre. J'ai essayé. J'ai vraiment essayé. Mais j'ai échoué. Dès le début, alors qu'il n'était encore qu'un nourrisson, je n'ai jamais pu le comprendre. Je n'avais jamais véritablement connu d'enfants, avant d'avoir Dibs. Je n'avais pas une expérience de femme en ce qui concerne les enfants ou les bébés. Je n'avais pas la moindre idée de ce qu'ils sont, de ce qu'ils sont réellement, en tant que personnes, je veux dire. Je savais tout d'eux au point de vue biologique, physique, médical. Mais je n'ai jamais pu comprendre Dibs. C'était un tel déchirement — une telle déception, et cela, depuis le moment de sa naissance. Nous n'avions pas projeté d'avoir un enfant. Sa conception a été un accident. Il a brisé tous nos projets. J'avais une profession, moi aussi. Mon mari était fier des résultats que j'obtenais. Mon mari et moi, nous étions très heureux avant la naissance de Dibs. Et puis, quand il est né, il était si différent. Si gros et si laid. Une grosse masse informe! Il ne réagissait à rien. En fait, il m'a rejetée dès le début. Il se raidissait et se mettait à pleurer chaque fois que je le prenais dans mes bras!...
Ma grossesse a été très difficile. J'ai été malade presque tout le temps. Et mon mari était irrité par cette grossesse. Il estimait que j'aurais pu l'éviter. Oh, je ne le blâme pas. J'en étais très contrariée moi-même. Nous ne pouvions plus vivre comme nous l'avions fait jusqu'alors, nous ne pouvions aller nulle part. Je suppose que je devrais dire que nous n'allions nulle part, et non pas que nous ne le pouvions plus. Mon mari s'est éloigné de plus en plus de moi et il s'est plongé dans son travail. C'est un scientifique, vous savez. Un homme brillant. Mais distant. Et très, très sensible. [8]

L'indifférence et l'isolement sont des formes de châtiment bien connues, même pour les adultes. Un tel châtiment prive les individus des signes de reconnaissance les plus simples et les conduit à une détérioration intellectuelle, affective et physique.

Quand une dévalorisation est transmise par un stimulus négatif, ce message qui n'est pas OK est soit explicite soit implicite. A la demande d'une petite fille « Est-ce que je peux mettre ma robe neuve? », une dévalorisation directe serait par exemple de dire : « Tu es tellement souillon que tu l'abîmerais tout de suite. » Une dévalorisation implicite pourrait prendre cette forme : « Mais comment être sûre que tu y feras attention? » Dans les deux cas, la petite fille conclut : « On ne peut pas me faire confiance. »

Souvent, ce ne sont pas les mots eux-mêmes mais l'intention exprimée par le ton de la voix, l'expression du visage, le geste, l'attitude, etc., qui distinguent un stimulus piégé et négatif d'un autre, franc et positif. Un mari donne à sa femme un stimulus positif s'il lui dit : « Bonsoir, mon chou » en rentrant du travail. Par contre, si une vendeuse appelle un client « mon chou », elle le dévalorise peut-être, impliquant par là que celui-ci est naïf.

De semblables dévalorisations sont parfois voulues quand, par plaisanterie, les gens disent le contraire de ce qu'ils pensent. Les phrases suivantes peuvent, sur le papier, paraître des compliments, mais dites railleusement ou dédaigneusement, deviennent des stimulus négatifs. Le message véritable est transmis dans une transaction piégée par l'insinuation. C'est le cas lorsque :

« Tu es chouette avec ce pull » est dit avec un regard désapprobateur.

« Ça fait vraiment du bien à la machine à écrire », est dit railleusement à quelqu'un qui gomme une erreur juste au-dessus du mécanisme de la machine.

« C'est vraiment quelque chose, ce rapport », dit en ricanant.

« Eh bien, bravo! », dit d'un ton de dégoût.

Les fausses flatteries ou les faux compliments, livrés sous le voile de la sincérité, sont une autre forme de dévalorisation :

« Excellente idée », dit le président du comité, bien qu'il la trouve inutile.

« Vous faites bien votre travail », dit le patron, alors que le volume des ventes vient de chuter.

« Cette coiffure est ravissante » dit un ami, alors qu'en réalité elle n'est pas seyante.

Les remarques ou les gestes de taquinerie peuvent également être une forme de dévalorisation. Un mari disant : « Pas étonnant que le pare-chocs frotte, quand tu es sur le siège arrière » exprime probablement une réelle hostilité envers sa femme trop forte. S'il est vrai que les adultes apprennent à dire carrément « Fiche-moi la paix » quand les taquineries les blessent, il est très difficile aux enfants de faire de même. Bach écrit :

Les parents s'imaginent que les enfants aiment être taquinés. En fait, au mieux, ils le supportent pour satisfaire le besoin des parents de décharger leur hostilité. Un enfant qui se laisse taquiner en « beau joueur » a en réalité soif d'attention parentale. Il accepte les taquineries ou autres hostilités comme des substituts à de véritables encouragements. Mieux vaut être taquiné qu'oublié. [9]

Battre un enfant représente une forme extrême de dévalorisation, généralement pratiquée par des parents eux-mêmes battus dans leur enfance. La chaîne d'enfants battus peut ainsi se continuer à travers les générations tant qu'un meilleur modèle de comportement parental n'est pas adopté. Aux Etats-Unis on estime que chaque année 60 000 jeunes enfants meurent ou sont grièvement blessés à la suite de mauvais traitements corporels infligés par leurs parents. Dans la seule ville de San Francisco, 60 à 100 enfants estropiés par l'un de leurs parents sont signalés chaque année aux autorités.

La violence des parents envers leurs enfants peut prendre diverses formes. Un père qui utilisait la douleur comme technique d'apprentissage, brûla le doigt de son enfant avec une allumette, prétendant qu'il lui apprenait ainsi à se méfier du feu. Un autre père fouetta son fils puis l'attacha au lit pour avoir volé cinq centimes qui étaient sur la commode. Une mère battit son bébé d'un mois, lui provoquant une embolie cérébrale et expliqua ainsi son geste : « Toute ma vie, personne ne m'a aimée, puis j'ai eu mon bébé et j'ai espéré qu'il m'aimerait. Quand il pleurait je pensais qu'il ne m'aimait pas, alors je l'ai frappé. » L'enfant mourut.

Les parents qui battent leurs enfants ont généralement besoin de suivre un traitement et souvent le désirent. La plupart ont un état du moi Parent inadéquat et un état du moi Enfant blessé. En stimulant et en renseignant leur état du moi Adulte, ces parents apprennent ce qu'on peut attendre d'un enfant et comment modifier leur comportement brutal.

Exemple clinique

Corinne fit très jeune l'expérience de la cruauté physique. Il n'était pas rare qu'on renversât « accidentellement » sur elle du café brûlant et elle fut ainsi souvent ébouillantée. Sa mère lui infligea également délibérément des coupures de couteau « pour lui apprendre à ne pas toucher les couteaux » et pour la dresser à éviter les prises électriques on lui enfonçait les doigts dedans. Plus tard, Corinne se montra souvent cruelle comme sa mère, brutalisant ses propres enfants. De plus, elle ressentait une vive suspicion envers toute personne faisant preuve de gentillesse envers elle. Elle s'attendait toujours au « pire ».

Grâce à l'étude de l'AT, Corinne prit conscience de la conduite de sa mère et du fait qu'elle reproduisait elle-même ce comportement parental avec ses enfants. Elle apprit à ne pas appliquer la conduite destructive dictée par son état du moi Parent, mais à remplir son rôle de parent sous le contrôle de son Adulte. A la longue, elle devint un parent authentique, cessa toute manifestation de brutalité, et sut donner des stimulus à ses enfants.

Dans le travail quotidien les dévalorisations prennent généralement des formes plus subtiles que la violence physique. Elles consistent en des transactions croisées ou, à un niveau caché, à rabaisser, à mettre à l'écart ou à tromper les autres. Certaines mises à l'écart dans le cadre professionnel ressemblent aux « bonbons » que les parents donnent à leurs enfants pour se débarrasser d'eux. Berne écrit :

Les expressions d'approbation Parentales (familièrement appelées « sucre » ou « bonbon ») sont fondamentalement du type protecteur; du point de vue transactionnel il s'agit de moyens destinés à repousser l'autre. Du point de vue fonctionnel, on peut les traduire... comme suit : « Je suis content d'avoir l'occasion de te protéger; cela me donne l'impression d'avoir de l'importance », ou bien « Ne vient pas m'ennuyer avec tes problèmes; tiens, prends ce bonbon et tais-toi, que je puisse parler des miens ». [10]

Une vendeuse, par exemple, jette un bonbon à une autre en lui disant : « C'est terrible, ce qui t'est arrivé, mais écoute un peu ce qui m'est arrivé à moi, c'est encore pire! », ou bien « Tu crois que tu as des problèmes, attends un peu d'avoir entendu les miens! »

La façon dont une personne a été touchée et « reconnue » affecte souvent ses modes habituels de contact dans sa vie d'Adulte. Ceux qui furent brutalisés ou délaissés tendent à fuir toute caresse physique. Ceux qui reçurent une sur-stimulation restent parfois insatiables dans ce domaine; ils deviennent des conjoints très exigeants et peuvent se sentir mal-aimés sans un maximum de toucher physique. Beaucoup adoptent des habitudes de contact physique particulières.

Exemple clinique

Un mari désemparé se plaignait de ce que sa femme voulait se faire gratter le dos chaque fois qu'il était d'humeur érotique. Il prenait cela pour une rebuffade, puis se sentait plus frustré encore car elle adoptait une attitude négative lorsqu'il voulait caresser ses seins. Au cours d'une consultation conjugale, sa femme se souvint qu'enfant, le seul moment où sa mère la touchait affectueusement, c'était quand elle lui grattait le dos. Pour elle, se faire gratter le dos était synonyme d'amour et d'affection. Elle se rappela également qu'adolescente à peine formée, un garçon de ferme lui avait brutalement saisi les seins, lui faisant mal. Elle avait fermement décidé « qu'elle ne voulait plus être maltraitée de la sorte ».

Cette femme arriva à la longue à ne plus confondre son mari et le garçon de ferme. Chaque fois que l'ancien enregistrement de peur était déclenché, elle se rappelait : « C'est mon mari et il m'aime ». Elle apprit aussi petit à petit à se blottir contre lui au lit, leurs corps emboîtés, ses seins touchant son dos. Le mari à son tour devint plus sensible aux angoisses de sa femme et comprit qu'elles n'étaient pas une réaction négative à sa virilité.

LA SOIF DE STRUCTURATION DU TEMPS

L'ennui prolongé, de même que le manque de signes de reconnaissance, accélère la détérioration affective et physique. Pour éviter les souffrances de l'ennui, chacun de nous cherche à occuper son temps.

Quel parent n'a jamais entendu un enfant désoeuvré geignant :
« Maman, qu'est-ce que je peux faire, maintenant? » Quel couple
marié n'est jamais resté assis à se demander : « Qu'est-ce que nous
pourrions faire ce week-end? » Quel travailleur n'en a jamais vu un
autre disant : « Je déteste ce boulot quand il n'y a pas de quoi
s'occuper. »

Les individus disposent de six façons possibles de structurer le
temps. Parfois, ils se replient sur eux-mêmes; d'autres fois, ils s'en-
gagent dans des activités rituelles ou des passe-temps; ils jouent aussi
à des jeux psychologiques; ou encore, travaillent ensemble; enfin, à
l'occasion, ils peuvent vivre un moment d'intimité.

Le Retrait*

On se replie sur soi-même soit en se déplaçant physiquement, soit en
effectuant un retrait psychologique, en se retirant dans ses pensées.
Le comportement de retrait peut provenir de n'importe lequel des
trois états du moi.

Le retrait est parfois une décision Adulte rationnelle. Les êtres
humains ont besoin de temps pour être seuls, se détendre, poursuivre
leurs propres réflexions, faire le point sur eux-mêmes et se rafraîchir
à la source de leur personnalité. Même le retrait dans l'imaginaire est
souvent justifié. On peut faire un meilleur usage de son temps
avec un bon voyage dans l'imaginaire qu'en écoutant une mauvaise
conférence.

Le retrait est quelquefois basé sur une imitation des parents;
dans ce cas l'individu imite un comportement parental. Par exemple,
un homme sentant venir un conflit avec sa femme s'isolera comme le
faisait son père lors des colères de sa mère. Il pourra aussi quitter la
maison, se retirer dans sa boutique, ou s'enfermer dans son bureau.
Ou encore, au lieu de partir réellement, il s'endormira ou simplement « prendra une autre longueur d'ondes » que sa femme, n'entendant plus ce qu'elle dit.

Les comportements de retrait proviennent également de l'état
du moi Enfant. Souvent la personne retrouve des comportements
adoptés dans l'enfance pour se protéger contre la douleur ou le conflit. Il arrive qu'ils soient le résultat d'une éducation : un enfant
à qui l'on disait « Va dans ta chambre; ferme la porte, et n'en sors
pas avant d'avoir le sourire » apprend à se retirer physiquement, ou
bien psychologiquement derrière un sourire forcé.

Le retrait psychologique s'accomplit souvent dans un monde de rêveries. Ces rêveries ont fréquemment pour objet la violence ou le plaisir incontrôlés, l'imagination créatrice, des craintes apprises ou l'attente de catastrophes. Tout le monde se retire dans ses rêveries de temps à autre. Qui n'a jamais imaginé les géniales répliques qu'il « aurait pu » faire? Qui ne s'est jamais lancé dans un plaisir imaginaire sans limites?

Les Rituels

Les transactions rituelles sont des transactions simples et stéréotypées, comme les bonjour et au revoir quotidiens. En demandant « Bonjour, comment ça va? », on ne se préoccupe généralement pas véritablement de la santé ou des sentiments de l'interlocuteur, dont on n'attend en fait que la réponse rituelle « Bien, et vous? ». Grâce à ce court échange, chacun a pu obtenir des contacts de subsistance.

Il existe de nombreux rituels de ce genre, assurant la bonne marche des échanges mondains. Ils offrent aux nouveaux-venus un moyen de rencontre, permettent un gain de temps pour résoudre les problèmes de préséance (qui doit passer devant ou être servi le premier et ainsi de suite). Certaines cultures, certains groupements religieux, partis politiques, sociétés secrètes et clubs mondains, trouvent un excellent moyen de structurer leur temps dans des comportements rituels extrêmement complexes. D'autres groupes ont une structure moins définie et préfèrent occuper leur temps différemment. Pour beaucoup, les rituels deviennent un mode de vie. Même longtemps après la cérémonie, le mariage peut n'être qu'une série de transactions rituelles consistant essentiellement en des jeux de rôles, en actions dépourvues de véritable signification et d'intimité, mais suffisantes toutefois à assurer la survie grâce à des contacts minimaux.

Les Passe-Temps

Grâce aux transactions de passe-temps deux ou plusieurs personnes peuvent s'entretenir pendant un moment de sujets banals, sans danger, par exemple le temps qu'il fait. Qui n'a pu observer deux vieux messieurs assis sur le banc d'un square et discutant ardemment de politique? « Le gouvernement devrait mettre un peu d'ordre dans cette pagaille...! » Ou bien deux parents qui, pour passer le temps, se font part de leurs préjugés communs : « Les jeunes sont impossibles de nos jours. Avec leur façon de... ». Dans les deux cas les personnes concernées pourront échanger une opinion après l'autre sans se préoccuper le moins du monde des faits réels, et ne pas s'ennuyer une minute.

Les passe-temps présentent peu de dangers; ces échanges superficiels sont souvent utilisés par des personnes qui ne se connaissent pas très bien. Par exemple, lors d'une réception, il n'est pas rare de voir les hommes parler profession, voitures, sports ou cours de la bourse, tandis que les femmes discutent recettes de cuisine, enfants ou décoration.

Les passe-temps, de même que les rituels, se déroulent sans implication à un niveau plus profond. Ils offrent aux individus l'occasion de se deviner, de « tâter le terrain » de l'interlocuteur, pour découvrir un partenaire de jeux, d'activité ou d'intimité.

Les Jeux*

Un « avantage » des jeux psychologiques est qu'ils permettent de structurer le temps. Certains ne durent que cinq minutes : par exemple, il suffit de quelques minutes à une secrétaire jouant aux *Défauts* pour faire remarquer que le patron oublie toujours d'accorder ses participes passés ou se trompe souvent dans l'orthographe du mot « absence ».

D'autres jeux au contraire, par exemple *Les Dettes*, peuvent structurer une vie entière. Par exemple, un couple de jeunes mariés jouant aux *Dettes* s'endette lourdement en acquérant meubles, appareils électroniques, voiture, bateau, etc., et à chaque augmentation de salaire ils s'endettent davantage — une maison plus grande, deux voitures, et ainsi de suite. Toute leur vie, quels que soient leurs revenus, ils restent perpétuellement endettés. Les adeptes du jeu des *Dettes* qui veulent jouer plus « dur » doivent parfois déposer leur bilan ou se retrouvent en prison.

Les Activités

Les activités sont des méthodes de structuration du temps qui relèvent de la réalité extérieure et dont la représentation typique est le travail, l'action de mener à bien une chose déterminée. Il s'agit fréquemment de ce que les gens veulent ou doivent accomplir ou ont besoin d'accomplir — seuls ou avec d'autres.

Faire partie d'un comité	jouer dans un orchestre
prévoir la trajectoire	préparer un projet collectif
d'un missile	répondre au téléphone
sarcler le jardin	faire le dîner
organiser une circon-	décharger un navire
scription	coudre une robe
dicter une lettre	construire des ponts
construire une maison	établir des plans

Lorsque certaines de ces activités, ainsi que d'autres, toutes honorables, tirent à leur fin, leur auteur se sent souvent vide, inquiet ou inutile. Ce problème s'impose de façon aiguë quand des activités structurant largement le temps, par exemple élever des enfants, faire des études ou exercer une profession, cessent brutalement.

De nombreuses mères occupant entièrement leur temps avec leurs enfants et le ménage sont submergées par l'ennui au moment où les enfants devenus adultes quittent la maison. De même, un père qui a consacré son existence à faire vivre sa famille peut souffrir d'un ennui semblable et dépérir rapidement après avoir pris sa retraite.

Différents modes de structuration du temps apparaissent parfois au cours d'une même activité : des rituels, des passe-temps, des jeux, et même l'intimité. Par exemple, un vice-président joue les *Cadres Débordés* au bureau, acquiesçant à tant de sollicitations qu'il finit par « craquer ». Cependant, il harcèle et surmène également ses secrétaires. Dès que Messieurs ou Mesdames les Débordé(e)s quittent la pièce, leurs secrétaires abandonnent peut-être leur machine à écrire, pour jouer au passe-temps *C'est Affreux.* « Quel patron! Il dit « oui » à tout le monde, et c'est nous qui nous retrouvons avec tout le travail supplémentaire. N'est-ce pas affreux? » Au moment où le patron revient, soit elles retournent à leur travail, soit elles passent au rituel de la pause-café, soit elles s'isolent dans leurs propres pensées — pensées coléreuses, peut-être — ou encore commencent un jeu.

L'Intimité

A un niveau de rencontre humaine plus profonde que les rituels, passe-temps, jeux et activités, se trouve la capacité que possède chacun de nous d'atteindre l'intimité. L'intimité règne hors des jeux et de l'exploitation. Elle prend place dans ces rares moments de contact humain où s'éveillent les sentiments d'empathie*, de tendresse et d'affection. Cette affection n'est pas simplement la sensation de chaleur qu'on ressent à la vue d'une jolie paire de jambes ou de larges épaules. L'intimité implique un véritable souci de l'autre.

Des personnes peuvent vivre ou travailler ensemble des années durant sans jamais réellement « se voir » ou « s'entendre ». Cependant, vient quelquefois un moment où l'un voit l'autre pour la première fois — il voit sa nature, ses expressions, ses nombreux aspects, différences, mouvements. Ou bien l'un entend l'autre pour la première fois — il entend ses messages verbaux et non-verbaux, affectifs et factuels.

Le sentiment d'intimité peut apparaître au coeur de la foule ou au cours d'une amitié durable, au travail ou dans le mariage. L'intimité existe quand par exemple :

Au concert, l'oeil d'un auditeur rencontre celui d'un inconnu. Durant cet instant ils sont conscients du lien apporté par leur plaisir commun. Ils se sourient largement, dans un moment d'intimité.

Deux époux travaillant ensemble à sarcler le jardin éprouvent un sentiment de rapprochement qui les amène tout naturellement à un contact physique confirmant leur affection.

Un père regarde le visage mouillé de larmes de son fils qui vient d'enterrer son chien. Il met son bras autour de ses épaules en disant : « C'est dur d'enterrer un ami. » Le fils éclate en sanglots dans les bras de son père, libérant son chagrin. A ce moment-là, ils se sentent tout proches.

Deux hommes travaillent ensemble pendant plusieurs semaines, préparant un projet important pour leur entreprise. L'un d'eux va le présenter à la direction, et le projet est rejeté. A son retour, son collègue regarde son visage, et sans qu'un mot soit prononcé le sentiment de compréhension de leur déception commune passe entre eux deux.

N'importe quelle activité, par exemple aller au concert, bêcher le jardin, enterrer un chien ou travailler sur un projet, peut tenir lieu de contexte possible pour l'intimité. Dans la vie moderne l'intimité semble rare. Les personnes qui se sentent débordées d'une façon ou d'une autre recherchent souvent leur espace « psychologique ». Elles se retirent en elles-mêmes ou ont recours à des habitudes de rituels et à des techniques destinées à « garder leurs distances ». Même dans un ascenseur ou un train bondés elles demeurent distantes, faisant semblant de ne pas se voir les unes les autres.

L'intimité fait souvent peur car elle comporte un risque. Dans une relation intime on est vulnérable et il semble plus facile de passer le temps ou de jouer à des jeux que de se risquer à éprouver des sentiments d'affection ou de rejet.

Si l'aptitude à ressentir l'intimité a été inutilement supprimée, il est possible de la retrouver. En stimulant et en renforçant leur Adulte, les individus peuvent changer malgré les expériences de leur enfance. L'un des buts principaux de l'AT est d'aider les êtres à retrouver l'aptitude à l'intimité qui constitue l'une des caractéristiques de la personne autonome. Les gagnants se risquent à la veritable intimité [11].

RESUME

Tout enfant a besoin d'être touché pour s'épanouir. Les caresses positives incitent les enfants à se développer en tant que gagnants, qu'ils sont destinés à être. La dévalorisation accentue la tendance des perdants. Les enfants négligés ou qui recoivent des stimulus négatifs sont amenés à devenir des perdants. Sans une intervention énergique et la décision de lutter contre le scénario perdant, ces derniers tendent à leur tour à donner naissance à de nouveaux perdants.

Votre propre santé physique et mentale est probablement liée aux façons dont vous avez été touché(e) et reconnu(e). Si vos habitudes de contacts physiques ou de reconnaissance sont négatives, et si vous désirez accroître vos capacités, il n'est jamais trop tard pour apprendre à le faire.

Il n'est pas toujours facile de changer les vieilles habitudes de dévalorisation. Cependant, on peut prendre conscience de la façon dont on déprécie les autres ou soi-même et adopter de nouveaux modèles de transactions. Au lieu d'offrir une dépréciation implicite, on stimule volontairement son Adulte pour réprimer les remarques et les comportements destructifs. On sélectionne grâce à l'Adulte, ce qu'on utilisera dans les états du moi Parent et Enfant. Plutôt que de dévaloriser, on donne des stimulus positifs aux autres et à soi-même.   On assume la responsabilité de son comportement.   Les parents qui essaient d'effectuer de tels changements ont généralement besoin de plus amples informations de type Adulte.   Ils doivent apprendre les techniques enseignées dans les cours de formation pour parents [12]; il leur faut étudier le développement de l'enfant, observer des parents ayant « mieux réussi » et enfin travailler à développer des modes de transaction plus encourageants.

Ceux qui décident d'agir ainsi reçoivent des messages mieux adaptés à la situation — clairs, purs, directs, et pertinents.   Ils parlent de façon franche.   Quand une petite fille demande si elle peut porter sa robe neuve, le parent lui dit un « oui » ou un « non » accompagnés de raisons rationnelles.   Lorsqu'une femme demande à son mari à quelle heure il rentrera, il lui répond en fonction des données de son emploi du temps.

Le temps est structuré par le processus consistant à recevoir, donner ou éviter des signes de reconnaissance.   Le retrait est un moyen d'éviter ces signes.   Rituels et passe-temps fournissent des stimulus minimaux à un niveau superficiel.   Les jeux sont également une source de stimulus — souvent négatifs d'ailleurs.   Les activités et l'intimité permettent l'échange de stimulus positifs — comme il convient au gagnant.

EXPERIENCES ET EXERCICES

1. Vous et le toucher

Pour prendre mieux conscience de votre comportement concernant le toucher, repensez aux dernières quarante-huit heures. Evaluez votre aptitude à toucher et être touché(e).

- Qui avez-vous touché?   Comment avez-vous touché ces personnes? De façon positive? Négative?
- Avez-vous évité de toucher quelqu'un? Pourquoi? Regrettez-vous de ne pas avoir touché quelqu'un? Pourquoi?
- Qui vous a touché(e)?   Comment vous a-t-on touché(e)? De façon positive? Négative?
- Avez-vous évité de vous laisser toucher par quelqu'un? Pourquoi? Regrettez-vous que quelqu'un ne vous ait pas touché(e)?

A présent représentez-vous votre soif de toucher comme un continuum s'étendant du refus total du toucher à sa recherche continuelle. Où vous placez-vous sur ce continuum ? Où aimeriez-vous vous y situer ?

Utilisez maintenant un continuum pour évaluer la fréquence à laquelle vous touchez les autres, l'intensité de votre toucher, l'authenticité de votre acte.

Pouvez-vous relier vos habitudes de toucher actuelles aux expériences de votre enfance ? Si vous ne vous rappelez pas comment vous étiez touché(e) — et où — l'exercice suivant vous y aidera :

- Dessinez le contour de votre corps, de face et de dos. Coloriez en rouge les zones où vous étiez le plus souvent touché(e) ; en rose celles où vous l'étiez moins souvent ; en vert celles où vous l'étiez rarement ; et en bleu celles où vous n'étiez jamais touché(e). Là où le toucher était de nature négative, barrez les zones coloriées de traits noirs. [13]

- Etudiez votre « portrait toucher ». Tâchez de revivre vos anciennes émotions. Avez-vous dans votre vie actuelle des barrières de toucher reliées à ces expériences de l'enfance ?

A présent, essayez un exercice de Bernard Gunther se rapportant à la prise de conscience des sens :

- « Pliez vos doigts aux articulations et commencez à vous tapoter le sommet de la tête : un tapotement vif et vigoureux, d'un centimètre environ au-dessus du crâne, tombant comme la pluie (15 à 20 secondes sur chaque zone). Ensuite tapotez-vous autour des oreilles et sur les côtés de la tête. Puis sur le front. A présent tapotez à nouveau la totalité de la tête, en insistant particulièrement sur tous les endroits qui semblent en avoir besoin ; petit à petit laissez le tapotement s'apaiser. Posez vos mains à vos côtés, fermez les yeux, et prenez conscience des impressions créées dans votre tête par ce que vous venez de faire, puis doucement rouvrez les yeux. » [14]

L'expérience suivante est destinée à ceux qui craignent le toucher :

- Réfléchissez à une manière habituelle de toucher que vous aimeriez changer. Quel est votre comportement actuel? Qu' aimeriez-vous pouvoir faire?

- Imaginez-vous agissant autrement. Représentez-vous touchant comme vous aimeriez le faire dans plusieurs situations.

- A présent, procédez par élimination et demandez-vous « que serait-il bien de faire? »

- Imaginez-vous faisant cela plusieurs fois. Voyez l'autre personne. Voyez-vous vous-même en train de toucher.

- Quand vous vous sentirez suffisamment en confiance, essayez de mettre cette expérience en pratique avec une personne réelle.

2. Vous et la reconnaissance

Pour prendre conscience de vos modes de reconnaissance, reprenez l'exercice n° 1 en remplaçant le mot « toucher » par le mot « reconnaissance ». Evaluez votre soif de reconnaissance sur le continuum ci-dessous :

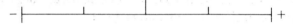

A présent, évaluez votre aptitude à reconnaître les autres :

- Etes-vous satisfait(e) de votre place sur les continuums? Dans la négative, que changeriez-vous?

A présent rappelez-vous le type de reconnaissance que vous avez reçu étant enfant. Pensez-vous que vos parents vous aient donné suffisamment? Etait-ce positif ou négatif?

- Comment vous faisaient-ils soit des compliments soit des critiques? Quels mots employaient-ils?

- Quels messages non-verbaux avez-vous reçus? Y avait-il des signes familiers, comme un clin d'oeil approbateur, un geste de la main indiquant « ça va » ou « complètement fou », un doigt agité pour dire « non, non », un poing brandi devant la figure ou la menace d'une ceinture qu'on enlève?

Considérez vos schémas de reconnaissance actuels :

- Reproduisez-vous les schémas de reconnaissance de vos parents avec vos enfants, vos amis, vos collègues de travail?
- Quels schémas avez-vous réussi à changer?
- Y-a-t-il quelqu'un dans votre vie actuelle — un conjoint, un patron, un(e) ami(e) — qui vous offre le même genre de reconnaissance positive ou négative que vous donnaient vos parents?

3. Vous et la structuration du temps

- Comment vos parents parlaient-ils du temps qui passe? Employaient-ils des expressions comme : «On ne vit qu'une fois », « Profites-en pendant que tu le peux », « Ne perds pas ton temps », « Tu ne vas tout de même pas rester là à traîner toute la journée! Remue-toi », ou « Ne t'en fais pas mon chou, il y a toujours demain »?
- Comment employaient-ils leur propre temps?
- Certains de leurs messages verbaux ou non-verbaux sur le temps vous influencent-ils encore aujourd'hui? Vous sentez-vous mené(e), paresseux(se), hésitant, bloqué(e), satisfait(e), vide, quoi encore?
- Vous battez-vous contre le temps? Le tuez-vous? L'utilisez-vous? L'appréciez-vous?
- A présent, choisissez un jour de semaine habituel et tâchez de déterminer quelle proportion de votre temps est structurée par des rituels, des passe-temps, des reculs, des activités, des jeux, et de l'intimité.
- Refaites le même exercice en fonction d'un week-end.
- Etes-vous content(e) de vos attitudes et de vos sentiments en ce qui concerne le temps?
- Si non, que considéreriez-vous comme étant un meilleur usage du temps de votre vie? Par exemple, si vous cessiez de jouer à un jeu donné avec un conjoint ou un ami, comment pourriez-vous structurer votre temps de façon plus satisfaisante?
- Lorsque vous êtes à votre travail mais pas en train de travailler effectivement, comment structurez-vous votre temps?

4.   Votre aptitude à l'intimité

Cette expérience est destinée à ceux qui désirent se rendre mieux compte de leur capacité à éprouver l'intimité [15]. Elle doit être effectuée avec un conjoint ou un(e) ami(e) en qui vous avez toute confiance et avec leur accord. L'accord doit comporter la décision de ne pas se replier sur soi-même ni de s'adonner à des rituels, des passe-temps ou des jeux.   Fixez une limite dans le temps à quinze minutes.

Choisissez un endroit tranquille où vous ne serez pas trop distraits.   Asseyez-vous face à face, à une distance d'un mètre cinquante au plus. Regardez-vous droit dans les yeux.

Chacun à son tour partagez avec l'autre quelque chose qui vous tient vraiment à coeur — une inquiétude, un intérêt, un incident. Echangez vos pensées et vos sentiments.

Lorsque vous écoutez, tâchez de donner un « feedback » réel. Lorsque vous parlez, tâchez d'être clair(e). Prenez conscience de vos émotions et exprimez-les.   Prenez conscience de la manière dont changent vos émotions. Echangez ainsi vos pensées et vos sentiments plusieurs fois.   Que ressentez-vous envers votre partenaire à la fin de l'expérience?

4

LES SCENARIOS DE VIE
ET LEUR DEROULEMENT DRAMATIQUE

Le monde est une scène
Tous, hommes et femmes, n'y sont que de simples acteurs.
Ils font leurs entrées et leurs sorties,
Et chacun, sa vie durant, y joue plusieurs rôles.
    Shakespeare

La plupart des êtres sont engagés dans une forme quelconque de spectacle, jouant sur plusieurs scènes à l'intention de publics divers. Parfois, le public n'existe que dans leur imagination.

Selon Frederick Perls, chacun possède deux scènes, l'une intime où, dans le secret de ses pensées cachées on répète constamment l'avenir, et l'autre, publique, où la représentation est exposée aux regards. Perls affirme : « Nous vivons à deux niveaux, le niveau public qui est ce que nous *faisons*, ce qui est observable, vérifiable; et la scène privée, la scène de réflexion, des répétitions, sur laquelle nous nous préparons aux futurs rôles que nous désirons jouer » [1].

Les répétitions sur la scène privée de la pensée peuvent être appropriées à certains moments mais leur excès rend les individus préoccupés et fermés.

Exemple clinique

A sa première séance de thérapie de groupe, Doris évita de regarder quiconque. Elle restait les yeux rivés au plafond, au mur, au sol, ou sur ses mains. Lorsqu'on lui demanda ce qu'elle ressentait, elle répondit : « J'étais en train d'essayer de déterminer comment je devais me conduire ici. J'y ai réfléchi sans arrêt tout le long du chemin mais je ne sais toujours pas quoi faire. Je sais que je veux que tout le monde m'aime bien. Cela peut paraître idiot mais je me demandais si je devais prendre l'air timide ou si on m'aimerait mieux si je me présentais avec autorité. Faut-il que j'aie l'air intelligent ou bête? J'y pensais si fort que j'ai failli ne pas voir un chien qui a débouché devant ma voiture. »

71

Doris s'était tant souciée des répétitions sur sa scène intime concernant le type d'interprétation à donner sur la scène publique du groupe de thérapie, qu'elle aurait presque bien pu ne pas avoir d'yeux.

Les scènes publiques sur lesquelles se déroulent nos scénarios peuvent être la maison, le lieu du culte, les réunions de société, l'école, le bureau, l'usine, etc. Certains privilégient une scène par rapport aux autres. C'est le cas de ceux qui passent le plus clair de leur temps au bureau plutôt qu'à la maison, ou de ceux qui restent d'éternels étudiants et dont l'unique scène publique est le monde universitaire. Cependant, un plus grand nombre de personnages partagent leur énergie entre plusieurs scènes et jouent souvent un rôle différent sur chacune d'elles. Un patron toujours sévère au travail peut, à la maison, devenir doux comme un agneau avec sa fille de trois ans.

LES SCENARIOS

Dans la vie de chaque individu les événements dramatiques, les rôles appris, répétés et joués, sont déterminés à l'origine par un scénario.

Les scénarios psychologiques [2] ressemblent de manière frappante aux pièces de théâtre. Chacun possède de façon prédéterminée sa distribution de personnages, son dialogue, ses actes et ses scènes, ses thèmes et son intrigue évoluant vers une' montée dramatique puis se dénouant au tableau final. Le scénario psychologique est le programme de vie continu d'une personne qui dicte le but de son existence et trace le chemin qui l'y mènera. C'est une pièce contraignante que joue l'individu, bien qu'il n'en ait souvent qu'une vague conscience.

Ce scénario peut rappeler un feuilleton, une folle équipée, une tragédie, une saga, un vaudeville, une histoire d'amour, une comédie légère ou une pièce morne qui ennuie les acteurs et endormirait le public. Certaines intrigues sont, à des degrés variables, constructives, destructives, improductives ou sans issue.

La trame dramatique de la vie commence à la naissance. Les instructions du scénario sont programmées dans l'état du moi Enfant par les transactions entre les personnages parentaux et leurs enfants. En grandissant, les enfants apprennent à jouer des rôles — héros, heroïnes, traîtres, victimes, sauveteurs et, inconsciemment, recherchent des partenaires pour tenir les rôles complémentaires.

Adultes, les individus jouent leur scénario dans le contexte de la société où ils vivent, qui possède ses propres schémas dramatiques. Comme l'a écrit Shakespeare, le monde *est* une scène. Chaque personne suit un scénario, de même que les familles et les nations [3, 4]. La vie de chaque être est un drame unique pouvant comprendre des éléments appartenant aux scénarios familial et culturel. L'interaction de ces scénarios affecte la trame de chaque vie et ainsi se déroule l'histoire des peuples.

LES SCENARIOS CULTURELS

Les scénarios culturels sont les schémas dramatiques acceptés et prévus qui se trouvent dans une société. Ils sont déterminés par les présomptions explicites et implicites tenues pour vraies par la majorité des personnes formant ce groupe. Tout comme les scénarios du théâtre, les scénarios culturels ont des thèmes, des personnages, des rôles convenus, des indications scéniques, des costumes, des décors, des tableaux et un rideau final. Les scénarios culturels reflètent ce qu'il est convenu d'appeler le « caractère national ». Le même modèle peut se reproduire de génération en génération.

Les thèmes des scénarios varient d'une culture à l'autre. Le scénario contient parfois des thèmes de souffrance, de persécution et d'épreuves (c'est le cas des Juifs); ou bien le thème est la fondation d'empires et la poursuite de conquêtes (comme les vécurent autrefois les Romains). Au cours de l'histoire, certaines nations ont agi à partir de la position dominatrice du conquérant; d'autres à partir de la position dominée du vaincu. Aux premiers temps de l'Amérique, où l'on venait pour fuir l'oppression, exploiter les richesses et découvrir des contrées inconnues, un des thèmes fondamentaux était « la lutte pour la survie ». Cette lutte fut vécue par de nombreux pionniers et colons. Certains furent aussi les deux à la fois.

Les premiers pionniers se déplaçaient toujours, recherchant de nouvelles « scènes », courant des risques et plantant le décor pour les colons qui suivaient. Malgré les changements dans les paysages, les actes, les personnages et les actions, le thème fondamental demeurait souvent le même. Aujourd'hui, un scénario similaire de pionniers est joué·par les astronautes, bien qu'avec des costumes et des décors différents. Les coiffures à la Davy Crockett sont remplacées par des casques compliqués, les chevaux par les vaisseaux de l'espace et le pot-au-feu du dimanche cuisiné par grand-mère par une nourriture aspirée d'un tube en plastique.

Le paysage de terre et d'eau s'est transformé en espace et en poussière lunaire; l'action est passée de l'indépendance à la dépendance technologique. Les pionniers de l'espace, tout comme leurs prédécesseurs, préparent peut-être la scène pour les colons à venir. Cependant, tous les pionniers n'opèrent pas dans l'espace. Le même processus peut être observé à l'intérieur d'autres vastes frontières, celles des mondes scientifique et social.

Contrairement à ceux des pionniers, toujours en mouvement, les scénarios des premiers colons américains les poussaient à s'enraciner. Les colons cultivaient la terre, construisaient leurs foyers et leurs villes, entreprenaient des affaires, travaillaient dur pour acquérir des biens matériels et bâtir un peuple. Leur lutte était dure, leur vie courte et précaire.

De nos jours, une partie importante de la société américaine — mais certainement pas sa totalité — n'a plus à se préoccuper de la lutte pour la survie individuelle. Le colon des temps modernes a une espérance de vie de près de quatre-vingts ans. Au lieu de travailler seul, il fait probablement partie d'une entreprise importante ou d'un organisme gouvernemental. Au lieu de subsister pauvrement et de mener une existence rudimentaire, le colon peut se trouver pris au piège des plaisirs et des problèmes de l'abondance.

Au fur et à mesure que les temps changent, de nouveaux thèmes de scénario font leur apparition : se cultiver, gagner de l'argent, chercher le plaisir et rechercher la signification de la vie. Aujourd'hui, la scène américaine est encombrée de personnes et de biens et le rideau se lève sur un décor nouveau. Lorsqu'une proportion importante de la population adopte des thèmes s'écartant des principes actuels de sa culture, le style dramatique de cette culture commence à changer. Et tandis que certaines transitions se font sans douleur, d'autres s'effectuent dans l'angoisse ou le sang.

Aujourd'hui de nombreux jeunes, nés dans un cadre différent de celui de leurs parents, rejettent les anciens thèmes des scénarios comme n'ayant aucune valeur ni aucun rapport avec *leur* propre vie. Cependant, beaucoup se trouvent de nouveau confrontés au thème de la « lutte pour la survie » qui réapparaît dans les problèmes de la survie de l'espèce humaine et de la préservation de l'environnement naturel.

S'ajoutant à ces thèmes, les scénarios culturels dictent également des rôles spécifiques.   La plupart des cultures distinguent — de façon rationnelle ou irrationnelle — les rôles que doivent tenir les hommes de ceux qu'on attend des femmes [5].   Margaret Mead décrit une tribu de Nouvelle Guinée où les hommes ont un scénario de passivité et les femmes un scénario d'agressivité.   Les hommes se conduisent en pères nourriciers, responsables des soins des enfants et des travaux du ménage et les femmes doivent pourvoir à tous les besoins de la tribu.   Et cependant, aux Etats-Unis, un homme qui choisit de s'occuper du foyer tandis que sa femme gagne le pain quotidien sera probablement dénigré dans certaines couches de la société.

Contrastant avec cette tribu de Nouvelle Guinée, une tribu de chasseurs de têtes vivant près de la Birmanie apprend aux garçons, dès leur naissance, un scénario de combat et de brutalité.   Chaque garçon répète quotidiennement son rôle de guerrier pour se préparer à une mort violente.   Peu d'hommes dépassent la fleur de l'âge; les femmes acceptent le massacre des hommes et se partagent ceux qui restent.

Un modèle quelque peu semblable existe dans les sociétés occidentales; on attend des hommes qu'ils fassent la guerre, et non pas des femmes.   Cette attente est acceptée par beaucoup, toutefois, le partage des hommes qui restent n'est pas aussi bien accepté.   Par contre, en Israël, hommes et femmes doivent apprendre les techniques de combat et la conscription touche les deux sexes.

Alors que certaines cultures réclament une polarisation des rôles sexuels, d'autres les font se recouper, facilitant l'échange des rôles. Quels que soient les rôles sexuels, cependant, la destruction sous une forme ou une autre est comprise dans le scénario de la plupart des cultures.   Elle se manifeste *entre* différentes cultures par l'exploitation économique et les guerres.   Et, *à l'intérieur* d'une même culture, le suicide, l'homicide, la surpopulation et le bouleversement de l'équilibre écologique constituent une autre forme de destruction.

Dans le passé, le Japon a encouragé le suicide comme tableau final honorable et il possède encore un des taux de suicide les plus élevés du monde.   En 1964 le taux de suicide à Berlin Ouest était extrêmement important, les hommes mettant fin à leurs jours au rythme de 56,3 pour 100 000 et les femmes à celui de 30,9 pour cent mille.   La Suisse, l'Autriche, la Suède et le Danemark sont également des pays où le taux de suicide est élevé.

Bien que le taux de suicide par personne aux Etats-Unis n'atteigne que la moitié de celui de la Suède ou du Danemark, le taux d'homicide est dix fois plus élevé [6]. Aux Etats-Unis, les crimes violents sont en augmentation sensible, ce qui indique qu'un nombre significatif de personnes reçoit un scénario les prédisposant, d'une manière ou d'une autre, à la violence.

Dans certaines cultures, au lieu de tendre vers la mort subite, le scénario est centré sur une forme de destruction plus lente, par la surproduction de « personnages ». Lorsque la distribution dépasse les limites de la scène, la fin inévitable est la mort par famine et la maladie. La surpopulation, telle qu'elle existe en Inde par exemple, est une forme de suicide national. Elle est entretenue par les individus qui perpétuent des scénarios familiaux réclamant des familles nombreuses. L'explosion démographique amène un nouvel ensemble de problèmes. Le nombre de personnes actuellement en vie atteint la moitié du nombre total de tous ceux qui ont jamais vécu [7]!

Les scénarios culturels comportent des indications scéniques pour la distribution des personnages. Celles-ci comprennent des détails comme les attitudes, les gestes et les actions acceptables. Même les manifestations d'émotions peuvent être déterminées culturellement. Nombreux sont les Italiens qui expriment facilement leurs émotions et se livrent à des embrassades en public sans la moindre gêne. En Amérique, où l'influence britannique prédomine, une telle démonstration de sentiments entre hommes est considérée comme suspecte. La plupart des cultures privilégient des attitudes et des gestes donnés, en rapport avec des phénomènes tels que les rituels, le comportement sexuel et les bonnes manières. L'exemple suivant illustre l'impact de cet aspect des scénarios culturels sur le comportement individuel.

Exemple clinique

Mai, une très belle sino-américaine, est arrivée dans un marathon[1] sachant sur quel sujet elle voulait travailler. Elle fit connaître ainsi son « contrat » : « Je veux être plus libre dans mon comportement. Nous autres Chinois, nous sommes toujours tellement polis, nous n'interrompons jamais, nous ne sommes jamais en désaccord avec quiconque. Et pis encore, nous ne montrons

---

[1] Un marathon est une session intensive de thérapie de groupe qui dure au moins une journée entière ou tout un week-end.

jamais nos émotions. Je ne veux plus continuer à vivre selon le mode traditionnel chinois. » On demanda à Mai d'utiliser la technique de Gestalt, consistant à penser ou à faire le contraire de ses pensées ou de ses actions habituelles. « Dans quelle culture vois-tu un comportement très différent du comportement chinois? » « Oh », répliqua-t-elle immédiatement, « Chez les Italiens! » On lui suggéra de se tenir face au groupe et de s'adresser à chacun de ses membres, d'abord dans son comportement chinois traditionnel, puis dans sa conception du comportement italien. Ce qu'elle fit avec un enthousiasme croissant, exagérant ses émotions, sa voix, son expression. Finalement, elle s'écroula sur une chaise, gesticulant et riant, en disant : « Oh, mama mia, A présent, j'ai au moins deux moi — mon moi chinois et mon moi italien. »

Certains individus acceptent leur scénario culturel, d'autres ne l'acceptent pas. Si la trame de vie d'un individu correspond à ce qu'en attend le schéma culturel dont il est issu, il reçoit pleine acceptation et approbation. Par exemple, si le thème central d'une culture est de « s'enrichir », les personnes en bonne position financière sont très estimées. Leur scénario est en harmonie avec celui de leur culture.

D'autres, placés dans le même environnement culturel, pourront être considerés comme ratés s'ils choisissent de s'en tenir à leurs goûts, leurs idées ou leurs talents propres et refusent le thème « gagner de l'argent ». Leur scénario personnel n'étant pas en harmonie avec la culture dans laquelle ils évoluent, ils seront souvent un objet de désapprobation, de ridicule ou de châtiment de la part des autres.

Au cours de l'histoire de l'humanité, de nombreux scénarios culturels sont apparus qui reflétaient des croyances surnaturelles ou religieuses. Celles-ci peuvent être anathèmes aux yeux de certains individus de la même culture, ce qui provoque un conflit entre les différents scénarios. Par exemple, à une époque où les règles de la vie et de la pensée étaient essentiellement considérées comme l'apanage de l'Eglise, le savant italien Galilée (1564-1642) ne tenait compte que de sa propre réflexion, se servait de tout son savoir et formulait ses déductions personnelles. Contrairement au désir de l'Eglise, il défendit fermement l'hypothèse selon laquelle la terre tournait autour du soleil et non l'inverse. L'Eglise, elle, soutenait que les êtres humains avaient un rapport unique et privilégié avec Dieu; par conséquent, eux-mêmes et leur planète, la terre, devaient forcément se trouver au centre de l'univers. Galilée fut contraint de se rétracter publiquement, et jusqu'à sa mort, il lui fut interdit de participer à des débats publics ayant trait à des sujets religieux ou politiques.

De même, dans les années 1600, Anne Hutchinson, de Boston, défia la théologie puritaine qui dominait alors. Elle s'opposait non seulement au dogme religieux, mais encore à la pratique qui déniait aux femmes toute voix dans l'Eglise. Manifestement son scénario personnel, comme celui de Galilée, l'autorisait à penser d'une façon indépendante. Elle incita ouvertement ses concitoyens, y compris les femmes, à faire de même. Elle subit un procès long et pénible, fut condamnée pour hérésie, excommuniée et exilée dans des contrées désertiques. Finalement, elle et sa famille furent massacrées. La seule voix qui s'éleva pour défendre Anne Hutchinson fut celle d'une jeune femme, Mary Dyer. Vingt-deux ans plus tard, le même drame semble s'être répété puisqu'elle aussi perdit la vie : le clergé de Boston la fit pendre comme Quaker [8].

D'un côté on peut supposer qu'il y aura toujours des individus pour rendre leur environnement culturel responsable de leur échec. Mais, il est également probable que l'histoire est pleine d'hommes et de femmes aux pensées autonomes mais qui se trouvaient placés dans un contexte culturel dont le scénario interdisait tout apport nouveau.

Il est vrai aussi que l'histoire connaît un grand nombre de femmes et d'hommes qui purent exister d'une façon autonome et s'épanouir au coeur d'un scénario culturel hostile. Harriet Tubman et George Washington Carver, confrontés à la discrimination raciale, surent néanmoins tous deux réussir remarquablement dans leurs entreprises respectives. Bruno Bettelheim et Victor Frankl, bien que prisonniers dans des camps de concentration nazis, survécurent, approfondirent leurs connaissances et apportèrent des contributions importantes au traitement des personnes atteintes de troubles affectifs graves.

LES SCENARIOS DES SOUS-CULTURES

Dans une culture importante et complexe, il existe plusieurs sous-cultures. Celles-ci se définissent par la situation géographique, l'origine ethnique, les croyances religieuses, le sexe, l'éducation, l'âge ou tout autre lien commun. Par exemple, autrefois, les jeunes avaient coutume d'imiter les générations précédentes, s'efforçant de leur ressembler. Aujourd'hui par contre, ils aiment à se distinguer de leurs parents par la manière de se vêtir, de se coiffer, par leurs goûts en matière de musique, de danse, par leur vocabulaire et ils accordent une grande valeur aux opinions de leurs camarades.

Toute sous-culture, qu'elle soit centrée sur l'âge ou sur un autre critère distinctif, possède ses propres actions dramatiques. Ses membres peuvent s'identifier en disant « nous autres » ou « nous les... », et identifier les autres sous-cultures par « ces » :

Nous autres Bretons	Ces Hippies
Nous, les Méditerranéens	Ces réactionnaires
Nous autres Protestants	Ces Juifs
Nous les Catholiques	Ces athées
Nous autres Noirs	Ces Portugais
Nous les Arabes	Ces Allemands

On voit fréquemment éclater des conflits entre les scénarios des sous-cultures : riches contre pauvres, libéraux contre conservateurs, Protestants contre Catholiques. Des conflits peuvent également apparaître entre les scénarios d'une sous-culture et ceux d'une culture plus large : Juifs contre Chrétiens, instruits contre ignorants, Noirs contre Blancs. Un méxico-américain de treize ans illustre un tel conflit lorsqu'il raconte : « Oh la la, nous autres Chicanos, si nous parlons espagnol à l'école, les professeurs nous en font voir de toutes les couleurs. A la maison, si je parle anglais au lieu d'espagnol, mon père pique une crise. J'ai aussi des problèmes avec ma moustache : mon professeur dit que je dois la raser, mais ma mère dit que c'est formidable, un signe que je deviens un homme. Quoique je fasse, j'aurai tort. »

Seule une culture de nature tolérante peut admettre l'introduction par une sous-culture de variantes sur le plan dramatique. Cependant, même au sein d'une culture tolérante, il se trouve des individus qui détestent ou ont peur des différences. Chaque nation possède ses schémas uniques de scénarios en ce qui concerne les sous-cultures.

LES SCENARIOS FAMILIAUX

La perpétuation de scénarios culturels ou sous-culturels s'effectue généralement par l'intermédiaire de la famille. Chaque famille possède naturellement des schémas dramatiques comprenant certains éléments des scénarios culturels. D'autres familles, toutefois, développent des ensembles dramatiques uniques et exigent que les enfants jouent les rôles traditionnels appropriés [9].

Le scénario familial comporte des traditions et des conduites pour chaque membre de la famille, transmises régulièrement de génération en génération. Ces scénarios sont communiqués d'état du moi Parent à état du moi Parent. Historiquement, on peut en faire l'observation dans les familles royales ou très fortunées ayant produit, des générations durant, philantropes, politiciens, médecins, avocats, dictateurs, etc. Il y a des familles de perdants et des familles de gagnants.

Lorsqu'un scénario de famille se perpétue, l'unité de ses membres et certains comportements attendus se retrouvent dans des expressions comme :

« Nous autres les Legrand avons toujours vécu de la terre et en vivrons toujours. »

« Les traditions de notre famille ne nous permettraient jamais de faire preuve de lâcheté. »

« Chez nous, on préférerait mourir de faim plutôt que de demander la charité. »

« Les Edouard ont toujours été des gens supérieurs. »

« Nous autres les Lemercier avons toujours été persécutés. »

« Dans notre famille le père est maître chez lui. »

Certains scénarios familiaux comprennent des traditions de longue date concernant les vocations prévues :

« Il y a toujours eu un docteur dans la famille. »

« Nous autres les Martin descendons d'une longue lignée de professeurs. »

« Nous autres les Doré avons produit trois générations de politiciens. »

« Les fils de notre famille ont la réputation de sauvegarder les traditions militaires. »

Si un membre de la famille ne respecte pas les conventions du scénario, il est souvent considéré comme une « brebis galeuse ». Toutefois, un scénario familial donné peut nécessiter une brebis galeuse pour corser l'intrigue ou offrir un bouc émissaire à la scène familiale.

Beaucoup de scénarios familiaux comportent un ensemble d'indications destinées à chaque individu de la famille, avec des prévisions différentes pour chaque sexe. Par exemple, le fils aîné occupe fréquemment une position privilégiée au sein de la famille. Une étudiante, décrivant son scénario familial, raconte :

Notre scénario familial a ses racines en Italie. Chaque fils doit devenir enfant de choeur. Le jour de la Première Communion est aussi important que celui d'une naissance. Le fils aîné est toujours destiné à devenir prêtre et au moins une des filles doit entrer au couvent. D'ailleurs, je me rappelle avoir décidé de ne pas devenir nonne vers l'âge de neuf ans parce que je ne pourrais pas porter de talons hauts au couvent.

Une autre étudiante rapporte :

Dans notre famille les garçons suivent les traces de leur père. Ils sont censés devenir fermiers. Le métier des filles c'est d'être épouse et mère, tout autre choix est taxé de manque de féminité. Maman disait souvent : « Le Seigneur vous a faites femmes pour avoir des enfants et prendre soin d'un mari. C'est l'affaire des hommes de diriger le monde. » Cela a toujours été ainsi dans notre famille. Alors, quand je suis devenue institutrice, ça a été la consternation. D'un côté j'étais fière de moi et de l'autre j'avais l'impression d'avoir mal agi et d'être un sujet de honte pour ma famille. Je me sentais vraiment coincée.

Des recherches récentes [10] indiquent que le type de scénario donné aux femmes qui assimile les performances intellectuelles à un manque de féminité est un thème très courant dans les familles américaines. Dans ce cas, une femme qui utilise ses capacités intellectuelles tend souvent à minimiser ses succès et à souffrir de sentiments de culpabilité parce qu'elle n'est pas assez « féminine ».

Comme le démontrent les exemples précédents, toutes les familles ne perpétuent pas le scénario familial. En fait, souvent un individu ou même une famille entière travaille consciemment à éliminer les traditions du scénario de la « patrie d'origine » ou de la génération précédente. Certaines traditions s'éteignent d'elles-mêmes parce que difficiles à maintenir dans un monde qui change rapidement. Ce processus peut être ressenti comme un « choc culturel ». Actuellement, on peut observer l'apparition de scénarios nouveaux, la tendance étant à la disparition du sentiment communautaire et à l'affaiblissement des structures familiales :

> Les individus se tournent vers le gouvernement pour chercher assistance plutôt que vers leur famille,
>
> Les enfants ne prennent plus soin de leurs parents âgés,
>
> Enfants, parents et grands-parents sont séparés par une telle distance — physique, affective ou intellectuelle — qu'il leur est même difficile de passer des vacances ensemble,
>
> Davantage de personnes jeunes s'engagent dans des actions sociales et politiques.

Les scénarios familiaux peuvent être modifiés par une influence extérieure. Certaines familles des Etats-Unis, ayant vécu dans la misère des générations durant, attendent peu de choses pour elles-mêmes ou venant des autres. Le scénario des enfants est orienté vers l'échec. Ceci est particulièrement vrai en ce qui concerne l'instruction. Thomas Szasz écrit :

Puisque les hommes sans instruction ne peuvent se mesurer d'égal à égal dans le jeu de la vie à leurs frères plus instruits, ils ont tendance à devenir des perdants chroniques. On ne peut attendre d'un joueur qui perd sans cesse qu'il éprouve du plaisir à jouer ou des sentiments d'affection envers ses adversaires [11].

Si un changement énergique intervient, les scénarios familiaux de misère et d'échec se transforment. Des preuves spectaculaires de ce retournement sont observées chez de nombreuses familles noires américaines qui bien trop souvent sont pauvres. Sous l'influence de dirigeants affirmant « Les Noirs sont beaux » ou « Je suis Noir et fier de l'être », les scénarios d'échec peuvent être réorientés vers le respect de soi et la réussite. Des perdants en puissance peuvent devenir des gagnants en puissance.

Lorsque les anciennes conventions et les traditions sont rejetées ou ne peuvent plus être maintenues, de nouveaux scénarios apparaissent. L'expérience du changement devient source de douleur ou de plaisir, de rupture ou d'unification, est ressentie comme le meilleur ou le pire, ou un mélange de tout cela.

Certains scénarios familiaux favorisent le succès, certains conduisent à l'échec. D'autres familles récrivent leur scénario en aidant à ce changement. Toutefois, dans la vie de chaque individu, les forces primordiales qui interviennent dans la formation de son scénario sont les messages reçus des parents.

LES SCENARIOS PSYCHOLOGIQUES DE L'INDIVIDU

L'obligation de vivre suivant un schéma de vie programmé et continu est un aspect de la personnalité difficile à comprendre.[1] Et pourtant, dans la vie quotidienne, la plupart des personnes perçoivent ou observent chez les autres une tendance contraignante à agir d'une façon donnée, à vivre selon une identité spécifique et à accomplir une destinée. Cela s'observe particulièrement chez un individu dont le drame personnel est destructeur et qui se suicide ou commet un meurtre.

Vous connaissez sans doute quelqu'un qui se dirige vers une fin tragique — le suicide ou l'un de ses équivalents comme l'alcoolisme, la drogue ou l'obésité.

Vous connaissez probablement quelqu'un qui lutte pour réussir, quoi qu'il en coûte à lui-même et aux autres.

Vous connaissez aussi quelqu'un qui prend plaisir à vivre, à chercher, à penser et à changer.

Peut-être connaissez-vous également quelqu'un qui « tourne en rond », n'arrivant à rien et vivant chaque jour comme il a vécu le précédent, ou encore quelqu'un qui mène une vie négative, se contentant d'exister au lieu de vivre réellement.

Selon Eric Berne :

Presque toutes les activités humaines sont programmées suivant un scénario permanent remontant à la petite enfance; le sentiment d'autonomie est donc presque toujours une illusion — illusion qui est la pire malédiction de l'espèce humaine puisqu'elle met la connaissance, l'honnêteté, la créativité et l'intimité à la seule portée de quelques privilégiés. Pour le reste de l'humanité, les autres ne sont essentiellement que des objets à manipuler. Il faut les attirer, les persuader, les « acheter », les forcer à jouer les rôles propres à renforcer la position du protagoniste et à lui faire réaliser son scénario. Ce protagoniste s'adonne tant à cet effort qu'il ne peut consacrer ses forces au monde réel et à ses possibilités [12].

---

[1] Au moment où nous écrivons, théorie et terminologie sont encore en train d'être déterminées par les théoriciens. Voir le *Transactional Analysis Bulletin*, Oct. 1969, Vol. 8, p. 112.

Le scénario d'une personne est toujours basé sur trois questions concernant l'identité et la destinée : Qui suis-je? Qu'est-ce que je fais sur la terre? et Qui sont les autres? Les expériences vécues peuvent amener cette personne à conclure :

Je suis un bon à rien. Je ne vaudrai jamais rien. Les autres bons à rien me démolissent.

J'ai la tête bien plantée sur les épaules. Je peux faire tout ce que je décide de faire. Les autres m'y aideront.

Je suis bête. Je ne ferai jamais rien de valable. Les autres, eux, savent ce qu'il faut faire.

COMMENT SE TRANSMET LE SCENARIO

Le scénario est tout d'abord transmis de façon non-verbale. Les nourrissons, comme s'ils étaient munis d'un radar, commencent à saisir des messages sur eux-mêmes et sur leur valeur au cours de leurs premières expériences par le fait d'être touchés ou ignorés. Très vite, ils reconnaissent les expressions du visage et y réagissent, tout comme au toucher et aux sons. Les enfants dont on s'occupe avec affection, à qui l'on sourit et à qui l'on parle, reçoivent des messages différents de ceux qui sont atteints par la peur, l'hostilité ou l'anxiété. Les enfants qu'on touche peu et qui ressentent l'indifférence ou l'hostilité de leurs parents, sont dévalorisés*. Ils commencent à sentir qu'ils ne sont pas « bien dans leur peau » et parfois ont l'impression de « n'être rien ».

Le premier sentiment qu'a l'enfant à son propre sujet demeure généralement la force la plus puissante dans le schéma de sa vie, exerçant une influence significative sur la position psychologique qu'il adopte et les rôles qu'il joue.

Au cours des premières années, les enfants commencent à comprendre les messages de scénario donnés par les parents par l'intermédiaire des mots. Ces messages sont des instructions auxquelles l'enfant se sent ensuite contraint d'obéir :

« Un jour tu seras célèbre. »

« Tu ne vaudras jamais rien. »

« Tu es un(e) gosse formidable. »

« Tu es un peu dingue. »

« Tu es plus lent(e) qu'un escargot. »

« Tu es de la mauvaise graine. »

« On aurait été plus heureux sans toi. »

L'enfant se trouve orienté vers sa future profession lorsque les parents disent :

« Georges est fait pour être médecin. »

« Ce gosse ne pourra jamais garder un boulot. »

« Avec ton dynamisme, tu vendrais des réfrigérateurs aux Esquimaux. »

« Elle est trop paresseuse pour travailler. »

Un homme se rappelle qu'un ami de la famille lui avait dit un jour, le regardant bien en face : « Jeune homme, tu ferais un excellent avocat. Tu as la langue bien pendue. » Cet homme est aujourd'hui procureur de la République.

Chaque enfant reçoit dans son scénario des instructions précises liées à son sexe et au mariage. Par exemple, « Quand tu sera marié(e)... » est porteur d'un tout autre message que « si tu te maries... ». Les futurs attitudes et rôles sexuels sont influencés par des jugements du type :

« Est-ce qu'elle n'est pas la parfaite petite maman! »

« Pourquoi donc a-t-il fallu que tu sois une fille! »

« Ne sois pas trop maligne, ma fille. Tu pourrais faire peur aux garçons. »

« Nous sommes Juifs et tu dois épouser un(e) Juif(ve). »

« Tu peux t'amuser mais ne vas pas épouser ce genre de fille. »

« Le mariage est un piège pour les imbéciles. »

Chaque individu reçoit des messages faisant partie du scénario et concernant maints domaines de la vie. A propos d'instruction, on peut entendre « bien sûr, tu iras à l'université », ou bien « la fac, c'est pour les intellectuels ». A propos de religion, « nous voulons que tu respectes les Dix Commandements », ou bien « l'Eglise c'est de la foutaise ». A propos de loisirs, « le sport c'est bon pour ta santé », ou bien « jouer au ballon c'est perdre ton temps ». Et à propos de santé, « tout ça est dans ta tête », ou bien « il faut aller à la selle tous les jours ».

Les scénarios d'échec ou sans issue peuvent provenir d'une programmation erronée ou imprécise. Par exemple, quelqu'un peut être encouragé à devenir médecin ou avocat mais ne recevoir aucune information sur les capacités intellectuelles et le temps requis, la culture et les ressources financières nécessaires pour y parvenir.

Il y a une grande part de vérité dans le cliché : « ce n'est pas ce qu'on dit qui compte, c'est la façon dont on le dit ». Il arrive que des parents façonnent le scénario de leur enfant en disant une chose, tout en voulant en exprimer une autre. C'est ce que souligne Perls en disant que la plupart des paroles sont des mensonges. Indépendamment des phrases prononcées par le parent, un enfant réagit le plus souvent à des messages implicites. Un « bien sûr que je t'aime » tendre et affectueux est très différent du message caché et contradictoire apporté par :

Un « Bien sûr que je t'aime » tendu

Un « Bien sûr que je t'aime » coléreux

ou bien un « Bien sûr que je t'aime » indifférent.

LES SCENARIOS A MALEDICTION

Bien que tous les messages parentaux soient, à divers degrés, constructifs, destructifs ou improductifs, certains parents, à cause de leurs propres caractères pathologiques, adressent des injonctions tout à fait destructives à leurs enfants. Ces ordres destructifs peuvent demeurer par la suite ancrés dans l'état du moi Enfant, à la façon d'une électrode qui, activée, contraint la personne à se soumettre à l'ordre donné.

Exemple clinique

Richard se pendit à l'âge de vingt-cinq ans. Il avait consacré sa vie à soigner sa soeur jumelle toujours malade. Quand elle mourut, à l'âge de dix-huit ans, il devint de plus en plus déprimé et renfermé. Discutant du suicide de Richard, ses parents disaient :

La mère : Cela ne m'étonne pas vraiment. C'était inévitable. Nous avons déjà eu plusieurs suicides dans la famille. Mon propre frère s'est tranché la gorge. J'ai souvent prévenu Richard qu'il pourrait se tuer. Quant à sa soeur, elle ne voulait pas prendre ses médicaments. Pas étonnant qu'elle soit morte si jeune.

Le père : Toute ma vie je me suis senti résigné et sombre. D'ailleurs, mon père possédait une entreprise de pompes funèbres. Quand Richard me demandait un conseil, je faisais tout mon possible pour ne pas le lui donner et lui citais seulement des paraboles de Jésus. Qu'aurais-je pu faire d'autre? Voilà des années que je suis déprimé et je me suis déjà fait renvoyer par deux employeurs parce que je buvais. Je suppose que je n'ai pas été un très bon exemple. Peut-être la solution de Richard n'a pas été si mauvaise que ça.

Richard avait vécu dans l'attente de se tuer et son suicide fut le résultat de messages directs et cachés, la fin tragique de son scénario. Les messages cachés sont comme des malédictions qui envoûtent l'enfant [13, 14]. Ce sont des instructions destructives données soit directement et explicitement, soit indirectement et implicitement— comme un « message de sorcière ». Voici quelques exemples d'ordres directs que peut entendre un enfant :

« Tu ne sauras pas faire ça. Laisse, je vais le faire pour toi. »

« S'il y avait un premier prix de laideur, c'est à toi qu'on le donnerait. »

« Va donc jouer sur l'autoroute. »

« Fiche le camp. »

« S'ils te gênent, tue-les. »

« C'est le petit canard boîteux à son papa, ça. »

Un enfant peut déduire un ordre à partir d'actions parentales :

Le garçon, dont chaque geste d'agression est étouffé, peut en déduire : « Ne sois pas un homme. »

L'enfant, dont les émotions sont critiquées, peut en déduire : « Sois insensible » ou « Ne montre pas ce que tu ressens. »

L'enfant, puni lorsqu'il est en désaccord avec ses aînés, peut en déduire : « Ne pense pas. »

L'enfant qu'on culpabilise en déduit souvent : « Torture-toi toi-même. »

Ces ordres, souvent transmis sous forme d'injonctions ou de permissions, sont ressentis par l'enfant comme des impératifs. Il lui est difficile plus tard de les enfreindre car, d'une certaine manière, la personne se conduit en garçon « sage » ou en fille « sage » lorsqu'il ou elle suit les instructions de ses parents.

La personne vivant sous des ordres destructifs — la malédiction — et refusant d'agir selon ses propres pensées est comme ensorcelée. Plus tard, elle se sentira souvent impuissante face au « destin ». Cet ensorcellement peut être verbalisé :

« Je suis pris(e) au piège. »   « Je n'y peux rien. »

« Je suis dans une ornière. »   « C'est le destin. »

« Je suis un(e) perdant(e) né(e). »

Chacun naît en tant qu'individu unique avec un héritage de capacités et de potentialités lui permettant de se développer, de sentir et de s'exprimer. Selon Berne, cela signifie que chaque enfant est un « prince » ou une « princesse » en puissance. Mais très tôt, certains enfants reçoivent, de personnes ayant de l'importance dans leur vie, des messages qui les dévalorisent à leurs propres yeux d'une façon ou d'une autre, les amenant à se conduire en-deça de leur véritable potentiel. Ils deviennent des « crapauds » ou des « bêtes » au lieu des gagnants que la vie les destinait à être.

L'histoire du « Prince transformé en crapaud » est un conte de fées familier qui traduit ce vécu trop fréquent, trop réel. Un beau prince qui reçut un mauvais sort jeté par une méchante fée, est condamné à vivre dans la peau d'un crapaud, attendant qu'on vienne le délivrer.

Ceux qui vivent sous l'emprise d'un mauvais sort peuvent refuser de renoncer à rejeter la faute sur leurs parents. Perls commente :

Comme vous le savez, les parents ont toujours tort. Ils sont soit trop grands ou trop petits, soit trop intelligents ou trop bêtes. S'ils sont sévères, ils auraient dû être indulgents et ainsi de suite. Mais quand trouvez-vous des parents satisfaisants?

Vous pouvez toujours faire des reproches aux parents si vous voulez jouer au jeu des reproches et les rendre responsables de tous vos problèmes. Tant que vous n'accepterez pas de vous détacher de vos parents, vous continuerez à vous considérez comme un enfant [15].

LES CONTRE-SCENARIOS

Certaines personnes possédant un scénario comportant une malédiction ont également ce qu'on appelle un *contre-scénario*. Le contre-scénario prend forme si les messages envoyés plus tard à l'enfant vont « à l'encontre » des « messages de sorcière » reçus lorsqu'il était bébé. Par exemple, au message « fiche le camp », communiqué sans doute de façon non-verbale au jeune enfant, s'opposeront peut-être plus tard des messages tels que « fais attention en traversant la rue ». Dans ce cas, l'individu possède deux ensembles de messages, dont l'un paraît plus constructif que l'autre.

Le contre-scénario est souvent basé sur des dictons ou des devises qui deviennent autant de prescriptions pour l'enfant, donnés par l'état du moi Parent de son père ou de sa mère à son propre état du moi Parent. Claude Steiner pense que « les commandements de l'ogre ou de la sorcière sont beaucoup plus puissants et significatifs que le contre-scénario... » [16]. Si la personne hésite entre le scénario destructif et le contre-scénario constructif, ce dernier peut échouer.

ROLES ET THEMES
DANS LA TRAME DRAMATIQUE DE LA VIE

Au fur et à mesure qu'il reçoit les messages, l'enfant adopte des attitudes psychologiques et crée les rôles nécessaires au déroulement de sa trame de vie. Une fois les rôles déterminés, l'état du moi Enfant sélectionne des personnes et les manipule afin qu'elles se joignent à sa distribution des rôles. Par exemple des amis intimes ont tendance à sélectionner leurs camarades d'après des scénarios parallèles.

Un jeune homme ambitieux destiné à devenir un cadre important a besoin d'une épouse motivée pour l'aider à y parvenir. Il recherchera une femme suffisamment cultivée, qui aime recevoir, qui est ambitieuse et qui ne bousculera pas ses plans de vie. Elle-même l'aura également choisi pour remplir un rôle réclamé par son propre scénario. Même dans la préparation d'une soirée, ils choisiront probablement ensemble d'autres personnes capables de jouer des rôles favorisant leurs scénarios.

Le même processus de sélection a lieu lorsqu'une femme ayant adopté la position « les hommes sont des bons à rien » n'épouse que des « bons à rien ». Une partie de son scénario est basée sur le principe « les hommes ne sont pas OK ». Elle accomplit sa propre prophétie en harcelant son mari (qui a également son rôle à jouer), en le bousculant, en se plaignant sans cesse, enfin en lui menant la vie dure. Finalement, elle parvient par cette attitude à ce qu'il la quitte. Elle peut alors s'exclamer : « Vous voyez, je l'avais bien dit. Les hommes sont des bons à rien qui s'en vont au moindre problème. »

L'hypocondriaque se sert généralement des autres à partir d'une position d'impuissance et de faiblesse. Son ou sa partenaire réagit en général en prenant soit une attitude de Saint Bernard, soit une attitude de persécuteur, soit une combinaison de ces deux attitudes et, ce faisant, se ressent parfois comme victime. Si l'hypocondriaque renonce à sa position manipulatrice d'impuissance, le conjoint, s'il n'est pas prêt à changer de position, peut chercher à aggraver le mal de l'hypocondriaque afin de rétablir l'ancienne relation des rôles. Par contre, si le conjoint est le premier à décider de ne pas jouer le rôle convenu, l'hypocondriaque essaie d'accentuer ses symptômes ou cherche quelqu'un d'autre pour jouer les rôles de sauveteur/persécuteur.

Parfois, l'intrigue de la pièce implique le départ de l'une des deux vedettes et l'arrivée d'une autre. Cela s'observe fréquemment dans les professions libérales ou l'homme, au cours de ses longues années de formation, a besoin d'un « premier rôle » incarnant la femme travailleuse et économe. Mais plus tard, lorsque cet homme commence une brillante carrière et se meut dans de nouveaux milieux sociaux, son scénario peut nécessiter que le premier rôle féminin soit alors attribué à une femme possédant des qualités toutes différentes.

Le conjoint, le patron, les amis et les ennemis sont souvent choisis sur la base de leur pouvoir à se servir des autres. Pour que cette sélection porte ses fruits, les autres protagonistes doivent être aptes à jouer le jeu qui convient et à remplir les conditions des rôles qui feront progresser le scénario. Perls décrit deux positions de manipulation principales : celle du grand-chef* et celle du sous-fifre*.

Le grand chef est généralement convaincu de son bon droit et autoritaire; il sait tout mieux que tout le monde. Il a parfois raison, mais en tout cas il est toujours convaincu de son bon droit. Il est tyrannique et déclare toujours « tu dois » et « tu ne dois pas ». Le grand-chef manipule les autres par ses exigences et ses menaces de catastrophes à venir, comme « si tu ne... pas, alors, on ne t'aimera pas, tu n'iras pas au paradis, tu mourras, etc. »
Le sous-fifre manipule les autres en se faisant, par exemple, défensif, humble, cajoleur, pleurnichard. Il n'a aucun pouvoir. Le sous-fifre peut être comparé à Mickey et le grand-chef à Super-Souris. Le sous-fifre procède ainsi : « plus tard », « je fais de mon mieux », « tu vois, je n'arrête pas d'essayer; ce n'est pas ma faute si je n'y arrive pas », « je crois toujours bien faire ». Comme vous le voyez, le sous-fifre est rusé et vient généralement à bout du grand-chef car le sous-fifre a une conduite moins primitive que le grand-chef. Ainsi, le grand-chef et le sous-fifre luttent pour arriver au contrôle des commandes. Comme dans toute relation parent-enfant, ils luttent l'un contre l'autre pour obtenir ce contrôle [17].

De nombreux rôles sont joués à partir des positions manipulatrices de grand-chef et de sous-fifre. On peut cependant identifier la plupart des rôles « dramatiques » comme étant du type persécuteur, sauveteur ou victime.

Ces rôles sont *justifiés* s'il ne s'agit pas d'un jeu d'acteur, mais d'une conséquence logique et rationnelle de la situation. Voici quelques exemples de rôles justifiés :

Un persécuteur : Quelqu'un qui impose des limites nécessaires au comportement ou est chargé de faire respecter une règle.

Une victime : Quelqu'un qui remplit toutes les qualifications requises pour un emploi mais à qui on le refuse pour des raisons de race, de sexe ou de religion.

Un sauveteur : Quelqu'un qui aide une personne incapable d'agir à se ressaisir et à devenir indépendante.

Lorsque ces rôles sont comme des masques, ils sont *injustifiés* et servent alors à des fins manipulatrices. Dorénavant, lorsque ces trois rôles seront précédés d'une majuscule dans ce livre, ils désigneront des rôles manipulateurs injustifiés :

Un Persécuteur :   Quelqu'un qui établit des limites de conduite inutilement sévères, ou est chargé de faire respecter les règles mais le fait avec une brutalité sadique.

Une Victime :   Quelqu'un qui ne remplit *pas* toutes les qualifications requises pour un emploi mais prétend qu'on le lui a refusé pour des raisons de race, de sexe ou de religion.

Un Sauveteur :   Quelqu'un qui, sous prétexte de se rendre utile, s'arrange pour que les autres dépendent de lui.

Ces rôles de manipulateurs font partie des jeux et des rackets contribuant au scénario d'une personne. Elle peut jouer un jeu par imitation du comportement parental. Cependant, les jeux proviennent généralement de l'état du moi Enfant. L'Enfant prend l'initiative du jeu, espérant « accrocher » l'Enfant ou le Parent des autres joueurs. Les rôles manipulateurs servent à provoquer ou à inviter les autres à réagir d'une manière donnée, renforçant ainsi les positions psychologiques adoptées très tôt par l'Enfant.

Sur les nombreuses scènes de la vie, il est fréquent que tous les personnages de la distribution connaissent toutes les données de chaque jeu. Chacun peut ainsi permuter et jouer les trois rôles fondamentaux : Victime, Persécuteur et Sauveteur. En analyse transactionnelle, cela s'appelle le Triangle Dramatique [18].

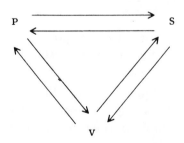

Karpman écrit :

En analyse « dramatique », il suffit de trois rôles pour décrire les retournements affectifs dont se compose la pièce. Ces trois rôles d'action, à distinguer des rôles d'identité cités ci-dessus, sont le Persécuteur, le Sauveteur et la Victime, ou P, S et V dans le schéma. La pièce débute dès que les rôles sont définis, ou dès que le public prévoit leur mise en place. Il n'y a pas de drame sans renversement de rôles... On peut comparer le « drame » aux jeux transactionnels, mais il comprend un plus grand nombre d'événements, un plus grand nombre de renversements par événement et une même personne peut jouer deux ou trois rôles à la fois. Dans les jeux, plus simples, il y a un renversement majeur; c'est-à-dire par exemple que dans « J'essaie seulement de t'aider » on observe une rotation (dans le sens inverse des aiguilles d'une montre) dans le Triangle Dramatique : la Victime devient Persécuteur et le Sauveteur, Victime.

Un drame familial fréquent comprend trois jeux définis qui se combinent, chacun commencé à partir d'un rôle donné :

Jeu	Rôle Fondamental
Botte-moi les fesses	Victime
Cette fois je te tiens salaud	Persécuteur
J'essaie seulement de t'aider	Sauveteur

La scène débute lorsque la personne qui lance un *Botte-moi les fesses* en amène une autre, par manipulation, à lui donner un coup de pied. La première, en position de Victime, recherche un Persécuteur qui la surprenne obligeamment en flagrant délit et joue le jeu complémentaire, *Cette fois je te tiens salaud*. La scène est alors toute prête pour l'arrivée d'un Sauveteur. Celui-ci entre dans la ronde avec une tentative de sauvetage impossible ou inefficace; il se sent alors persécuté et victime d'un coup de pied. Résumant sa situation par une réplique du jeu préféré des Sauveteurs, le troisième larron se lamente : mais *J'essayais seulement de t'aider*.

Le dialogue ci-dessous ne suffit peut-être pas à représenter la totalité des transactions au cours des trois jeux du drame familial; il illustre cependant les renversements de rôles.

Le Fils : (Persécuteur, s'écrie avec colère à l'adresse de sa mère)	Tu sais bien que j'ai horreur du bleu. Et voilà que tu m'as encore acheté une chemise bleue!
La Mère : (Victime)	De toute façon, j'ai toujours tort avec toi.

Le Père : (Sauve la mère en persécutant le fils)	Comment oses-tu parler sur ce ton à ta mère, mon garçon! File dans ta chambre sans dîner, ça t'apprendra!
Le Fils : (Victime à présent, boudant dans sa chambre)	Ils me disent d'être franc, et quand je leur dis que je n'aime pas quelque chose, ils m'envoient paître. Comment faire plaisir à des gens comme ça?
La Mère : (Sauveteur à pré- sent, lui amenant un plateau de nour- riture en cachette)	Ne vas surtout pas le dire à ton père. On ne devrait pas tant s'énerver pour une chemise.
La Mère : (Persécuteur, re- trouvant le père)	Jean, tu es vraiment trop sévère avec notre fils. Je parie que maintenant il est assis dans sa chambre à te détester.
Le Père : (Victime)	Enfin, chérie, je croyais t'aider et tu me donnes un coup de pied juste là où ça fait mal.
Le Fils : (Appelant de sa chambre, Sauveteur)	Bon ça va Maman, laisse, tu veux? Papa est seulement fatigué.

Tout le monde joue, de temps en temps, les rôles de Persécuteur, de Sauveteur ou de Victime. Mais chacun a tendance à affronter la vie et à jouer à ses jeux de préférence à partir d'un rôle privilégié. Ce rôle n'est pas toujours vu clairement par le joueur, qui peut faire une chose et en ressentir une autre. Il n'est pas rare, par exemple, de voir une personne qui se sent Victime agir en fait en tant que Persécuteur vis-à-vis de son entourage. C'est souvent le renversement des rôles qui crée le drame.

Lorsque deux époux font appel à un conseiller conjugal, chacun peut se percevoir comme une Victime souffrant de la persécution du partenaire. Ils attendent souvent du thérapeute qu'il entre dans leurs jeux comme Sauveteur au lieu d'effectuer un véritable sauvetage.

Exemple clinique

Philippe et Marie vinrent à une consultation se plaignant de l'échec de leur seconde lune de miel. Chacun affirmait avoir été victime de l'autre. Lui s'exclamait : « Tu as eu le culot d'emmener ta mère. Elle partageait même notre chambre au motel. » Et elle de rétorquer : « Quant à toi, tu t'es montré odieux avec elle et j'ai eu honte de toi. » Après quelques échanges hostiles, on leur demanda de raconter leur première lune de miel. Philippe lança, d'un air de défi : « Qu'est-ce que ça a à voir avec nous maintenant? » Marie rétorqua : « Je vais te dire ce que ça a à voir. Il y a quinze ans c'est *toi* qui as emmené tes parents pendant notre lune de miel. Tu disais « Ils n'ont jamais l'occasion de voyager ». Depuis ce temps-là, tu n'as cessé d'abuser de la situation. »

Marie avait tenu le rôle de Victime pendant de longues années. Elle avait joué à *Pauvre de moi* et à *Tu vois tous les efforts que j'ai faits*, puis s'est vengée en assumant à son tour le rôle de Persécuteur. Son jeu préféré devint *Cette fois je te tiens salaud*. Et quinze ans durant le thème dramatique de leur mariage avait été Se Venger.

LES THEMES DES SCENARIOS

De même que Marie jouait sur le thème Se Venger (ce qui se traduisait par un changement de rôles Victime-Persécuteur), tous les scénarios comportent un thème conducteur. Rôles et thèmes participent au déroulement dramatique de la vie. Ces thèmes peuvent généralement s'exprimer en de courtes phrases :

Perdre l'esprit	Les rendre fous
Etre le (la) meilleur(e)	Se suicider
Sauver les pécheurs	Porter sa croix
Se rendre utile	Bâtir des empires
Etre à la fête	Etre malheureux(e)
Essayer de son mieux	Marcher sur des oeufs
Régenter tout le monde	Rater le coche
Tomber mais se redresser	Regretter d'être né(e)
Réussir puis échouer	Se faire marcher sur les pieds
N'arriver à rien	Chercher la poule aux oeufs d'or
Prévoir pour les mauvais jours	

LES ROLES DES SCENARIOS ET
LES THEMES DE LA MYTHOLOGIE GRECQUE

Au cours de l'histoire, les rôles et les thèmes dramatiques de la vie humaine ont été observés et représentés par les poètes et les artistes. Dans l'antiquité, l'une des premières formes de littérature dramatique fut le mythe. Le mythe est une histoire qui révèle sur le mode symbolique quelque chose de vrai — non une vérité pouvant être prouvée scientifiquement — mais une vérité sur le plan de sa signification fondamentale et de son universalité.

Pour Berne, les mythes grecs contiennent les prototypes des scénarios contemporains et peuvent donc être interprétés par la psychologie. Les personnages mythiques représentent des types universels qui s'exprimaient alors à peu près comme on le fait aujourd'hui. Deux parmi les plus intéressants de ces personnages sont les frères Atlas et Prométhée. Chacun partit en guerre contre l'autorité de Zeus, « père de tous les dieux », et fut persécuté.

En guise de châtiment, Zeus condamna Atlas à soutenir sur ses épaules la voûte céleste. Hercule, le premier « monsieur-muscle », proposa de se charger de son fardeau si Atlas acceptait de lui rapporter les célèbres pommes d'or du jardin des Hespérides. Celui-ci accepta. Mais à son retour, au lieu de se libérer de son fardeau, il se laissa « embobiner » par Hercule qui le convainquit de le reprendre sur ses épaules.

L'Atlas des temps modernes se retrouve sous des déguisements multiples : l'assistante sociale surmenée, le directeur qui répugne à déléguer ses responsabilités et « porte toute la charge » de son service, ou bien la ménagère épuisée qui essaie d'être tout pour tout le monde. Et s'il arrive aux Atlas de se plaindre, ils ont tendance à entretenir leur propre rôle de Victime et à tirer un certain plaisir de leurs misères.

Les situations comportant un personnage central du type Atlas ont pour thème par exemple : Porter sa croix, Soutenir le poids du monde, Essayer de son mieux, Trouver un plaisir dans ses peines. Atlas se cache souvent derrière un « chic type » qui en fait joue à des jeux comme *Pourquoi faut-il que ça m'arrive toujours à moi? Sans lui, Pauvre de moi* et *N'est-ce pas affreux.* En fait, les Atlas ne tiennent pas à renoncer ni à leur rôle ni à leurs malheurs.

Prométhée et son frère Epiméthée avait été chargés par les dieux de créer les animaux et les hommes. Epiméthée devait s'occuper du travail et Prométhée de la surveillance. Le premier dota les animaux de la force, de la rapidité, du courage et leur donna les ailes. Comme il restait peu de chose à attribuer aux humains pour en faire des êtres supérieurs, Prométhée intervint. Avec l'aide de Minerve, il alluma sa torche au contact du soleil et fit don du feu aux hommes. Grâce au feu, ceux-ci pourraient fabriquer des armes et des outils et dominer les animaux. De plus, Prométhée leur donna la position verticale des dieux, et leur réserva la meilleure viande sacrificatoire, ne laissant aux dieux que les os et le gras.

Zeus, outragé par la sollicitude de Prométhée pour l'humanité, décida de le punir. Il se fit Persécuteur et enchaîna Prométhée à un rocher pour lui faire subir une torture éternelle. Mais après treize générations, Hercule le secourut. A ce jour, Prométhée symbolise encore « l'endurance magnanime à des souffrances imméritées et la force d'âme résistant à l'oppression » [19].

Tout comme les héros grecs, le Prométhée moderne se dresse souvent contre l'autorité et les exigences de l'Ordre Etabli. Il se voit comme un sauveur, s'identifiant au vaincu. Mais celui qui se contente de jouer le rôle et ne sauve en fait personne, « fait semblant » d'être un sauveteur au lieu d'en être un. Le véritable sauveteur remet les autres d'aplomb, souvent au risque de s'attirer la colère de certaines autorités.

Y-a-t-il un Atlas ou un Prométhée dans votre famille? Dans votre quartier? Au travail? Parmi vos amis? Cette attitude est-elle authentique, ou reste-t-elle une simple mise en scène? Connaissez-vous d'autres individus qui ressemblent aux personnages de la mythologie grecque? Peut-être ceux qui suivent vous sembleront-ils familiers :

> Un Zeus qui établit les règles du jeu et contrôle les autres par la séduction, la menace ou la brutalité et est un coureur de jupons.

> Une Héra, la femme jalouse de Zeus, qui se comporte en détective, surveillant les moindres faits et gestes de son playboy de mari, qui joue avec elle un jeu « divin » de *Gendarmes et Voleurs*.

> Une Echo, la petite nymphe vouée à n'avoir aucune pensée personnelle, répétant toujours ce qu'ont déjà dit les autres.

> Un Pygmalion, qui en fait déteste les femmes mais en sculpte une si parfaite dans la pierre qu'aucune femme vivante ne saurait l'égaler, puis tombe amoureux de sa création plutôt que d'une femme de chair et d'os.

Un Narcisse, tellement amoureux de lui-même qu'il demeure aveugle au reste du monde et dépérit, passant sa vie à admirer son propre reflet.

Une Daphné qui flirte avec les hommes et, dès qu'elle est poursuivie, se précipite sous l'aile de « papa ».

LES THEMES DE SCENARIOS
DANS LES CONTES D'ENFANTS

Comme les mythes de l'antiquité, les contes d'enfants transmettent une variété de thèmes dramatiques, par l'intermédiaire des livres, de la radio, de la télévision ou de réunions familiales au coin du feu. Le scénario d'un individu se reflète fréquemment dans des contes où se retrouvent les rôles manipulateurs fondamentaux ainsi que l'intrigue suivant laquelle ces rôles sont joués.

Les Persécuteurs des contes de fées sont souvent de cruelles marâtres, des sorcières, des ogres, de grands méchants loups, des dragons ou autres bêtes féroces. Les Victimes sont des crapauds, des orphelins, des Belles au bois dormant, de pauvres petites marchandes d'allumettes, ou de vilains petits canards et autres « pauvres petites bêtes ». Les Sauveteurs sont représentés par les bonnes fées, les elfes secourables, les sages magiciens, les belles princesses et les beaux princes.

Pour être sauvée, la Victime doit trouver un Sauveteur. Le Sauveteur des contes d'enfants possède souvent des « pouvoirs magiques ». Une histoire bien connue, illustrant les fonctions complémentaires de la Victime et du Sauveteur, est le conte de fées La Belle et la Bête. La Belle, contrairement à ses soeurs égoïstes, ne réclame jamais rien pour elle-même. Lorsque son père perd sa fortune, elle se dévoue pour accomplir tous les travaux domestiques. Devant ce comportement servile, ses soeurs la tournent en ridicule et son père la félicite.

A la recherche d'une nouvelle fortune, le père de La Belle tombe entre les mains d'une Bête qui menace de lui ôter la vie à moins que l'une de ses filles ne lui soit donnée. La Belle s'offre pour accomplir ce devoir et le père accepte d'être ainsi secouru. Malgré son extrême laideur, la Bête est très bonne (un « chic type ») et lorsqu'elle tombe malade, La Belle, compatissante, propose d'épouser la malheureuse créature. Et miracle! Celle-ci se transforme soudain en un beau prince.

Une jeune femme ayant ce type de schéma de vie suppose, à cause des relations qu'elle a eues, enfant, avec son père, que « les hommes sont de pauvres petits » qui ont besoin de son généreux dévouement.

Comme metteur en scène de son drame de vie, La Belle moderne sélectionne pour mari un homme méprisable par certains côtés, c'est-à-dire une Bête. Cet homme peut être opprimé ou d'aspect pitoyable, drogué ou alcoolique, endetté jusqu'au cou ou aux prises avec la loi. Si La Belle découvre que sa magie reste sans effet, elle se sacrifie parfois en restant avec la Bête. Ou bien elle demande le divorce et recherche un nouveau personnage (également une Bête quelconque) à secourir. Quant à la Bête, elle continue à attendre un nouveau Sauveteur plutôt que de prendre en main sa propre vie. Après tout, une méchante sorcière (probablement sa mère) lui a jeté un sort terrible et un affreux ogre (probablement son père) lui a montré comment être une Bête [20].

Le même drame peut se produire en inversant les rôles sexuels. Dans ce cas, les personnages principaux deviennent Le Beau et La Bête [21].

Un autre personnage de conte de fées très connu est Cendrillon, une Victime chargée des travaux domestiques, entourée d'êtres cruels et exigeants. Son premier Sauveteur se présente sous la forme d'une marraine-fée qui la dote d'une robe magnifique, de souliers de vair et d'un fastueux carosse pour aller au bal. Là, Cendrillon rencontre un nouveau Sauveteur en la personne du prince.

Dans l'interprétation de certains thérapeutes, le prince se conduit un peu en crapaud, puisque, tout en prétendant vouloir l'épouser, il omet de se procurer le nom et l'adresse de Cendrillon. Tous les thèmes de contes de fées peuvent être suivis soit par des gagnants, soit par des perdants. Après tout, il y a des Cendrillons qui réussissent. Mais dans la vie réelle, il est rare qu'on « vive heureux et ait beaucoup d'enfants », car les ressources de la magie sont fort limitées.

La Cendrillon moderne dont le scénario est perdant, accepte un travail qu'elle juge subalterne, prétendant accomplir le « sale travail » des autres. Elle entretient l'illusion qu'il lui suffirait d'avoir des vêtements chics, une voiture et une bonne situation pour trouver son prince et échapper ainsi à son existence terre-à-terre. Parfois, les Cendrillons sont brutalement surprises et déçues lorsqu'après le mariage avec le prince, elles se voient à nouveau confrontées à de nouvelles tâches domestiques [22]. Les Cendrillons masculins modernes se voient également comme des Victimes « coincés » dans un travail qu'ils n'aiment pas, attendant le sauvetage miraculeux qui en fait peut ne jamais arriver.

L'histoire du Petit Prince Boîteux est aussi celle d'une Victime injustement persécutée et qui a besoin de secours. Dans l'histoire originale, une famille royale exile son Petit Prince Boîteux et l'enferme dans une tour à cause de son infirmité. Une bonne fée vient à son secours en lui faisant don d'un manteau magique qui lui permet de « partir en voyage ». Grâce à ce manteau, il peut survoler des terres inconnues et voir et admirer pour la première fois les arbres, les fleurs et les autres beautés de la nature.

W. Ray Poindexter raconte l'histoire d'un jeune homme dont le drame de vie suit l'histoire du Petit Prince Boîteux [23]. Le père du garçon avait décidé que « quelque chose n'allait pas » chez ce fils intellectuel et curieux (qu'il était en fait boîteux), puisqu'il n'était pas sportif et ne répondait pas au portrait type du garçon « cent pour cent américain ». Bien qu'il ait reçu des soins physiques adéquats et une bonne culture, ce garçon n'avait jamais été vraiment accepté. Il se sentait banni et chercha refuge dans une communauté de fugueurs. Là, pour s'échapper de sa « tour », il se servit de drogues comme d'un manteau magique, afin de « partir en voyage »[1].

Les personnages des livres d'histoires se retrouvent fréquemment dans les drames de la vie quotidienne. On peut choisir de s'isoler comme Robinson Crusoé (avec peut-être un Vendredi masculin ou féminin), de s'enfuir comme Huckleberry Finn[2], de combattre des « moulins à vent » comme Don Quichotte, de voler au secours des faibles comme Superman, de refuser de devenir adulte comme Peter Pan, de se débattre éternellement dans des péripéties pathétiques et insignifiantes comme la prima donna d'un mélodrame, d'être un traître, un héros ou une héroïne, un roi ou une reine, ou encore un bouffon. Une personne peut être :

[1] N.d.T. Voyage, en anglais « trip », est également utilisé en français pour décrire l'expérience intense vécue sous l'influence d'une drogue psychédélique (par exemple le LSD).

[2] N.d.T. Huckleberry Finn est un personnage célèbre créé par Mark Twain; il s'agit d'un jeune garçon orphelin de mère et abandonné par son père alcoolique, vivant à sa manière dans un petit village du sud des Etats-Unis. Lorsqu'une aimable vieille dame décide de l'adopter, il ne peut supporter longtemps cette vie régulière et, reprenant ses haillons, il s'enfuit en radeau sur le Mississippi.

malheureuse comme la Petite Marchande d'Allumettes,

avare comme le père d'Eugénie Grandet,

habile avec les femmes et rapide sur la gâchette comme James Bond,

un chevalier sauvant les damoiselles en détresse comme Lancelot.

Ceux qui passent leur existence à la manière d'un conte, refusant de vivre en fonction de leur propre personnalité, sont souvent des perdants.

RESUME

Chaque être humain possède un scénario psychologique et vit dans le contexte d'une culture possédant elle aussi des scénarios. Le scénario psychologique contient le programme continu du schéma de vie de l'individu. Il prend racine dans les messages que l'enfant reçoit de ses parents, qui sont soit constructifs, soit destructifs, soit improductifs, et dans les attitudes psychologiques que l'enfant adopte finalement envers lui-même et les autres. Ces attitudes peuvent être liées à toutes les personnes en général ou aux représentants de l'un des deux sexes.

Dans la mesure où les messages de scénario ne s'accordent pas avec les véritables capacités de l'enfant et étouffent sa volonté de survie, ils sont générateurs de troubles pathologiques. Leur gravité varie. Elle peut aller d'un degré très modéré, sans conséquences sur les capacités vitales de la personne, à une importance telle que les êtres deviennent des caricatures absurdes de ce qu'ils auraient pu être.

Bien que tous les scénarios soient comme des « sorts », certains ont l'utilité de fournir à la personne concernée des idées réalistes sur les applications possibles de ses talents dans la société. D'autres mettent les gens sur la mauvaise piste, leur indiquant une voie sélectionnée sans réalisme ou par rancune. D'autres scénarios encore programment l'enfant pour la destruction, pour une fin tragique.

A certains moments, la plupart des individus jouent des rôles et portent une forme quelconque de masque. S'ils prennent conscience de cette mise en scène au moment où ils l'utilisent, cette prise de conscience leur apportera une certaine facilité dans le rejet des rôles artificiels. Le jeu d'acteur peut être abandonné au profit de l'authenticité.

Les personnes conscientes savent déterminer le cours de leur *propre* plan de vie et récrire leur trame dramatique en fonction de leur personnalité véritable. Elles sont capables de prendre connaissance de leurs moi possibles et d'infléchir ce qui les contraint à vivre seulement à l'intérieur d'un cadre donné. Pour beaucoup, cela n'est pas facile. C'est en fait souvent douloureux et implique un travail ardu. Parfois, l'intervention d'un vrai sauveteur est nécessaire, comme le dépeint cette paraphrase de « La Parabole de l'Aigle » de James Aggrey [24].

Il était une fois un homme qui, se promenant dans la forêt, découvrit un jeune aigle. Il le ramena chez lui et le plaça dans la basse-cour où il apprit bientôt à manger le grain des poulets et à se comporter comme eux.

Un jour, un naturaliste qui passait par là demanda au propriétaire comment un aigle, oiseau royal, pouvait être enfermé dans la basse-cour avec les poulets.

« Puisque je l'ai nourri comme un poulet et dressé à être un poulet, il n'a jamais appris à voler » répliqua le propriétaire. « Il se comporte comme un poulet, il n'est donc plus un aigle.»

« Pourtant » insistait le naturaliste, « il a un coeur d'aigle et peut sûrement apprendre à voler. »

Après en avoir longuement discuté, les deux hommes se mirent d'accord pour essayer de découvrir si cela était possible. Le naturaliste prit doucement l'aigle dans ses bras et lui dit : « Tu appartiens au ciel et non à la terre. Déploie tes ailes et vole. »

Mais l'aigle était troublé; il hésitait sur sa vraie nature et, voyant manger les poulets, il les rejoignit d'un bond.

Le lendemain, sans se décourager, le naturaliste emporta l'aigle sur le toit de la maison et l'exhorta à nouveau : « Tu es un aigle. Déploie tes ailes et vole. » Mais l'aigle avait peur à la fois du monde et de sa propre identité qu'il ne connaissait pas et redescendit encore manger avec les poulets.

Le troisième jour, le naturaliste se leva tôt et, de la basse-cour, emporta l'aigle sur une haute montagne. Là, il tint l'oiseau royal au-dessus de sa tête et l'encouragea une nouvelle fois, disant « Tu es un aigle. Tu appartiens au ciel aussi bien qu'à la terre. A présent déploie tes ailes et vole. » L'aigle regarda autour de lui, vers la basse-cour puis là-haut vers le ciel. Il ne volait toujours pas. Le naturaliste l'éleva alors vers le ciel. L'aigle se mit à trembler et, doucement, il déploya ses ailes. Avec un cri de triomphe, il s'éleva enfin vers les cieux.

Peut-être l'aigle se souvient-il encore avec nostalgie des poulets; peut-être revient-il parfois visiter la basse-cour. Mais pour autant qu'on le sache, il n'est jamais retourné à la vie du poulet. C'était un aigle, même s'il avait été retenu et apprivoisé comme un poulet.

Tout comme l'aigle, ceux qui ont appris à se concevoir autrement que ce qu'ils sont, peuvent décider de retrouver leur véritable identité. Ils peuvent devenir des gagnants.

EXPERIENCES ET EXERCICES

Si vous désirez commencer à explorer votre scénario, réservez-vous un certain temps pour travailler sur les expériences et exercices suivants, selon l'intérêt que vous y trouvez.

1. Les scénarios culturels et familiaux

Imaginez que vous remontez dans le temps. Comment étaient vos ancêtres il y a 75 ans ou 150 ans?

- Votre héritage culturel vous affecte-t-il de quelque manière aujourd'hui (dans vos rôles sexuels, votre travail, votre désir d'instruction)?
- Retrouvez au moins une chose que vous faites actuellement et qui soit déterminée culturellement.
- Réfléchissez aux scènes de votre vie actuelle. Certaines d'entre elles ont-elles un rapport avec une ou plusieurs sous-cultures?
- Pensez aux schémas dramatiques de la famille dans laquelle vous avez grandi. Y en a-t-il que vous reproduisez actuellement? Lesquels avez-vous changés?

2. Le scénario individuel

Les Messages Non-Verbaux de Votre Scénario (Lisez la totalité de l'expérience avant de vous lancer).

Fermez les yeux et essayez de voir les mimiques les plus lointaines que vous puissiez vous rappeler. S'il n'apparaît que des portions de visage, par exemple des yeux ou une bouche, regardez-les de près. Quels visages revoyez-vous?

A présent essayez de vous rappeler les messages non-verbaux que vos parents vous ont communiqués par l'intermédiaire de leurs actes (une caresse sur la tête, un poing serré, une gifle donnée avec colère, un baiser affectueux, etc.)

- Quels sentiments agréables ou désagréables sont évoqués?
- Quels messages sont transmis par les expressions des visages et par les gestes?

Les Messages Verbaux de Votre Scénario

Redevenez en imagination l'enfant que vous avez été, et entendez les mots prononcés par votre famille. Que disait-on à propos de :

votre valeur   vos capacités   votre moralité   votre sexualité
votre physique   votre intelligence   votre santé   votre avenir?

- En une phrase, résumez ce que vous imaginez que chacun de vos personnages parentaux pensait de vous.
- Votre propre évaluation de vous-même a-t-elle actuellement un rapport quelconque avec l'opinion que vos parents avaient de vous?

Identification des Rôles

Passez en revue les jours précédents et rappelez-vous vos rapports avec différentes personnes. Vous êtes-vous surpris(e) à jouer l'un des trois rôles dramatiques — Victime, Persécuteur, ou Sauveteur?

- Avez-vous changé de rôle en même temps que de cadre?
- Avez-vous joué l'un des rôles plus souvent que les autres?
- Les rôles que vous avez joués rappellent-ils ceux de vos mythes, contes de fées, ou autres histoires préférés?

En lisant la Parabole de l'Aigle, vous êtes-vous identifié à un rôle particulier? Demandez-vous :

- Quelqu'un m'a-t-il gardé(e) et domestiqué(e)? Ai-je gardé et domestiqué quelqu'un?
- Y a-t-il quelqu'un que j'aie véritablement sauvé? Quelqu'un qui m'ait sauvé(e)?

Sur la Scène

Imaginez qu'on donne sur scène une représentation de votre vie.

- S'agit-il d'une comédie, d'une farce, d'une saga, d'un feuilleton, d'un mélodrame, d'une tragédie, ou d'autre chose?
- Votre pièce possède-t-elle un thème scénique? Si oui, celui-ci est-il orienté vers le succès ou l'échec — est-il constructif, destructif, ou improductif?
- Soyez le public qui assiste à votre pièce. Votre réaction est-elle d'applaudir, de pleurer, de siffler, de rire, de vous endormir, de réclamer le remboursement ou quoi d'autre?

Les Scènes de la Vie

Imaginez que votre vie est une scène tournante, dont chacun de vos cadres habituels forme l'un des éléments. Représentez sur un schéma ces divers cadres de vie en fonction du temps que vous consacrez à chacun. Considérez un mois typique de votre vie, en ne tenant pas compte du temps de sommeil, sauf s'il a pour vous une importance particulière. La figure 4.2 donne des échantillons de schémas :

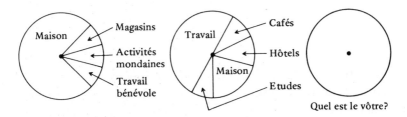

- La quantité d'*énergie* que vous consacrez à chaque scène est-elle proportionnelle au temps que vous lui accordez?

- Vos véritables sujets d'*intérêts* sont-ils là où se trouvent concentrés votre temps et votre énergie?

- Qui semble diriger votre histoire personnelle sur chacune des scènes de votre vie?

- Etes-vous satisfait(e) de ce que vous apportez personnellement dans vos divers cadres de vie?

Distribution des Personnages

Pensez aux personnes qui vous importent le plus présentement dans votre vie.

- Classez-les suivant le temps, l'énergie et le véritable intérêt que vous leur consacrez.

- Renversez la situation : combien de temps, d'énergie et de véritable intérêt pensez-vous qu'elles vous consacrent?

- Pensez-vous qu'elles fassent progresser vos plans de vie d'une façon quelconque?

- Avec qui et sur quelles scènes faites-vous « semblant »?

- Avec qui et sur quelles scènes êtes-vous authentique − *en étant* le rôle et non seulement en *jouant*?

5

LA FONCTION PARENTALE ET L'ETAT DU MOI PARENT

*Il est vraiment enviable de descendre
d'une noble lignée, mais la gloire
en revient à nos ancêtres.*
   Plutarque

Certains trouvent facile d'être ce qu'ils considèrent comme de « bons » parents. D'autres trouvent cela difficile. La plupart ont leurs hauts et leurs bas. Certains parents aiment les bébés. D'autres les considèrent comme une contrainte. D'autres encore sont, pour différentes raisons, incapables de faire face à leur rôle. De temps à autre certains parents éprouvent ces trois sentiments. « Ce qu'il y a d'effrayant avec l'hérédité et l'environnement, c'est que c'est nous autres parents qui apportons les deux » [1].

Les parents créent un climat affectif qui, tout comme le climat atmosphérique, peut être chaud ou froid, doux ou rude, favorable ou défavorable à l'épanouissement. Les parents prennent soin de leurs enfants avec fermeté mais aussi avec tendresse et amour, grâce aux caresses positives, les encourageant ainsi à adopter un scénario constructif. Ou bien ils les dévalorisent, les engageant alors à vivre des scénarios destructifs ou improductifs. La meilleure chose que les parents puissent faire est de bien connaître leur propre scénario et de décider s'il vaut la peine d'être transmis à une autre génération.

L'ETAT DU MOI PARENT

Pour le meilleur ou le pire, les parents servent de modèles à leurs enfants et influent sur leur esprit. L'état du moi Parent est l'incorporation des attitudes et des comportements de toutes les personnes ayant une grande importance affective pour l'enfant et qui servent de figures parentales. Il n'opère pas forcément d'une façon que la culture définit comme « maternelle » ou « paternelle ». Il n'y a en fait aucune preuve de l'existence d'instincts maternels ou paternels chez l'être humain, ce qui, selon les travaux de Harlow, est également le cas des primates inférieurs [2]. Les humains apprennent de leurs parents comment être parents; les singes semblent faire de même.

Les Etats du Moi compris dans le Parent

Chaque parent possède trois états du moi. Par conséquent, l'état du moi Parent d'une personne va probablement englober les états Parent, Adulte et Enfant de ses parents, de sa « babysitter », et ainsi de suite. A certains moments les parents se conduisent envers leurs enfants comme leurs propres parents s'étaient conduits envers eux — leur faisant la morale, les punissant, les soignant, les négligeant. A d'autres moments ils raisonnent sur la base de données actuelles et objectives —expliquant pourquoi, montrant comment, recherchant des faits, résolvant des problèmes. D'autres fois encore ils se comportent comme dans leur propre enfance — geignant, se repliant sur eux-mêmes, gambadant, ricanant, manipulant les autres, jouant avec eux. Le comportement d'une personne dans son état du moi Parent peut donc provenir de n'importe lequel des états du moi incorporés d'après un ou plusieurs personnages parentaux. Le Parent à l'intérieur de l'état du moi Parent d'une personne est le plus souvent celui des grands-parents.

L'analyse des états du moi contenus dans un état du moi donné est appelée *analyse structurelle du second degré*. Appliquée à l'état du moi Parent d'une personne, elle revient à séparer les états du moi Parent, Adulte et Enfant contenus dans l'état du moi Parent de cette personne. L'analyse structurelle du second degré du Parent peut être représentée comme suit[1] (Fig. 5.1).

Ceci signifie que le comportement d'une personne peut, à divers moments, rappeler soit l'Adulte de la grand-mère soit le Parent de la « babysitter », soit l'Enfant de papa, et ainsi de suite. L'histoire suivante montre comment certaines traditions ou croyances — les scénarios culturels et familiaux — peuvent remonter à plusieurs générations, les raisons les justifiant étant depuis longtemps oubliées :

---

[1] L'état du moi Parent se compose de tous les personnages véritablement parentaux incorporés par l'enfant, quels qu'ils soient. Des schémas du second degré des états du moi Parent de plusieurs personnes révèleraient une répartition différente des incorporations parentales.

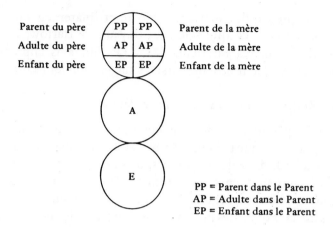

Parent du père	PP	PP	Parent de la mère
Adulte du père	AP	AP	Adulte de la mère
Enfant du père	EP	EP	Enfant de la mère

PP = Parent dans le Parent
AP = Adulte dans le Parent
EP = Enfant dans le Parent

Une jeune mariée servit un jambon rôti à dîner, et son mari lui demanda pourquoi elle en avait coupé les extrémités. « Eh bien, maman faisait toujours comme cela », repondit-elle.

A la prochaine visite de sa belle-mère, il la questionna — « C'est ainsi que faisait toujours ma mère », répondit-elle.

Et lorsque la grand-mère vint les voir, on lui demanda pourquoi elle tranchait les extrémités du jambon. Elle dit : « C'était le seul moyen de le faire tenir dans le plat » [3].

L'EXTERIORISATION DE L'ETAT DU MOI PARENT

Lorsque l'état du moi Parent s'exprime ouvertement, la personne a avec les états du moi des autres personnes, des transactions semblables à celles qu'avaient ses parents (Fig. 5.2).

Expression externe de
l'état du moi Parent

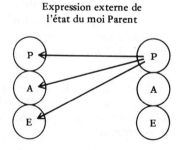

Les transactions émanant du Parent sont particulièrement évidentes chez les personnes qui ont des enfants à éduquer. Dans de nombreux cas ils ont tendance à élever leurs enfants comme eux-mêmes ont été élevés.

Exemple clinique

Pour le punir, le père de Patrick le battait sévèrement. Patrick avait juré de ne jamais battre un enfant comme l'avait fait son père. Pourtant, lorsqu'il eut son premier fils, il lui sembla « naturel » de le frapper lorsqu'il se conduisait mal. Il fallut à Patrick une décision définitive et beaucoup de connaissances de son Adulte pour modifier son comportement Parental.

Exemple clinique

La mère de Marie faisait rarement appel à un médecin lorsque ses enfants étaient malades. Marie se souvint que, chaque fois qu'elle était malade, sa mère lui préparait du thé et du flan. Lorsque le bébé de Marie fit sa première poussée de fièvre, elle lui donna du thé dans un biberon.

En plus des méthodes d'éducation des enfants, les individus copient souvent sur leurs modèles parentaux des attitudes, des postures, des gestes, et diverses formes de langage du corps. Imaginez par exemple :

Une femme, les poings sur les hanches, qui gronde quelqu'un comme la grondait sa mère.

Un homme brandissant un doigt accusateur de la même façon que le faisait son père.

Une femme qui pointe le menton en l'air, regarde son interlocuteur de haut, et haussant les épaules, dit « c'est ridicule » comme le faisait sa grand-mère.

Un homme qui frappe du poing sur la table pour appuyer son point de vue, tout comme le faisait son père.

Une femme qui prépare une fête pour le réveillon tout comme le faisait sa mère.

Un homme qui cligne de l'oeil d'un air approbateur tout en hochant la tête comme le faisait son père.

Les individus prennent également à leur compte la façon de s'exprimer de leurs parents. Plus tard, avec les autres, ils emploient ces mots Parentaux. Certains parents utilisent des expressions comme *tu devrais, il faut* ou *tu dois*, traduisant un concept de « devoir ». « Chaque chose à sa place et il n'y aura pas de problèmes ». D'autres, plus tolérants ou indifférents, disent par exemple « ça m'est égal, à toi de décider », ou bien « fais comme tu voudras, mon chou ».

On copie également les jeux psychologiques de ses parents. Une jeune femme pourra jouer à *Sans Toi* avec son mari à peu près comme y jouait sa mère. Dans ce jeu elle rend son mari autoritaire responsable de son propre manque de réalisations, alors qu'en fait elle craint toute tentative d'action.

Un professeur peut jouer *Aux Défauts* avec ses étudiants en recherchant et en faisant remarquer des défauts sans importance, tout comme ses propres parents avaient fait avec lui.

Une dirigeante d'entreprise peut jouer à *Coincer* ses employés en ne précisant pas ce qu'elle désire obtenir puis en critiquant quoi qu'ils fassent, tout comme ses parents lui avaient fait sentir qu'elle aurait tort quoi qu'elle fît.

Un jeune cadre peut jouer à *Maintenant je te tiens, salaud* comme il l'avait vu faire à son père qui attendait qu'on accomplisse des erreurs pour justifier une explosion de rage.

L'INFLUENCE INTERIEURE
DE L'ETAT DU MOI PARENT

On ne se contente pas d'assimiler les comportements de ses parents, on reçoit également un ensemble de messages parentaux qui reviennent ensuite à l'esprit comme s'ils étaient enregistrés. Parfois deux personnes se parlent à l'intérieur de l'état du moi Parent. D'autres fois l'Adulte entend ce que dit son Parent. Mais le plus souvent c'est entre le Parent influent et l'Enfant que prend place le dialogue intérieur.

Tout se passe comme si l'on reproduisait d'anciennes expressions, des gestes, des remarques, des instructions ou des actes Parentaux. Par exemple, un homme adulte sur le point de laisser quelque chose dans son assiette revoit mentalement l'image du froncement de sourcils désapprobateur de papa et finit de manger comme un bon

Influence intérieure de
l'état du moi Parent

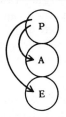

petit garçon. Une adolescente veut voler un foulard, mais entend dans sa tête sa mère disant « les filles bien ne volent pas ». Dans la même situation une autre jeune fille entend « vas-y mais ne te fais pas prendre ». Pour une autre ce sera « si tu voles quelque chose je te donnerai une raclée ». Ainsi les instructions du scénario sont le plus souvent comprises et suivies par l'Enfant.

Certains messages Parentaux sont encourageants; d'autres ne le sont pas. D'autres encore permettent un comportement positif ou négatif :

« Si tu n'y arrives pas du premier coup, essaie encore. »

« Tu ne sauras jamais tant que tu n'auras pas essayé. »

« Tu as de la cervelle, alors sers-t-en. »

« Le vin est tiré, il faut le boire. »

« Fiche le camp. »

Les enfants ne naissant pas munis d'un censeur intérieur, leurs premiers remords de conscience proviennent de leurs transactions parent/enfant. Les enfants apprennent à respecter ce que respectent leurs parents. Ce premier sentiment de conscience peut être vécu comme un dialogue intérieur entre les états du moi Parent et Enfant. Il est tolérant, ou déconcertant, ou moral, ou encore sévèrement moralisateur.

Si la conscience intérieure est entendue, elle n'est pas toujours suivie. Même de jeunes enfants portent des jugements autonomes ou cèdent à des désirs personnels. Selma Fraiberg décrit un tel cas :

Julia, trente mois, se retrouve seule dans la cuisine pendant que sa mère est au téléphone. Il y a des oeufs sur la table. Julia a une vive envie de faire des oeufs brouillés. Elle tend la main pour attraper les oeufs, mais les réalités de la vie s'affirment à présent avec une force égale. Le conflit qui en résulte se traduit par « Je veux » et « Non, tu ne dois pas »; chaque partie expose sa position, et une décision est prise rapidement. La mère de Julia, de retour dans la cuisine, trouve sa fille laissant joyeusement tomber les oeufs sur le linoléum tout en se grondant sévèrement à chaque floc : « Non non non. Dois pas faire. Non non non. Dois pas faire! » [4]

Les enfants ont tous besoin de quelques non pour les protéger, les rendre plus sociables, et les assurer de l'attention que léurs parents leur portent. [5] Certains, toutefois, grandissent écrasés par des non intérieurs nuisibles et inutilement sévères. Les messages Parentaux trop restrictifs inhibent l'expression de la joie, de la sensualité, et de la créativité.

Un enfant qui s'est adapté à une programmation Parentale rigide peut adopter la position « je ne dois pas penser pour moi-même » et succomber à ce que Karen Horney appelle « la tyrannie des devrait ».

Il *devrait* être parfaitement honnête, généreux, prévenant, juste, digne, coura- geux, désintéressé. Il *devrait* être le parfait amant, mari, professeur. Il *devrait* être capable de tout supporter, il *devrait* aimer tout le monde, il *devrait* aimer ses parents, sa femme, son pays; ou bien il ne *devrait* pas s'attacher à qui ou à quoi que ce soit, tout *devrait* lui être égal, il ne *devrait* jamais se sentir blessé, et il *devrait* toujours être serein et imperturbable. Il *devrait* toujours apprécier la vie; ou bien il *devrait* toujours négliger les plaisirs. Il *devrait* être spontané; il *devrait* contrôler toujours ses émotions. Il *devrait* tout savoir, tout comprendre, et tout prévoir. Il *devrait* être capable de résoudre rapidement tous ses pro- blèmes, ou ceux des autres. Il *devrait* savoir surmonter chaque difficulté dès qu'elle apparaît. Il ne *devrait* jamais être fatigué ou malade. Il *devrait* toujours être capable de trouver du travail. Il *devrait* être capable de faire en une heure ce qui en nécessite deux ou trois. [6] (Italiques des auteurs)

Sous une telle influence aussi opprimante, un individu agréable- ment occupé à lire peut entendre un message parental intérieur : « Le travail avant le plaisir ». L'Enfant de l'individu désire spontanément s'amuser, mais peut avoir été programmé dans l'enfance de façon à se sentir coupable de tout plaisir. Culpabilisé et incapable de se défaire de ce sentiment désagréable, l'individu laisse son livre et se propose de nettoyer le garage ou la cuisine.

Dialogue de Conflits Intérieurs

Beaucoup de personnes supportent une lutte *entre* un état du moi Parent grand-chef et un état du moi Enfant sous-fifre qui conduit à ce que Perls appelle le « jeu de l'auto-torture » :

Je suis certain que vous connaissez bien ce jeu. Une partie de vous parle à l'autre et lui dit : « Tu devrais faire mieux, tu ne devrais pas être comme ça, tu ne devrais pas faire ça, tu ne devrais pas être ce que tu es, tu devrais être ce que tu n'es pas ». [7]

Le dialogue contradictoire *à l'intérieur* de l'état du moi Parent est également générateur de tensions et de confusion. Barry Stevens exprime cette confusion lorsque, dans son univers intérieur, elle ressent continuellement les pressions d'autorités extérieures. Elle écrit :

Au début il y avait mon moi, et ce moi était bien.

Puis vint l'autre moi. L'autorité extérieure. C'était troublant. Et puis l'autre moi se sentit très perturbé, car les autorités extérieures étaient si nombreuses et si différentes.

Assieds-toi bien. Quitte la pièce pour te moucher. Ne fais pas ça, c'est bête. Tire la chasse d'eau la nuit parce qu'après c'est plus difficile à nettoyer. NE TIRE PAS LA CHASSE D'EAU LA NUIT — ça reveille ceux qui dorment! Sois toujours gentille avec les gens. Même si tu ne les aime pas, il ne faut pas les blesser. Sois franche et honnête. Si tu ne dis pas aux gens ce que tu penses d'eux, c'est de la lâcheté. Des couteaux à beurre. C'est important d'avoir des couteaux à beurre. Des couteaux à beurre. Quelle bêtise! Parle comme il faut. Bêcheuse! Kipling est formidable! Pouah! Kipling (se détournant). L'important dans la vie c'est d'avoir un métier. L'important c'est de se marier. Au diable tout le monde. Sois gentille avec tout le monde. L'important c'est le sexe. L'important c'est d'avoir un compte en banque. L'important c'est de bien t'habiller. L'important c'est d'être sophistiquée, de dire ce que tu ne penses pas et d'empêcher quiconque de savoir ce que tu ressens. L'important c'est d'être en avance sur tous les autres. L'important c'est un manteau de phoque noir, de la belle vaisselle et de l'argenterie. L'important c'est d'être propre. L'important c'est de toujours payer tes dettes. L'important c'est de ne pas te faire avoir. L'important c'est d'aimer tes parents. L'important c'est de travailler. L'important c'est d'être indépendante. L'important c'est de parler un bon anglais. L'important c'est de respecter ton mari. L'important c'est d'être sûre que tes enfants se conduisent bien. L'important c'est de voir les pièces qu'il faut voir et de lire les livres qu'il faut lire. L'important c'est de faire ce que disent les autres. Et les autres disent tout cela. [8]

Les personnes qui ont dans leur tête plusieurs personnages parentaux en désaccord peuvent se torturer à écouter le combat. Hubert jouait à un semblable jeu d'auto-torture : sa mère lui avait dit « les garçons sages vont à l'école du dimanche », et son père « l'école du dimanche est une perte de temps, et puis c'est de la blague. Viens, on va à la pêche ». Hubert se trouvait balançant sans cesse, faisant d'abord comme avait dit sa mère, puis comme avait dit son père. Il se plaignait que « quoi que je fasse, ce n'est jamais bien. Si je vais à la messe, je me dis que je ferais mieux d'aller pêcher et de profiter de la nature. Et si je vais à la pêche, je me sens coupable. Qu'est-ce que je dois faire avec mes propres enfants? »

LE PARENT NOURRICIER

La plupart des parents sont tantôt compatissants, protecteurs et nourriciers, tantôt critiques, pleins de préjugés, moralisateurs, ou répressifs. Certains parents ont tendance à être plus nourriciers que censeurs et réciproquement.

Les enfants dont les parents sont très nourriciers développent un état du moi Parent qui présente des comportements nourriciers. Sauf décision contraire délibérée, ils répèteront sans doute avec leurs propres enfants ces mêmes remarques et gestes compatissants et protecteurs qu'ils ont appris de leurs parents :

« Viens là fiston, tu es fatigué, je vais te porter un peu. »

« Fais une petite sieste ma chérie, tu te sentiras plus reposée. »

« C'est dommage, mais ne te fais pas de souci pour ça. »

« Viens, je vais te caresser là où tu as mal. »

Ces personnes établiront probablement aussi pour leurs enfants le même type de limites protectrices qui leur ont été fixées :

« Il ne faut pas jouer dans cette rue passante. »

« Ne caresse pas les chiens que tu ne connais pas. »

« Ne bois pas d'eau sans t'être assuré(e) qu'elle est potable. »

Le comportement parental nourricier n'est pas utilisé seulement avec les enfants : on peut aussi adopter un comportement de Parent Nourricier envers d'autres adultes :

Une épouse :   Jean, tu as l'air découragé ce soir. Est-ce que tu as envie de quelque chose de particulier pour te sentir mieux?

Un mari :	Allons, chérie, ne pleure pas. C'est le genre d'erreur que n'importe qui aurait pu faire.
Un médecin : (à un patient qui doit être opéré)	Comptez sur moi et ne vous en faites pas. Je me charge de tout.
Un patient : (à son médecin)	Ne vous inquiétez donc pas, Docteur. Je suis capable de supporter la vérité.
Un professeur : (à sa classe)	Vous avez si bien travaillé tout ce semestre que j'ai apporté des gâteaux pour tout le monde.
Une étudiante : (au professeur)	Vous êtes encore toute pâle des suites de votre grippe. Vous êtes sûre que vous vous sentez bien? Je peux porter vos affaires.
Une secrétaire : (à son patron)	Je suis désolée que vous ayez raté l'affaire Anderson, Monsieur Dubois. Je vous ai apporté un gâteau fait à la maison pour vous remonter le moral.
Un patron : (à sa secrétaire)	Vous avez l'air préoccupé depuis qu'on a fait installer le nouveau système informatique. Ne vous inquiétez pas, on a encore besoin de vous.
Une employée : (à un autre employé)	Tu avais tellement travaillé pour obtenir cet avancement. Je suis désolée que ça n'ait pas marché. Je parie que tu auras plus de chance la prochaine fois.
Une vendeuse : (au client)	Tenez, voici une chaise. Asseyez-vous et reposez vous un peu pendant qu'on vous fait un paquet-cadeau.

Parfois les aspects nourriciers du Parent sont trop pressants et provoquent de l'agacement chez les autres. Prenons quelques exemples. Certaines personnes, lorsqu'elles sont malades, détestent qu'un autre adulte tourne sans cesse autour d'elles. Certains malades préfèrent que leur médecin leur dise la vérité plutôt que d'en être « protégés ». Un patron se plaignait : « S'il y a le moindre signe de pluie, ma secrétaire insiste pour que je prenne un parapluie. Parfois je sors en cachette pour qu'elle ne puisse pas me trouver. »

LE PARENT A PREJUGES

L'état du moi Parent tend à accumuler les opinions sur la religion, la politique, les traditions, les rôles sexuels, les styles de vie, l'éducation des enfants, l'habillement qui convient, la façon de parler, et toutes les formes des scénarios culturels et familiaux. Ces opinions, souvent irrationnelles, · peuvent ne pas avoir été évaluées par l'état du moi Adulte et comporter des préjugés.

Lorsqu'ils utilisent leurs préjugés avec des enfants, les parents tentent souvent d'établir des normes de comportement en se fondant sur ces opinions erronées plutôt que sur des faits. Tous les parents font des remarques porteuses de préjugés et de critiques :

« Les garçons ne devraient pas avoir les cheveux longs. »

« Une petite fille doit être douce et sage. »

« Les enfants, on doit les voir mais pas les entendre. »

« Les jeunes doivent respecter leurs aînés. »

Les préjugés du Parent ressortent souvent dans les transactions avec d'autres adultes :

Une épouse : (à son mari)	Les hommes ne savent pas changer les couches des bébés. C'est un travail de femme.
Un mari : (à sa femme)	J'en ai assez de te voir porter des pantalons; ce n'est pas féminin.
Une infirmière : (au malade)	Il vous suffit de voir les choses du bon côté, et le médicament sera plus efficace. C'est ce que disait toujours ma mère.
Un nouveau malade : (à l'infirmier-en-chef)	Un homme infirmier, ça n'existe pas!
Un employé : (à un autre employé)	Je ne crois pas qu'il convienne pour ce travail. Tu as vu comme il a les yeux écartés?
Un chef de service financier : (au directeur du personnel)	Quoi que vous fassiez, n'engagez pas une femme. Elles ne comprennent rien aux chiffres.

Un professeur : (à un autre professeur)	Les jeunes ont vraiment changé! Ils ne veulent plus rien apprendre, de nos jours.

Le Parent à préjugés est souvent critique. Et quand le comportement d'une personne émane du côté critique de son état du moi Parent, elle se conduit en Monsieur J'ordonne, en Madame Je-sais-tout, qui intimide l'Enfant des autres. Que l'on soit patron, conjoint, professeur, ou ami, on peut provoquer l'irritation ou même l'aliénation des autres en étant trop souvent un Parent critique.

L'ETAT DU MOI PARENT INCOMPLET

Un enfant dont l'un des parents meurt ou l'abandonne, et qui n'a pu combler cette perte en le remplaçant par un parent du même sexe, aura un état du moi Parent incomplet. Incomplet parce qu'il comportera un vide. L'incomplétude de l'état du moi Parent peut également être due à l'absence — qu'elle soit physique ou psychologique — excessive de l'un des parents.

Lorsque l'un des parents demeure longtemps absent, l'enfant peut avoir recours au fantasme et se construire un père ou une mère imaginaires ou « idéaux ». Le père d'Eleanor Roosevelt, qu'elle idolâtrait, s'absentait souvent pendant des durées prolongées. Elle entretint néanmoins cinq années durant un fantasme dans lequel elle lui tenait lieu de maîtresse de maison. Elle retrace ainsi cette période de sa vie : « Dès que j'étais au lit, dès que je me réveillais le matin, et chaque fois que je marchais, ou que quelqu'un m'ennuyait, je me retirais dans ce monde fantasmatique ». [9]

Nietzsche écrivait : « Lorsqu'on n'a pas eu un bon père, il faut s'en créer un. » Un enfant peut « s'inventer » un parent plus parfait que le parent perdu ou absent. Ce parent imaginaire n'aura probablement aucun défaut, sera capable de satisfaire tous les besoins, bref, sera idéal en tous points. On pourra ensuite aisément confondre ce produit de l'imagination avec la réalité. L'individu porteur de cette vision idéale du parent absent ne trouvera peut-être jamais quelqu'un qui puisse l'égaler.

Dans une étude sur les adolescents américains issus de familles de classe moyenne, Bronfenbrenner constata que les enfants dont les parents s'absentaient du foyer pendant des périodes prolongées se classaient nettement moins bien que les autres enfants en ce qui concerne les questions de responsabilité et de commandement. [10] Après avoir passé en revue plusieurs études connexes sur ce même groupe d'âge, Bronfenbrenner conclut que les enfants, et les garçons en particulier, sont affectés de façon profonde par l'absence prolongée du père. Ils sont susceptibles d'être peu ambitieux, de rechercher la satisfaction immédiate, de ne pas se sentir OK, de rester sous l'influence de leurs camarades, et de tomber dans la délinquance juvénile. [11]

Le portrait suivant tiré de *Mrs. Bridge* décrit le type de père absent, expérience vécue par de nombreux enfants aujourd'hui :

Son mari était aussi avisé qu'énergique. Il voulait tant faire pour sa famille qu'il partait au bureau très tôt le matin alors que la plupart des gens dormaient encore, et y restait souvent travailler tard le soir. Il travaillait toute la journée du samedi et une partie du dimanche, et les congés n'étaient pour lui qu'une contrariété. En peu de temps, le bruit avait couru que Walter Bridge était l'homme idéal pour ce travail.

Sa famille le voyait très peu. Il n'était pas rare qu'une semaine entière se passât sans qu'un seul de ses enfants ne le vît. Le dimanche matin ils descendaient pour le petit déjeuner, et parfois le trouvaient à table ; il les saluait de quelques mots aimables et ils répondaient avec déférence, et aussi un vague regret parce qu'il leur manquait. Percevant ce sentiment, il redoublait d'efforts au bureau pour pouvoir leur donner tout ce qu'ils désiraient. [12].

Un état du moi Parent incomplet produit souvent des schémas de comportement distinctifs. Par exemple certains, dans leur état du moi Enfant, recherchent continuellement un parent « perdu » et comptent sur les autres adultes, tels le conjoint, le patron, un prêtre, un ami, ou même leurs propres enfants, pour remplir cette fonction parentale. D'autres, loin de chercher un parent de remplacement, peuvent rejeter toute attitude parentale d'où qu'elle vienne. Dans les deux cas il existe des personnes qui prennent prétexte de ce type de handicap pour rejeter toute responsabilité personnelle et trouver des excuses à leurs échecs. Plus tard ils joueront parfois au jeu de *La jambe de bois* : « Mais que pouvez-vous attendre de moi ? Mon père est mort quand je n'avais que cinq ans ! »

La personne dont l'état du moi Parent est incomplet peut ne pas apprécier les autres représentants du même sexe que le parent perdu, les mésestimer, s'en méfier, ou même leur être hostile.

Exemple clinique

Le père et la mère de Catherine trouvèrent la mort dans un accident d'auto lorsqu'elle avait un an, et elle fut élevée par sa grand-mère. Bien qu'elle eût des amis à l'école et une grand-mère attentionnée, Catherine n'avait personne qui remplaçât son père. C'était sa grand-mère qui l'élevait, la formait, la jugeait, et lui servait à la fois de père et de mère. Quand Catherine devint mère à son tour, elle assuma l'entière responsabilité de ses enfants. Elle entrait en violent désaccord avec son mari si celui-ci tentait de les guider ou de les diriger et s'exclamait : « Les enfants, c'est l'affaire des femmes. Occupe-toi de tes affaires et laisse-moi m'occuper des miennes ».

Lorsqu'on remplit le rôle de parent à partir d'un état du moi Parent incomplet, le résultat laisse parfois à désirer.

Exemple clinique

Carl était le benjamin d'une famille nombreuse et son père mourut lorsqu'il avait quatre ans. Adulte, il se montrait généralement compétent et autonome, mais souffrait de périodes de dépression.

« Chaque fois que je parle de mon enfance je me mets à pleurer, et chaque année je passe des semaines entières dans une profonde dépression avant le 4 juillet. C'est ce jour là qu'il est mort, que toute ma vie s'est écroulée! Je me rappelle avoir manqué me faire écraser entre le corbillard et une autre voiture, et puis le bruit sourd de la terre jetée sur le cercueil... Depuis je me suis toujours senti instable.

« Eh bien, ensuite, je suis parti avec ma mère vivre chez ma grand-mère dans une ville où j'avais un tas d'oncles. Je passais mon temps à espérer qu'ils m'accepteraient comme faisant partie de leur propre famille, mais ils ne me remarquaient pas vraiment, ils se contentaient de me tapoter la tête et de me donner une pièce de monnaie.

« A présent j'ai des problèmes avec mes gosses. Je dois avoir quelque chose qui ne va pas. Je n'arrive pas à comprendre quoi. Je le désire vraiment, mais je ne semble pas savoir comment être un bon père. »

Ceux qui ont un état du moi Parent incomplet ont des problèmes avec leurs enfants, et il leur est également difficile d'avoir une compréhension adéquate des autres adultes :

Un mari peut ne pas savoir réconforter sa femme malade.

Une femme peut ne pas savoir comment montrer sa sympathie à son mari qui vient d'être licencié.

Un patron peut rester insensible aux problèmes humains de ses subordonnés.

Dans des cas semblables il est nécessaire d'apprendre des schémas parentaux appropriés en se programmant soi-même grâce à l'information. Les personnes concernées peuvent non seulement lire, assister à des cours sur le bon parentage, mais aussi observer et imiter les parents efficaces. Elles peuvent d'autre part concentrer leur attention sur les besoins des autres et s'efforcer de les satisfaire de façon appropriée. Etre un bon parent n'est pas inné — cela s'apprend.

LE REPARENTAGE

Il y a des individus dont les parents ont été si déplorablement insuffisants que leur état du moi Parent comporte bien peu d'éléments utiles et souvent beaucoup d'éléments destructifs. Il peut alors être nécessaire d'appliquer des méthodes de conseil psychologique orientées vers la rupture des enregistrements parentaux. Dans les cas les plus graves, on a même recours au reparentage. Cette méthode, créée par les Schiff, est un procédé consistant à faire régresser de jeunes schizophrènes au stade de nourrisson, puis à les amener à progresser en passant par les divers stades de développement et en satisfaisant leurs besoins de dépendance. Au cours de cette progression, l'ancien Parent est « effacé » et la méthode Schiff est incorporée par le patient, formant ainsi le nouvel état du moi Parent. [13]

L'état du moi Parent peut également être restructuré de façon moins extrême grâce à une méthode d'auto-reparentage différente de la méthode Schiff. [14] En bref, cette technique nécessite d'abord que la personne reconnaisse les caractéristiques négatives des personnages parentaux incorporés. Ces aspects négatifs existent chez des parents peut-être bien intentionnés, mais trop critiques, trop nourriciers, surprotecteurs, inconséquents, contradictoires, se sentant peu concernés, ou ayant de trop grands besoins affectifs. L'étape suivante dans cette méthode d'auto-reparentage est l'observation d'autres personnages parentaux dans les écoles maternelles, sur les terrains de jeu, dans les supermarchés, etc., et des lectures concernant les problèmes des parents. Viendra ensuite un important dialogue intérieur entre l'Adulte et l'Enfant de la personne pour déterminer les besoins spécifiques de nouveau parentage de l'Enfant. Sur la base de toutes ces données, l'Adulte se met alors à agir en tant que substitut de parent. A la longue le nouveau comportement parental semble s'intégrer à un état du moi Parent restructuré. Les anciennes caractéristiques négatives du Parent sont à présent équilibrées par d'autres, positives, car un nouveau Parent mieux approprié a été créé par l'Adulte. Ce nouveau Parent n'est pas nécessairement un personnage ayant existé, bien qu'il puisse comporter des caractéristiques acquises de professeurs, thérapeutes ou amis préférés.

RESUME

Les personnes que nous avons le moins de chances de connaître sont nos parents. Il est pratiquement impossible aux enfants, de par leur position de dépendance vis-à-vis de leurs parents, d'être objectifs. Même adultes, les gens peuvent conserver des illusions sur la toute-puissance de leurs parents et leur attribuer un rôle d'êtres surnaturels, ne les voyant pas comme des mortels avec leurs faiblesses. S'il leur arrive d'avoir des pensées négatives envers leurs parents ils se sentent déloyaux et tentent alors de supprimer tout sentiment de colère, d'offense ou de chagrin les concernant.

Beaucoup de personnes voient leurs parents soit à travers des « lunettes roses », soit à travers un prisme psychologique qui les déforme. Ils ne les ont jamais vus tels qu'ils sont vraiment, mais plutôt comme des objets qui ont donné satisfaction ou n'ont pas répondu aux désirs et aux besoins de leur enfance. En tout cas, lorsque les individus prennent conscience de ce que sont ou étaient véritablement leurs parents, ils deviennent alors souvent très critiques; ils peuvent les juger ou même aller jusqu'à les détester pendant quelque temps. Eventuellement ils apprennent à les comprendre, à les accepter, et à leur pardonner. Comme l'a écrit Oscar Wilde : « Les enfants commencent par aimer leurs parents; plus tard ils les jugent; parfois ils leur pardonnent. »

L'état du moi Parent est parfois nourricier

Les individus tendent à donner à leurs enfants un parentage semblable
à celui qu'ils ont eux-mêmes reçu

L'état du moi Parent est parfois plein de préjugés

Certains parents adressent à leurs enfants des messages de sorcière qui les envoûtent

Chacun possède des personnages parentaux formant son état du moi Parent. Par moments l'individu agit, parle, se meut ou pense comme ils le faisaient. A d'autres moments il est influencé par leurs messages intérieurs.

Les transactions Parentales sont souvent de nature nourricière ou chargées de préjugés. Ces schémas apparaissent aussi bien dans les transactions entre adultes qu'avec les enfants. Par exemple, le rôle nourricier du Parent joue de façon appropriée envers un collègue blessé ou malade ou qui souffre d'un besoin momentané de dépendance. Par contre, ce même état du moi Parent est malvenu lorsqu'il impose un comportement nourricier, critique, ou dévalorisant à quelqu'un qui n'en éprouve ni le désir ni le besoin.

L'état du moi Parent transmet les scénarios culturels et familiaux. Il est précieux à la survie de la race humaine puisqu'il facilite l'exécution des tâches parentales, libérant l'état du moi Adulte pour faire face aux problèmes plus sérieux de l'existence.

Lorsque l'état du moi Parent est incomplet ou insuffisant dans une mesure importante, l'Adulte peut être programmé pour effectuer un parentage satisfaisant. Des méthodes de reparentage sont également mises au point.

Vous possédez votre état du moi Parent unique, contenant probablement un mélange de comportements utiles et nuisibles. Devenir pleinement conscient(e) de votre Parent vous offre un plus grand choix de comportements, ce qui peut augmenter vos chances d'être un(e) gagnant(e) et d'élever vos enfants en gagnants.

EXPERIENCES ET EXERCICES

1. Vos parents en tant que personnes

Pour entrer en contact avec votre état du moi Parent, commencez par mieux prendre conscience de la réalité de vos vrais parents.

- Imaginez-vous dans une pièce. Celle-ci est équipée de matériel audio-visuel grâce auquel vous pouvez rejouer vos enregistrements Parentaux. Comptez parmi ceux-ci des enregistrements de vos mère, père, grands-parents, beaux-parents ou parents adoptifs, frères ou soeurs aînés, bonnes ou toute autre personne ayant eu une position d'autorité sur vous pendant votre petite enfance.

- Imaginez que ces bandes portent une étiquette relative à leur contenu.
- Lisez chaque série de questions, puis mettez en route les enregistrements audio-visuels adéquats pour obtenir les réponses. Commencez par la série étiquetée *Argent*.

Argent

- Comment vos parents réagissaient-ils aux problèmes d'argent? A une menace de licenciement? A une bonne nouvelle soudaine et inattendue?
- Devaient-ils lutter pour survivre, ou les choses étaient-elles faciles?
- A quoi dépensaient-ils leur argent? Qui tenait les cordons de la bourse? En quoi leurs dépenses reflétaient-elles leurs valeurs?
- Comment parlaient-ils d'argent?

Possessions

- Avaient-ils des possessions préférées, par exemple la maison, la voiture, les photos des enfants? Si oui, leur était-il plus important de prendre soin des objets possédés que des personnes, ou l'inverse?
- Accordaient-ils beaucoup d'importance à leur train de vie? S'efforçaient-ils toujours de ne pas se laisser dépasser par les Untel?
- Qui prenait la décision d'acheter de nouveaux meubles, une nouvelle voiture, de nouveaux vêtements, etc.?

Crises

- Que se passait-il en cas de crises survenues dans la famille : une mort, une maladie, un accident, une grossesse non désirée, un divorce, ou une calamité naturelle?
- Vos parents réagissaient-ils différemment suivant le type de crise?
- Sur qui pouvait-on compter? Qui se laissait complètement aller?

L'Amusement

- Que faisaient-ils pour se distraire? Où cela?
- Vos parents se distrayaient-ils ensemble?
- Recevaient-ils à la maison? Qui invitaient-ils chez eux? Qui s'occupait des invitations?
- Que faisaient-ils pour se distraire en dehors de la maison?

Les Rôles Sexuels

- Quelle était l'attitude de vos parents en ce qui concerne la masculinité et la féminité? Votre père respectait-il votre mère, ou bien la considérait-il inférieure à lui? Votre mère respectait-elle votre père, ou le considérait-elle inférieur à elle?
- Quels rôles jouaient-ils qu'ils jugeaient « masculins » ou « féminins »? Les corvées de la maison étaient-elles réparties sur cette base?
- S'attendaient-ils à ce que vous adoptiez également ces rôles?
- Y avait-il des domaines dans la maison ou le jardin qui « appartenaient » à votre mère ou à votre père?
- Entendiez-vous utiliser des clichés du style « Ta mère conduit bien comme toutes les femmes au volant » ou bien « C'est typique des hommes »?
- Vos parents étaient-ils ouvertement froids ou ouvertement affectueux l'un avec l'autre?
- Que savez-vous de leur vie sexuelle? Qu'en devinez-vous?

Les Repas Familiaux

- Quel genre d'atmosphère régnait-il au moment des repas? Du style « Chacun pour soi »? Dîner aux chandelles? Ou quoi d'autre?
- De quoi parlaient vos parents à table? Et comment parlaient-ils?
- Avaient-ils des façons d'être qui vous agaçaient?
- Y avait-il des rituels familiaux, par exemple : ne commencer à manger que lorsque tout le monde était assis?
- Quelles opinions avaient-ils sur différentes sortes d'aliments? Sur la façon de les faire cuire et de les servir?

- Qu'attendaient-ils de vous — ce que vous deviez manger et la façon dont vous deviez le manger?
- Les repas étaient-ils un moment pénible, plaisant, ou un mélange des deux?

L'Apparence Physique

- Quelle était l'apparence physique personnelle de vos personnages parentaux? Leurs vêtements étaient-ils propres, attrayants?
- Etaient-ils négligés à la maison et soignés pour sortir?
- Avaient-ils un style et des couleurs préférés?
- Cela allait-il jusqu'à l'extrême — un paon ou une souillon?
- Leur habillement, leur taille, leur maquillage, leur caractéristiques physique ou leurs soins personnels vous gênaient-ils? Vous plaisaient-ils? Ou quoi d'autre?

L'Instruction

- Que disaient-ils de l'instruction? Etait-elle un but en soi, ou bien un moyen d'arriver à une fin?
- Etaient-ils très instruits? Etaient-ils satisfaits de leur niveau d'instruction?
- Vous poussaient-ils à avoir plus d'instru tion qu'eux? La même? Moins?
- Etaient-ils intéressés, indifférents, ou hostiles quant à votre instruction? A votre école? A vos professeurs?

Le Travail

- Quel genre de travail faisaient-ils? En étaient-ils satisfaits?
- Que disaient-ils de leur travail? Pensez-vous qu'ils le faisaient bien?
- Voulaient-ils que vous fassiez le même genre de travail? Ou quelque chose de mieux?
- Avaient-ils des attitudes particulières en ce qui concerne le travail d'une femme et le travail d'un homme dans le monde des affaires et le monde professionnel?

Valeurs

- Quelles valeurs morales et éthiques vos parents vous ont-ils enseignées?
- Ces valeurs étaient-elles liées à un fond religieux?
- Vos parents étaient-ils athées? Agnostiques? Appartenaient-ils à une communauté religieuse particulière? Si oui, y étiez-vous inclus et comment?
- Avaient-ils des attitudes précises concernant les personnes ayant certaines croyances religieuses? Comment exprimaient-ils ces attitudes? Se servaient-ils de la « religion » pour contrôler votre conduite? S'en servaient-ils pour vous donner un sentiment d'émerveillement de la vie? Pour vous donner le confort de la sécurité? Pour expliquer les phénomènes naturels? Que disaient-ils sur les croyances religieuses? Etaient-ils d'accord?
- Comment pratiquaient-ils leur croyance? Leurs paroles et leurs actes concordaient-ils?
- Vos parents étaient-ils amicaux, hostiles, froids ou nerveux envers les personnes d'une autre couleur? D'une autre origine ethnique? Que disaient-ils? Que faisaient-ils?

Le Discours

- Comment se parlaient-ils?
- Comment parlaient-ils à d'autres personnes, par exemple à *leurs* parents? A leurs amis? A leurs serviteurs? A vous-même? Vous rappelez-vous leurs paroles et le ton de leur voix?
- Utilisaient-ils une façon de parler pour certaines personnes et une autre façon pour d'autres personnes?

L'Ecoute

- Ecoutaient-ils les autres? Vous écoutaient-ils?
- Ecoutaient-ils l'esprit fermé? Avec indulgence? Avec compréhension? Distraitement? Avec sympathie?
- Que disait-on sur le fait même d'écouter?

Thèmes et Rôles de Scénario

- Qu'est-ce qui semblait les rendre heureux?   Malheureux? Fâchés? Frustrés? Sans défense?

- Avaient-ils un thème de vie commun, par exemple « Boire à en mourir », « se suicider », « arriver », « réussir dans les affaires », « on n'y arrive jamais tout à fait », « fonder une famille », « aimer la vie»?

- Vos parents avaient-ils des thèmes de vie différents?   Ces thèmes étaient-ils en conflit, ou bien complémentaires?

- Revoyez vos parents dans leurs divers rôles. Comment jouaient-ils les rôles de Victimes, de Persécuteurs, ou de Sauveteurs? Quels rôles adoptiez-vous par rapport à eux?

Pratiques Parentales

- Comment se comportaient-ils en tant que parents?   Etaient-ils affectueux, cruels, bruyants, silencieux?

- Quelles expressions prenait leur visage?   Quelles attitudes avait leur corps?

- Comment vous grondaient-ils, vous punissaient-ils ou vous félicitaient-ils?

- Dans le cas où vous avez des frères et/ou soeurs, vos parents faisaient-ils preuve de favoritisme?

- Exprimaient-ils de la colère, de la haine ou de l'amour envers vous? Comment?

- Comment vous manipulaient-ils?   Par la culpabilité?   La peur? Les critiques?   La douceur?   Les faux compliments?   Ou quoi d'autre?

- Avec quelles devises et quels dictons vous a-t-on élevé(e)? Etaient-ils utiles?   Nuisibles?   Hors de propos?

- Pouviez-vous faire confiance à vos parents ou leurs attitudes étaient-elles imprévisibles?

- Etaient-ils en rivalité l'un avec l'autre ou avec vous?

- Aviez-vous l'impression de les avoir de votre côté?

- Qu'est-ce que vous aimiez en eux et qu'est-ce que vous n'aimiez pas? Pourquoi?

- Pensez-vous qu'ils se sentaient gagnants ou perdants? Pensez-vous qu'ils vous aient encouragé(e) à être gagnant(e) ou perdant(e)?

2. Les attitudes de vos parents

Comment vos parents réagissaient-ils à :

- Un enfant malade qui pleure la nuit.
- L'approche de l'anniversaire d'un des enfants.
- Un enfant qui casse un trésor de famille ou fait quelque chose d'interdit.
- Un enfant sexuellement malmené.
- Un enfant qui désire avoir un animal domestique.
- Un(e) adolescent(e) qui fait une fugue, la grossesse d'une adolescente.
- Un adolescent qui devance l'incorporation militaire.
- Le mariage du dernier enfant de la famille.
- Un nouveau voisin de religion ou de race différente.
- Une campagne présidentielle qui bat son plein.
- Un parent qui demande à venir habiter chez vous.
- Un mendiant en haillons qui demande l'aumône.
- Un parent qui doit être pris en charge.
- Un accident de voiture dont est victime un membre de la famille.
- L'arrivée du week-end, du lundi matin ou des vacances.

3. En quoi ressemblez-vous à vos parents?

Après vous être mieux rendu compte de ce qu'étaient vraiment vos parents, prenez conscience de votre ressemblance avec eux.

- Revoyez les questions et les réponses des expériences numéro 1 et 2, en vous demandant : « En quoi est-ce que je les imite? »
- A quoi ressemble votre Parent Nourricier et comment vous en servez-vous? Avec votre famille? Vos amis? Vos collègues de travail?

- A quoi ressemble votre Parent à Préjugés et comment vous en servez-vous? Avec votre famille? Vos amis? Vos collègues de travail?
- Quelles façons d'être, quels gestes, quels tons de voix avez-vous aujourd'hui qui ressemblent à ceux de vos parents?

Lorsque vous avez affaire à des enfants, votre comportement provient-il dans une mesure importante de votre état du moi Parent?

- Imaginez-vous parlant à des enfants se trouvant dans différentes dispositions d'humeur. Comment réagiriez-vous devant un enfant : pleurnichard, blessé, qui se conduit mal, vantard, curieux, qui ricane?

  Lesquels de vos personnages parentaux auraient parlé ainsi? Est-ce une réaction appropriée? Comment employez-vous ces mêmes modes d'expression envers des adultes?

A présent prenez un papier et un crayon et écrivez votre conception de l'enfant parfait.

- A votre avis, est-ce ce qu'auraient écrit vos personnages parentaux?
- Avez-vous égalé ce portrait ou lui êtes-vous resté inférieur?
- Aujourd'hui, attendez-vous des enfants ou d'autres adultes qu'ils soient semblables à ce portrait?

4. **Essayez les exercices suivants pour prendre conscience de votre dialogue intérieur. Il peut vous être plus facile de les représenter sous forme de schéma.**

- Imaginez-vous à une réunion de parents d'élèves. Environ vingt-cinq personnes s'y trouvent rassemblées. L'orateur réclame l'attention du groupe et dit : « Il me faut cinq volontaires pour vous exposer quelques principes de notre nouvelle approche des mathématiques. »

  Fermez les yeux; que se passerait-il dans votre tête face à cette requête? Qui parle (dans votre tête)? Qui l'emporte?

- Imaginez-vous sur le point de passer un examen final dans une matière importante. Ecoutez votre dialogue intérieur.

Que disent vos personnages parentaux? Comment réagit votre Enfant intérieur? Que ressentez-vous dans votre corps? Associez ces sensations. D'anciens professeurs apparaissent-ils dans votre tête?

- Imaginez-vous recevant une convocation officielle des Contributions Directes vous appelant à justifier votre déclaration de revenus.

Comment se déroule le dialogue intérieur?

- Imaginez-vous à un banquet. De façon inattendue, votre nom est appelé. On vous demande de vous lever et de venir à la table d'honneur. Imaginez que, pendant que vous vous tenez debout là, l'orateur se lance soudain dans un panégyrique célébrant vos « bonnes oeuvres ».

Que vous disent les personnages parentaux dans votre tête? Comment réagit votre Enfant?

- Imaginez plusieurs situations à haute charge affective ou traumatique. Ecoutez votre dialogue intérieur. Qu'est-ce qui est effectivement dit?

5. Vos états du moi Parent

Remplissez le schéma suivant en écrivant les messages importants que vous ont donnés vos deux personnages parentaux ayant eu sur vous l'influence la plus significative à partir de chacun de leurs états du moi.

P _____

A _____

E _____

P _____

A _____

E _____

Lesquels de ces messages avez-vous incorporés dans vos propres états du moi? Tenez compte des sentiments, des pensées, et des comportements.

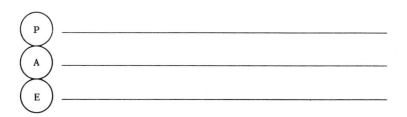

6. La Thérapie Naikan (méthode japonaise d'auto-observation)

Si vous connaissez le Zen ou d'autres formes de méditation ascétique, vous voudrez peut-être essayer cette méthode japonaise d'auto-observation appelée *Thérapie Naikan.* « C'est un procédé par lequel le sujet examine ses expériences passées, en fait un sujet de réflexion et grâce à cette réflexion accomplit son auto-réformation ». [16]

Au Japon, le Naikan demande une semaine, la personne — assise sur les talons dans une petite pièce —, reste en méditation de 5 heures du matin à 9 heures du soir. Un maître (Sensei) entre dans la pièce de temps à autre et lui demande de ne méditer que sur les personnes ayant modelé sa personnalité, en commençant par sa mère. On demande au sujet de se concentrer sur ce qu'*il* ou *elle* a fait ou a dit à sa mère au moment en question, et non pas seulement sur ce qu'a fait ou dit la mère. L'accent est mis sur l'auto-observation plutôt que sur l'observation de l'autre.

Voici une adaptation éventuelle du Naikan :

- Allez pendant un moment prolongé dans un endroit où vous n'aurez aucune distraction des sens.
- Imaginez-vous regardant à l'intérieur de vous-même un écran de télévision vide.

- Puis faites apparaître votre mère sur l'écran. Lorsque surgissent des images d'incidents vécus avec votre mère, demandez-vous : « Qu'est-ce que *moi*, j'ai fait ou dit à ce moment là?» Concentrez-vous sur ce que *vous* avez fait, ou n'avez pas réussi à faire, ou n'aviez aucune intention de faire.

- Refaites la même chose avec d'autres personnages parentaux.

- Qu'avez-vous appris sur *vous-même*?

6

L'ENFANCE ET L'ETAT DU
MOI ENFANT

Mais que suis-je?
Un enfant qui pleure dans la nuit?
Un enfant qui pleure pour avoir de la lumière :
Et avec ce pleur pour tout langage!
  Alfred Tennyson

Chaque enfant naît avec des caractéristiques héritées, et dans un environnement social, économique et affectif particulier. Puis il est formé d'une certaine manière par les personnages parentaux. Chaque enfant vit des événements significatifs comme une mort dans la famille, une maladie, la douleur, des accidents, des bouleversements géographiques, et des crises économiques. Ces influences contribuent à faire de l'enfance de chaque personne quelque chose d'unique. Il n'existe pas deux enfants, même frères et soeurs, qui aient une enfance identique.

L'ETAT DU MOI ENFANT

Chacun d'entre nous porte dans son cerveau et son système nerveux des enregistrements permanents de la façon dont nous avons reçu nos propres impulsions d'enfant, de celle dont nous avons vécu le monde, dont nous l'avons ressenti et nous y sommes adpatés. L'état du moi Parent incorpore les personnalités des autorités à haute charge affective; l'état du moi Enfant est l'univers intérieur de ce qui est ressenti et·vécu, et des adaptations effectuées.

Une personne qui se conduit comme le fait un enfant — en étant curieuse, affectueuse, égoïste, méchante, joueuse, pleurnicharde, manipulatrice — réagit à partir de son état du moi Enfant. L'état du moi Enfant est composé de trois parties différentes : l'Enfant Spontané, le Petit Professeur et l'Enfant Adapté.

L'*Enfant Spontané* est la partie de l'état du moi Enfant représentant le petit enfant, très jeune, impulsif, indiscipliné et expressif, qui demeure encore en chaque personne. Il rappelle souvent un bébé égocentrique, aimant le plaisir, dont la réaction est l'affection câline lorsque ses besoins sont satisfaits, ou la rébellion pleine de colère lorsqu'ils ne le sont pas.

Le *Petit Professeur* est la sagesse innée de l'enfant. C'est cette partie intuitive de l'état du moi Enfant, qui réagit aux messages non-verbaux et se fie à ses impressions. Grâce à elle, l'enfant comprend, par exemple, quand il faut pleurer, quand il faut se taire, et comment se conduire avec maman pour la faire sourire. Le Petit Professeur est également très créateur.

L'*Enfant Adapté* est la partie de l'état du moi Enfant qui présente une modification des penchants de l'Enfant Spontané. Ces adaptations d'impulsions naturelles surviennent comme des réactions à des traumatismes, à des expériences vécues, à l'apprentissage et principalement, aux exigences des personnages importants investis d'autorité. Par exemple, un enfant est « programmé » naturellement à manger lorsqu'il a faim. Peu de temps après la naissance, toutefois, ce besoin naturel peut subir une adaptation, et les heures de repas de l'enfant sont déterminées par ses parents. L'enfant tendrait également à faire et à prendre d'instinct et impulsivement ce qu'il veut mais on peut lui enseigner à partager et à être courtois envers les autres, suivant des modes déterminés encore une fois par les parents. Voir ci-contre une représentation du second degré de l'état du moi Enfant.

L'ENFANT SPONTANE

L'Enfant Spontané à l'intérieur de l'état du moi Enfant de chacun représente ce que serait un bébé « spontanément », sans aucune influence extérieure. L'Enfant Spontané est

affectueux,

impulsif,

sensuel,

dépourvu de censeur intérieur,

curieux.

Le nourrisson réagit au contact direct de sa peau avec celle de maman et à la sensation agréable d'être repu. Si la mère est satisfaite de son bébé, tous deux échangent des sourires de satisfaction. Ils sont proches et y prennent plaisir.

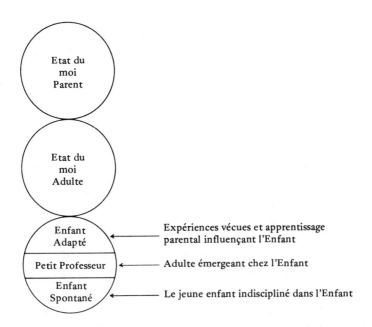

Les nourrissons réagissent impulsivement à leurs sensations corporelles, pleurant s'ils ont faim ou sont mouillés, gazouillant s'ils ont le ventre plein et se sentent à leur aise. Ils réagissent spontanément aux changements de situation. Recherchant par nature le plaisir et non la douleur, ils sont d'une sensualité sans pudeur. Ils savourent les sensations agréables qui peuvent être procurées en se roulant sur un tapis, en pataugeant dans l'eau, en se chauffant au soleil, en suçant leur pouce, en mordillant une couverture, en têtant voluptueusement leur biberon. Ils explorent leur corps et sont souvent ravis de ce qu'ils y trouvent. Les nourrissons sont dépourvues de censeur intérieur qui leur dise « non».

Le nourrisson est curieux du monde qui l'entoure — il le regarde, le ressent, essaie souvent de le goûter. La fourrure de l'ours en peluche le chatouille; le mouvement d'un mobile placé au-dessus de son berceau captive son attention. Tout ce que le nourrisson voit, entend, sent et touche façonne les images mentales primitives à partir desquelles il se construit un univers non censuré. Dans sa vie ultérieure ces fantasmes préverbaux pourront prendre la forme de rêves récurrents, de nature souvent symbolique.

Lorsque les enfants commencent à se servir du langage, leurs fantasmes se raffinent. Ils ont souvent trait à un plaisir sans restriction ou à une agression. Devenu adulte, un homme peut se voir entouré de femmes très belles qui lui apportent bien-être et ravissement, sans rien demander en retour. Ou bien, il s'imagine remettant vertement le patron à sa place, ou cassant la figure à quelqu'un. Les fantasmes représentent l'une des façons de l'adulte de vivre son Enfant Spontané.

Avez-vous jamais remarqué un vieux monsieur assis sur un banc dans un square et dégustant une glace avec un plaisir manifeste, ou une femme d'âge mûr gambadant le long d'une plage, ou un couple dansant avec un abandon plein de joie? Alors, vous avez vu l'Enfant Spontané qui s'exprime encore. Quel que soit l'âge de l'individu, son Enfant Spontané est précieux. Il enrichit sa personnalité de charme et de chaleur, tout comme un enfant réel peut apporter charme et chaleur à une famille. La personne qui conserve ses capacités enfantines d'affection, de spontanéité, de sensualité, de curiosité et d'imagination, aime probablement la vie et offre une compagnie amusante. Cependant, l'Enfant Spontané n'est pas seulement charmant; il est aussi craintif,

  égoïste,
    égocentrique,
      rebelle,
        agressif.

Les enfants sont craintifs par nature. Ils ont la peur primitive d'être abandonnés. Que se passerait-il si personne ne venait les protéger et prendre soin d'eux? Naturellement égoïstes, les enfants veulent n'en faire qu'à leur tête — et parfois à un moment particulier, c'est-à-dire en général tout de suite. Les enfants semblent se percevoir comme étant le centre de l'univers.

L'enfant égocentrique est insensible aux sentiments des autres. Il est égoïste et n'aime ni partager ni attendre son tour. Il peut allègrement arracher les pattes d'une araignée ou donner un grand coup de jouet sur la tête d'un ami. Cet enfant égocentrique est volontaire, et affirme parfois cette volonté avec vigueur.

Frustré, l'Enfant Spontané réagit en se rebellant. Pour affirmer leur volonté les enfants jettent leur biberon au loin, refusent de manger, crient rageusement. L'enfant rebelle a maintes façons de dire « non ». Certains enfants expriment leur rébellion en piquant une colère. Dans la vie adulte, cependant, un tel comportement engendre l'échec.

Exemple clinique

Lorsque la petite Marie ne pouvait obtenir ce qu'elle voulait, elle se jetait par terre en criant et en frappant rageusement du pied. Sa mère cédait immanquablement.

Adulte, Marie était une secrétaire compétente, et candidate au poste de directrice du personnel. Toutefois, lorsqu'on refusa de lui accorder les dates de vacances qu'elle avait demandées, Marie réagit en criant : « Je veux ces dates, et si on ne peut même pas me donner *ça*, vous pouvez tous aller au diable! » Sur ce elle frappa du pied et sortit du bureau de son directeur en claquant la porte. Le directeur établit sur Marie un rapport si négatif que non seulement elle n'obtint pas les dates de vacances demandées, mais qu'on lui refusa de surcroît la promotion prévue.

Certains enfants ne survivraient pas s'ils n'avaient pas d'exigences égocentriques. Mais s'ils donnent libre cours à l'agressivité et à la rébellion, ces individus, arrivés à l'âge adulte, peuvent exiger aveuglément leur satisfaction sans souci ni de leur santé ou de leur sécurité propres, ni de celles des autres. Ils risquent par exemple de conduire comme des fous, de boire avec excès, de manger gloutonnement. Leur Enfant Spontané inadapté se manifeste dans de nombreux rôles :

les patrons qui veulent que tout soit fait selon leur volonté, à leur heure, sans souci des autres.

les parents éloignés qui s'approprient égoïstement plus que leur part.

les parents qui libèrent leur agressivité en battant leurs enfants.

Inversement, si les sentiments d'agressivité et de rébellion sont complètement étouffés dans l'enfance, la personne devient incapable de s'affirmer, même en cas de besoin. Elle perd le sentiment de son droit personnel et laisse souvent les autres profiter d'elle.

Un être sain, heureux, permet chaque jour à son Enfant Spontané de s'exprimer de façon *appropriée*.

LE PETIT PROFESSEUR

Le Petit Professeur est la partie de l'état du moi Enfant qui est de façon innée

intuitive,

créatrice,

manipulatrice.

Sans aucune connaissance de la psychologie, l'enfant sait par intuition ce qui se passe. Chantal regarde le visage de sa mère et comprend qu'elle ferait mieux d'arrêter ce qu'elle est en train de faire. Elle saisit le message non verbal de la mère émis par l'intermédiaire d'un regard désapprobateur, et y réagit. Elle tente alors de résoudre son problème grâce à son Petit Professeur, qui analyse le meilleur parti à prendre dans une situation donnée.

Winnie l'Ourson [1], un ours en peluche qui parle et qui marche, est le prototype littéraire du Petit Professeur intuitif. L'Ourson convoite du miel qui se trouve en haut d'un arbre, mais ne réussit pas tout d'abord à l'atteindre. Il élabore alors un plan et se fait donner un ballon par Christophe Robin, son ami de six ans. Il peut ainsi se laisser flotter jusqu'au sommet de l'arbre.

« Voilà », explique-t-il. « Lorsque tu pars en ballon chercher du miel, l'important est de ne pas éveiller l'attention des abeilles. Alors, si tu as un ballon vert, elles pourront penser que tu fais partie de l'arbre, et ne pas te remarquer; et si tu as un ballon bleu, elles pourront penser que tu fais partie du ciel, et ne pas te remarquer. La question est donc, quelle est l'hypothèse la plus probable? »

Poursuivant son plan, l'Ourson se roule dans la boue. Il gonfle un ballon bleu, et, s'y accrochant, s'élève au-dessus des arbres pour devenir « un petit nuage noir dans le ciel ». Mais les abeilles le reconnaissent et son plan échoue. Quoique l'Ourson ait amplement réfléchi aux solutions de son problème, il lui manquait certaines données concernant l'intelligence et l'acuité visuelle des abeilles.

Tout comme l'Ourson, le Petit Professeur de l'état du moi Enfant n'est pas toujours bien informé. L'enfant n'a ni assez vécu ni acquis assez d'expérience pour cela. Un enfant prend donc souvent des décisions inexactes ou tire des conclusions erronées. Par exemple Raymond, six ans, ayant vu plusieurs westerns à la télévision, dit à sa grand-mère : « Fais attention aux voleurs quand tu ouvres la porte. » Celle-ci réplique : « A quoi reconnaîtrai-je les voleurs? » Et le garçon, méprisant : « Enfin, grand-mère, on les reconnaît toujours, les méchants : ils portent des chapeaux noirs! »

Le Petit Professeur intuitif demeure actif chez l'adulte. Par exemple, on peut détecter intuitivement la signification d'une mâchoire serrée chez le patron ou d'un pétillement dans les yeux d'un ami. Mais il arrive que le Petit Professeur se trompe. Le patron a simplement mal aux dents, et l'ami est en train de rêver à quelque chose d'agréable.

Le Petit Professeur, capable de création originale sans sentiment de peur ou de culpabilité, n'est pas enclin à « respecter les limites » du livre de coloriage, mais peut dessiner des lignes nouvelles et faire un dessin différent. Le Petit Professeur sait bâtir un château avec du sable et de l'eau, un immeuble avec des cubes, un pâté avec de la boue, et un drame avec pour tout accessoire des hauts talons, des robes longues, des chapeaux de cow-boys et des étuis de revolver.

Les personnes qui expriment leur créativité dans un but réfléchi se servent de leur Petit Professeur et également de leur état du moi Adulte. Lorsqu'une personne vit un moment de génie, le Petit Professeur est sans doute de la partie. L'Adulte et le Petit Professeur forment une bonne équipe. A eux deux ils sont capables :

de dresser les plans d'un nouvel immeuble,   d'écrire un livre,

de composer une partition de musique,

d'améliorer les rapports humains,

de rendre un foyer attrayant,

de consituer un bon programme d'études,

d'énoncer un théorème de mathématiques, etc.

Les rêveries sont nécessaires à la créativité. Le Petit Professeur élabore des rêveries créatives qui sont parfois fort réalistes. L'homme qui imagine le plaisir qu'éprouvera sa femme en recevant des fleurs fait là une prévision exacte. La femme fatiguée par un dur travail qui se voit paressant sur une plage peut faire un rêve qui deviendra réalité.

Les rêveries du Petit Professeur créateur n'ont cependant quelquefois aucun rapport avec la réalité. Un certain jeune homme était sûr qu'il aurait pu avoir de bons rapports avec son père qui faisait preuve d'indifférence à son égard si seulement ils avaient pu « aller ensemble à un match de foot ». Une femme, peintre amateur, bien qu'elle n'eût aucune preuve de son talent, imaginait un vernissage et la curiosité impatiente d'un vaste public.

Tous les enfants, sans suivre de cours de théâtre, découvrent dès le plus jeune âge comment utiliser au mieux de leurs intérêts les êtres et les choses. Pratiquement tous les nourrissons doivent comprendre comment faire venir quelqu'un auprès d'eux. Souvent par tâtonnements, l'enfant apprend que feindre une frayeur ou une maladie peut faire accourir maman. Si ces premières « manipulations » portent leurs fruits, l'enfant est susceptible d'attribuer ces succès à la magie. « Comme tout magicien il est convaincu que ses désirs, ses pensées, ses paroles sont les instruments de ses pouvoirs magiques » [2]. Après tout, l'enfant sait faire disparaître le monde uniquement en fermant les yeux.

Les jeunes enfants attribuent également des pouvoirs magiques aux personnages parentaux et peuvent craindre que ceux-ci aient le pouvoir de les transformer en serpents, en crapauds, ou en vilains petits canards, ou même de les faire disparaître complètement. En fait, il est vrai que les parents ont pouvoir de vie ou de mort sur leurs enfants. Il n'est pas étonnant que les enfants apprennent à voir en leurs parents de puissants géants ou des sorcières qu'il faut circonvenir, et en eux-mêmes des êtres impuissants. (Je suis Impuissant, Je ne suis pas OK, Tu es Puissant, Tu es OK.) Certaines personnes en position d'autorité sur les enfants abusent de leurs croyances en la magie lorsqu'elles leur donnent à entendre qu'elles ont des yeux partout ou qu'il y a toujours quelqu'un qui les voit. Comme l'écrivait un petit garçon :

Les mamans ont des yeux à rayons X. Elles savent toujours où on est, ce qu'on fait, comment on le fait, avec qui on le fait, et où on le fait. Elles sont les premières à découvrir ce qu'on veut garder secret.

Jacques [3]

Chacun possède un Petit Professeur...

... et est intuitif, créateur,
et « manipulateur »

■ Le Petit Professeur comprend
le fonctionnement des choses
et croit souvent à la magie

Les enfants croient souvent à la magie des objets et des événements. Ils sont superstitieux à propos d'une pièce de monnaie porte-bonheur, d'une patte de lapin, d'un trèfle à quatre feuilles, d'un chat noir, d'une dent placée sous l'oreiller, d'une ombre qui passe sur la lune, d'un miroir brisé, d'un voeu fait pour une étoile filante, des rainures du trottoir qu'il faut éviter, des échelles sous lesquelles il ne faut pas passer. Certains, arrivés à l'âge adulte, sont incapables de distinguer les raisonnements magiques du Petit Professeur des données réelles qui peuvent être traitées par l'ordinateur qu'est l'Adulte. Ces personnes confondent fréquemment le rêve et la réalité. Elles se comportent souvent comme si elles étaient toutes-puissantes ou bien sans défense, ou se contentent d'attendre sans rien faire.

Les personnes au comportement tout-puissant « manipulent'» les autres à partir d'une position de grand-chef. Elles essaient de régenter la vie d'autrui dans l'illusion de détenir un pouvoir particulier et d'avoir toujours raison.

Les personnes qui se comportent comme si elles étaient sans défense « manipulent » les autres dans la position de sous-fifre. Elles se refusent à assumer la responsabilité de leur manque de capacités et/ou ont du mal à prendre une décision franche.

Beaucoup de personnes conservent la croyance enfantine selon laquelle le désir fait la réalité. Elles souhaitent et attendent l'événement magique qui transformera leur vie. Mais le temps s'écoule, et elles s'arrangent de façon à n'obtenir aucun résultat positif. Berne appelle cela *attendre le père Noël*; il écrit :

Dans la plupart des cas, le père Noël n'arrive jamais : si quelqu'un frappe à la porte, au mieux ce n'est que le laitier. Dans les autres cas, lorsqu'il vient c'est pour laisser non pas l'aura magique qu'on attendait d'après les contes de Noël de l'enfance, mais seulement un ornement clinquant, un bout de papier, ou une petite auto rouge qu'on trouve chez n'importe quel marchand. Les personnes saines apprennent à renoncer à cette quête en faveur de ce que peut leur offrir le monde réel, mais, dans une certaine mesure, elles ressentent le désespoir provoqué par un tel renoncement [4].

Cette croyance en la magie se poursuit dans la vie adulte. Selon Selma Fraiberg : « Bien après que la raison ait dépouillé le magicien de sa magie, et toute la vie durant, persiste dans un repli secret de la personnalité la croyance que les souhaits feront s'accomplir la réalité » [5]. Un jour, un pêcheur qui escaladait un talus dit à son compagnon : « Les orties, il suffit de ne pas y faire attention et elles ne vous piquent pas. »

L'habilité des enfants à utiliser autrui en leur faveur semble exercer des pouvoirs magiques. Grâce à un Petit Professeur actif, on peut se servir à ses propres fins du conjoint, des parents, d'un professeur, du patron, ou d'amis.

Un mari qui rentre en retard essaie une manoeuvre de manipulation grâce à un bouquet de fleurs apporté à sa femme et à quelques mots doux. Elle peut alors saisir l'occasion pour qu'il l'emmène au restaurant ou lui donne de l'argent pour s'acheter une robe neuve. Un fils exercera des pressions sur ses parents pour se faire prêter l'auto familiale parce qu'il doit « aller travailler à la bibliothèque ». Chacun se sert probablement des mêmes vieux trucs qui lui réussissaient dans l'enfance. Les talents de « manipulation » sont parfois nécessaires à la survie, mais si l'on s'y assujettit, on aboutit à une vie superficielle faite de « jeux » et de clichés.

Avez-vous jamais vu : Une secrétaire, obtenant ce qu'elle veut de son patron parce qu'elle lui explique, les yeux pleins de larmes, combien elle s'efforce de rester à jour dans son travail? Le patron qui obtient d'elle ce qu'il veut en soupirant : « Ma femme ne me comprend vraiment pas »? Un vendeur qui parvient à conclure une affaire en disant : « On croirait que cette voiture a été faite pour vous »? Alors vous avez observé le Petit Professeur manipulateur au travail.

L'ENFANT ADAPTE

L'enfant commence à s'adapter au monde dans le ventre de sa mère en ressentant les effets des émotions de celle-ci, de ses réactions d'ordre chimique, de sa nutrition, et de sa santé. A la suite de ces expériences vient le traumatisme de la naissance − le nourrisson se trouve pour la première fois séparé de sa mère et reçoit son premier contact avec le milieu extérieur physique et affectif. Ce nouveau milieu peut être pour lui terriblement appauvrissant ou sujet à une surprotection et à un excès de stimulations, contribuant ainsi aux sentiments OK ou pas OK que le nourrisson acquerra peu à peu.

Tout de suite après la naissance, le nourrisson commence à s'adapter aux exigences des autorités extérieures, poussé par la volonté de survivre et le besoin d'approbation, et/ou l'angoisse de la peur. Né sans instinct du bien et du mal, la première conscience de l'enfant se développe lentement par l'interaction avec son entourage, et tout particulièrement les personnages parentaux.

Les réactions souriantes et élogieuses des personnages parentaux transmettent à l'enfant l'idée d'approbation quand il a fait ce qui est bien. Leur froideur ou leur colère lui transmettent un sentiment de châtiment et de douleur quand il a mal fait. Les jeunes enfants apprennent généralement comment se conduire par les félicitations ou la punition. Avec l'aide de leur Petit Professeur, ils comprennent comment éviter la douleur et obtenir l'approbation. Ils s'adaptent, en quelque sort, aux « tu dois ».

Le résultat des adaptations de l'enfant produit ce que Berne appelle l'Enfant Adapté. L'Enfant Adapté est la partie de l'état du moi Enfant influencée avant tout par les parents.

Quoiqu'une certaine adaptation des impulsions naturelles soit essentielle, nombre d'enfants subissent un apprentissage inutilement répressif. Par exemple, ceux qui s'entendent dire :

« Je vais te donner une raison pour pleurer, moi! »

« Tu as intérêt à faire ce qu'on te dit et à être contente! »

« J'en ai assez! Ne me pose plus une seule de tes questions stupides! »

« Tu vas recevoir la raclée de ta vie si tu répètes ça. »

pourront s'adapter en perdant la faculté de ressentir par eux-mêmes, d'être curieux du monde, de donner ou de recevoir de l'affection. Leur faculté d'expression naturelle devient inhibée à l'excès.

· Lorsque les enfants s'adaptent de façon rationnelle, ils apprennent à être conscients des autres — à partager, à attendre leur tour, à être courtois et sociables. Ils font l'apprentissage des pratiques sociales qui les aident à échanger des rapports avec les autres et leur permettent de satisfaire leurs propres besoins sociaux.

Tandis que l'Enfant Spontané accomplit ce qu'il ou elle veut en se sentant OK, l'Enfant Adapté est susceptible de faire ce que ses parents demandent instamment, que ce soit rationnel ou non, et commence à ne pas se sentir OK. Voici quelques schémas courants d'adaptation : la soumission,

le retrait,

la temporisation.

L'Enfant Adapté peut se soumettre...

■ ... aux attentes parentales

■ ou se retirer en lui-même ne
se sentant pas OK

Certains enfants décident de se soumettre. Ils trouvent plus facile, plus pratique et moins générateur d'anxiété de céder sans discuter plutôt que de se battre pour leurs propres idées ou positions.

Pour se soumettre, ils peuvent soit imiter un personnage parental, soit lui obéir. Certains enfants reçoivent le message « fais ce que je fais », et l'exécutent en imitant leurs parents. Par exemple, « Moi, j'étais capitaine de mon équipe, fiston; pas de raison que tu ne puisses pas en faire autant. » Tandis que d'autres enfants reçoivent le message « Ne fais pas ce que je fais, fais ce que je dis. » Ils obéissent malgré d'évidentes contradictions. Par exemple un père qui crie, la bouche pleine : « On aime les bonnes manières ici, mon garçon! » pousse son fils à adopter un comportement que lui-même n'applique pas.

Bien que nombre d'enfants acquiescent aux exigences parentales, ce n'est pas toujours de bonne grâce. Ils décident souvent de bouder. Dans leur petite enfance se produit un événement qui les oppose aux personnages investis d'autorité. Mais au lieu de se rebeller, ils s'accrochent à leur ressentiment, faisant à contre-coeur ce qu'on leur demande, continuant à bouder, et rejetant la faute sur les autres si quelque chose va mal [6].

Il arrive que les comportements de bouderie et de reproche proviennent d'un événement traumatique ayant causé à l'enfant une profonde blessure psychologique.

Exemple clinique

Dans le groupe de thérapie Brigitte était surnommée « La Boudeuse ». Elle semblait faire la moue la plupart du temps et parlait rarement. Bien qu'elle niât fermement avoir accumulé des ressentiments, elle entra dans une violente colère au cours d'une séance parce qu'une personne avait changé de groupe. Cet éclat l'amena à prendre contact avec d'anciens sentiments de colère éprouvés lorsque sa mère avait été internée avec l'accord de son père.

Alors qu'elle n'avait encore que trois ans, Brigitte avait failli être tuée. Sa mère devenue folle tenta de se jeter avec elle de la fenêtre d'un hôtel. Mais son père, conscient de la possibilité d'un suicide, entra dans la chambre et les éloigna toutes deux du rebord de la fenêtre. A la suite de cet incident, la mère de Brigitte fut internée à vie.

On envoya Brigitte vivre chez une tante à laquelle elle obéissait, mais toujours à contre-coeur. Son père lui rendait rarement visite, et elle restait de longs moments à bouder dans sa chambre.

Si quelque chose n'allait pas à l'école, elle le reprochait toujours à « la maîtresse, cette vieille idiote ».

Lorsque Brigitte commença à sortir avec des garçons, l'un de ses amis tenait rarement ses promesses et la faisait fréquemment attendre des heures. Après chaque déception, Brigitte se plaignait « Mais pourquoi faut-il que ça m'arrive toujours à moi? »

Brigitte put finalement admettre qu'elle en avait toujours voulu à sa mère et à son père de l'avoir abandonnée. En groupe de thérapie on observe souvent des comportements comparables chez des patients ayant perdu très jeunes l'un de leurs parents.

D'autres enfants, placés dans une situation semblable, réagissent différemment. Au lieu de bouder comme Brigitte, ils se montrent ouvertement hostiles ou bien se replient sur eux-mêmes dans la peur. Les enfants qui s'adaptent aux situations au moyen du retrait se renferment en eux-mêmes. Ils se sentent incapables de faire face directement au monde extérieur. Souvent, ils s'isolent des autres grâce à de fréquentes maladies ou à des activités – un violon d'Ingres par exemple – qu'ils peuvent pratiquer seuls. Ou ils trouvent leur retraite dans un champ, une ruelle, une cabane construite dans un arbre, leur chambre à coucher, ou bien leur univers fantasmatique intérieur.

Le retrait peut prendre des proportions dramatiques, comme l'illustre le cas de cet homme qui disparut pendant deux jours à la suite d'une dispute familiale. Sa femme affolée finit par le découvrir blotti dans un coin de la cave. Plus tard, parlant de son enfance, il révéla que lorsque ses parents entraient dans de violentes querelles, il se cachait des heures durant sous un lit, une couverture sur les oreilles. Sa famille était si nombreuse qu'on remarquait rarement son absence. Devenu adulte, en réagissant par le retrait après un conflit avec sa femme, il revivait le même schéma d'adaptation. Il rejouait une scène courante de son enfance.

Les enfants qui s'adaptent par le retrait peuvent le faire au niveau affectif au lieu du niveau physique. En quelque sorte, ces enfants « décrochent » et font souvent comme s'ils n'entendaient pas. Ils évitent ainsi les exigences de l'extérieur. Une fois « décrochés », ils se créent souvent un univers fantasmatique propre qui les protège des blessures, des conflits et des implications qu'ils entraînent. Les fantasmes de l'Enfant Adapté reflètent souvent l'apprentissage ou les expériences vécues dans la petite enfance. Un jeune garçon surpris par sa mère en train de voler un gâteau peut s'imaginer qu'il sera envoyé en prison pour avoir été si « vilain ». Une petite fille effrayée par son frère surgissant brusquement d'un placard en criant, peut penser que chaque armoire cache un homme. Un fantasme fréquent chez les personnes habituées, dans leur enfance, à être « vues mais pas entendues » consiste à se trouver dans une situation où elles ont besoin de parler ou de crier mais ne parviennent pas à émettre un son.

Les mass-media, ainsi que les attentes parentales, peuvent pousser l'enfant à déformer la réalité. Ces déformations prennent la forme d'imitations ou de fantasmes dans lesquels l'enfant devient, par exemple :

Le fier cow-boy qui fait trembler tout le monde dès qu'il apparaît.

Le surhomme (ou la « surfemme ») dont la vue à rayons X lui permet de faire échec au cambriolage de la Trésorerie générale.

La femme sans défense secourue dans sa corvée de lessive par un bel homme apportant un produit idéal.

L'adolescente qui se fait des amis grâce à ses éclatantes dents blanches et à sa mince silhouette vêtue d'un bikini.

La temporisation est encore un schéma courant de l'Enfant Adapté. Parce que l'Enfant Spontané désire se rebeller et dire « Je ne le ferai pas », et que l'Enfant Adapté n'ose pas, le Petit Professeur décide de suspendre l'action. Par cette suspension, l'enfant apaise quelque peu les autorités, et du même coup satisfait son désir intérieur de se rebeller. A la longue, la temporisation devient un schéma adaptatif.

Si un garçon qui entend sa mère appeler : « Alain, à table », répond aimablement : « une petite minute, maman », il évite, grâce à cette technique, à la fois de défier ouvertement sa mère, et de bondir à ses ordres. Une fille à qui on rappelle de mettre la table peut résister en disant « dès que cette émission sera terminée, maman ». La temporisation se poursuit souvent avec « juste une petite émission encore ». Les enfants apprennent à temporiser pour bien des raisons :

On leur donne trop d'ordres parentaux.

Une meilleure exécution pourrait provoquer la jalousie de leurs amis ou de leurs frères et soeurs.

S'ils se dépêchent de finir leurs corvées on leur en donne d'autres.

Quoi qu'ils fassent et quelle que soit leur manière de le faire, ce ne sera jamais assez bien.

S'ils attendent assez longtemps, quelqu'un d'autre le fera à leur place.

La temporisation peut faire partie intégrante du scénario psychologique – une façon de jouer son personnage. On l'observe chez la personne qui arrive constamment en retard : aux cours, à dîner, au bureau, aux réunions. La simple sonnerie du réveil déclenche la réaction : « encore dix petites minutes et je me lève ». Nombre de temporisateurs se dérobent devant les dates limites et réclament souvent un petit délai.

Le schéma de la temporisation est parfois mis à jour grâce à une technique consistant à demander aux patients d'imaginer leur épitaphe. Celle-ci résume souvent l'essence même de la trame dramatique. Voici les épitaphes de quelques personnes révélant la temporisation :

Elle était pleine de bonnes intentions, mais il y avait toujours quelque chose pour les contrecarrer.

Elle a essayé encore et encore, et finalement elle est morte.

Il n'a pas eu le temps.

Il n'a jamais pu démarrer.

L'un des patients écrivait son épitaphe sous forme de poème :

Ci-gît un dénommé Paul,
Qui en vérité n'était pas très grand.
Il essaya et essaya encore, jusqu'au jour de sa mort,
Mais n'y parvint jamais, cependant.

Une célèbre demeure nommée Winchester House, située à San José, en Californie, pleine de couloirs interminables et de portes ouvrant sur le vide ou sur des murs aveugles, pourrait bien avoir été construite par une femme convaincue que tant qu'elle retarderait l'achèvement de la maison, elle ne mourrait pas.

L'Enfant Adapté intérieur est souvent la partie tourmentée de la personnalité. Ceci est particulièrement vrai lorsqu'un enfant, né pour être gagnant, commence à ne pas se sentir OK, à se voir en perdant et à se conduire comme tel. Lorsqu'un homme se réfugie dans son bureau plutôt que d'affronter un conflit familial, lorsqu'une femme dit « oui chéri » à toutes les demandes de son mari, même si elles lui déplaisent, ou lorsque quelqu'un se sent troublé et n'arrive pas à avoir une réflexion autonome, c'est probablement à ces moments-là l'Enfant Adapté qui contrôle la personnalité. La personne peut alors se comporter (dans son Enfant Adapté) en

Pot de colle,   je-sais-tout,   méchante brute,   sirène séductrice,

sorcière,   sainte-nitouche,   ogre revêche,   ou Victime abattue.

Les possibilités sont légion.   La personne suradaptée a souvent besoin de conseils prodigués par des spécialistes pour retrouver son Enfant Spontané et recouvrer la faculté de rire, d'aimer et de jouer.

ALTERNANCE ENTRE L'ENFANT SPONTANE ET L'ENFANT ADAPTE

Chez certains, à l'intérieur même de leur état du moi Enfant, une bataille incessante se livre entre l'Enfant Spontané et l'Enfant Adapté. Emotions et comportements oscillent alors sans répit entre la soumission aux interventions parentales et la rébellion contre elles. Ce conflit s'observe communément chez la personne dont les parents n'autorisaient la joie et le plaisir que si certaines conditions sévères étaient remplies.   Arrivée à l'âge adulte, son Enfant intérieur peut rester inlassablement en quête d'approbation, et, selon Berne, « ... une maladresse qu'on essaie d'excuser remplace l'authenticité dans un comportement social » [7].

Exemple clinique

Bien qu'il eût quarante ans, Hervé s'inquiétait sans cesse de ses rapports avec sa mère. Entre deux visites chez elle il répétait dans sa tête comment il lui expliquerait que sa femme et lui avaient décidé que leur fils n'avait plus besoin d'aller à l'école du dimanche. Mais quand il se trouvait effectivement face à sa mère, Hervé ne lui faisait pas part de sa décision. Au lieu de cela, il inventait des anecdotes sur les enfants pour lui faire plaisir. Quant aux enfants, ils vivaient un violent conflit concernant ce qu'ils devaient dire ou faire en présence de leur grand-mère.

La mère d'Hervé était la personne la plus importante dans la trame dramatique de sa vie, qu'elle continuait à diriger. Bien qu'il fût malheureux — balançant entre l'envie de se soumettre à ses désirs et celle de se rebeller contre ceux-ci — il finissait toujours par rechercher son approbation.

Une lettre reçue par Ann Landers[1] illustre un problème de personnalité identique :

Chère Madame,

Ce problème m'a gênée des années durant et j'ai été tentée à plusieurs reprises de vous écrire. A présent je dois le faire. Il s'agit de ma mère. Bien que je sois une femme adulte et que j'aie mes propres enfants, ma mère est restée la personne la plus importante de ma vie. J'ai toujours pensé qu'elle ne m'avait jamais aimée, et quels que soient mes efforts pour lui plaire, d'une façon ou d'une autre, je tombe toujours à côté.

Mes frères et soeurs ne s'occupent pratiquement pas de maman, et pourtant elle les traite bien mieux que moi. Elle est toujours en train de leur téléphoner et de leur rendre visite (en fait, elle s'invite elle-même). Et moi je dois la supplier de venir chez nous.

Ce problème est en train de gâcher mon mariage et jette une ombre sur toute ma vie. Je vous en prie, dites-moi ce qui ne va pas et ce que je peux faire. Mon mari me dit de « laisser tomber ».

Une fille mal-aimée [8]

La recherche d'une approbation parentale qui n'arrive jamais peut préoccuper les individus à un point tel qu'ils n'agissent plus dans « l'ici et maintenant » au cours des relations vécues dans le présent. Au lieu de vivre ce moment présent ils continuent de jouer la même ancienne scène de conflit intérieur.

L'ACTIVATION DE L'ETAT DU MOI ENFANT

Dans *La Chute*, Camus dit, « Au bout de toute liberté, il y a une sentence; voilà pourquoi la liberté est trop lourde à porter, surtout lorsqu'on souffre de fièvre, ou qu'on a de la peine, ou qu'on n'aime personne. » C'est à de tels moments — lorsqu'on est blessé, malade,

---

[1] N.d.T. Ann Landers tient une rubrique du style « courrier du coeur » dans le *Oakland Tribune*, où elle offre des conseils comparables à ceux de Ménie Grégoire, ou de Marcelle Ségal dans *Elle*.

fatigué, inquiet, ou soumis à d'autres formes de tension — que l'état du moi Enfant est susceptible d'apparaître. Quand on se sent partiellement ou complètement incapable d'agir on a recours aux seules réactions habituelles de son enfance :

Se replier sur soi-même

Essayer encore et encore

Se plaindre de ses maux et de ses douleurs

Exiger l'aide des autres

Cacher sa fatigue sous une apparence de gaieté

Malades, nous réclamons généralement les mêmes aliments — thé, tisane, soupe, compote — auxquels nous nous sommes habitués lorsqu'étant enfants nous étions malades. Le Petit Professeur croit voir dans ces aliments une sorte de potion magique, et nous les consommons même si notre Enfant Spontané a plutôt envie de glaces ou de confiture [9].

Lorsqu'une personne est fatiguée, son Enfant Spontané désire quelquefois dormir ou ne rien faire. Mais son Enfant Adapté n'ose peut-être pas céder à de tels sentiments, et ce d'autant plus si le bien est assimilé à une activité constante. Pour régler le conflit intérieur, le Petit Professeur pourra imaginer un moyen de satisfaire les deux parties en faisant un petit somme.

Lorsqu'on est inquiet, l'Enfant Spontané a souvent envie d'avoir quelque chose à la bouche — une cigarette, un bonbon ou un chewing gum — ou de boire. L'Enfant Adapté peut temporiser et refuser de faire face au problème, ou attendre que d'autres le résolvent. Si le Petit Professeur fait son entrée, on aboutit à une solution valable ou bien on invoque une magie quelconque pour faire disparaître le problème.

Chez une personne grièvement blessée, l'Enfant Spontané peut désirer crier, pleurer et réclamer des soins. L'Enfant Adapté, lui, se retirera plutôt dans une souffrance muette, surtout s'il a appris dans l'enfance que les pleurs provoquaient une fessée. Le Petit Professeur se rendra compte qu'il suffit d'avoir l'air pitoyable pour que ses désirs soient satisfaits, ou évitera de voir le médecin en cachant sa blessure. Chacun possède ses réactions propres. Nombre de situations, une fête, un examen, un jour de congé, des vacances, un héritage inattendu, un avancement, un licenciement, etc. peuvent activer l'état du moi Enfant.

Lors d'une fête par exemple, l'Enfant Adapté d'une personne se sent intimidé ou mal-aimé, et regrettera d'être venu. Puis son Petit Professeur découvre que l'alcool met le Parent inhibiteur hors de combat, et sa timidité s'atténue. Si la personne boit encore, elle élimine également son Adulte, ce qui la laisse à la merci de son Enfant sans protection. Ayant perdu son contrôle interne, elle risque alors d'adopter un comportement imprévisible provenant d'une quelconque partie de son état du moi Enfant, et est capable de se battre, de jurer, de chanter, de danser, d'injurier son hôtesse, ou de devenir amoureux. A la longue, l'Enfant peut succomber à l'alcool, et la personne « perd connaissance ».

Une autre personne arrive à la même fête avec son Enfant Spontané prêt à rire, à jouer et à s'amuser. Si son Parent est moins intolérant que dans le cas précédent, elle ne ressentira pas le même besoin d'alcool et sa compagnie pourra être un véritable plaisir; ou bien, si la raison ne tempère pas les élans de son Enfant Spontané, elle s'appropriera égoïstement la scène toute la soirée durant. Dans ce dernier cas, elle risque de provoquer le Parent critique ou l'Enfant irrité de quelqu'un qui désire avoir aussi sa place sous les projecteurs.

En plus des tensions et de situations particulières, certaines transactions tendent également à activer l'Enfant. Lorsqu'une personne se montre dans son état du moi Parent, l'autre a des chances de ressentir son Enfant. Les commentaires Parentaux du genre suivant « accrochent » généralement l'Enfant :

Un mari à sa femme : (d'un air critique)	Quelle pagaille ici! Mais qu'est-ce que tu as bien pu fabriquer toute la journée?
Une secrétaire à son patron : (d'un air protecteur)	Et n'oubliez pas de prendre votre parapluie quand vous partirez déjeûner. Il ne faut surtout pas que vous preniez froid!
Un enfant de huit ans à un autre enfant de huit ans : (d'un air méprisant)	Tu ne sais rien faire correctement. Tu ne sais même pas attraper un ballon.

Les commentaires émanant de l'état du moi Enfant comme ceux qui suivent peuvent aussi « accrocher » l'état du moi Enfant de l'autre :

Un garçon à une fille : (d'un air admiratif)	Comme tu es belle!
Une fille à un garçon : (d'un air admiratif)	Comme tu es grand et fort!
Un(e) vendeur(se) à un(e) vendeur(se) : (les yeux brillants)	Et si on allait prendre un verre après le travail?
Un(e) employé(e) à un(e) employé(e) : (avec colère)	Je suis tellement en colère que tu m'aies humilié(e) devant le patron que j'ai envie de te cracher en pleine figure.

Bien que certaines situations et transactions favorisent l'activation de l'Enfant, celui-ci ne s'exprime pas forcément. Nombre de gens agissent très bien par leur état du moi Adulte bien qu'ils entendent intérieurement les enregistrements de leurs souvenirs d'Enfant.

RESUME

Tout le monde possède une petite fille ou un petit garçon intérieur. Lorsque vous agissez et vous sentez aujourd'hui comme lorsque vous étiez enfant, vous êtes dans votre état du moi Enfant.

L'Enfant Spontané se sent libre et fait ce qu'il veut. Quand vous êtes expressif(ve), affectueux(se), joueur(se), égoïste, ou défendez vos propres droits, vous exprimez probablement votre Enfant Spontané.

Le Petit Professeur est le gosse malin qui existe en chacun de nous. Si vous vous sentez intuitif(ve), si vous avez un éclair de génie, si vous créez pour le plaisir, ou manipulez quelqu'un pour en obtenir ce que vous voulez, c'est votre Petit Professeur qui entre en jeu.

L'Enfant Adapté est l'enfant dressé à avoir une certaine conscience sociale mais qui ne se sent parfois pas du tout OK. Quand vous êtes courtois(e), soumis(e), quand vous évitez une confrontation, quand vous temporisez, ou ne vous sentez pas OK, vous exprimez probablement votre Enfant Adapté.

L'état du moi Enfant peut entrer en action si quelqu'un d'autre fait preuve d'un comportement parental, ou à certains moments de dépendance, par exemple au cours d'une maladie, ou lors d'un divertissement, par exemple au cours d'une fête.

L'Enfant est à l'origine de la conception que l'on a de soi. Votre sentiment d'être gagnant(e) ou perdant(e) provient probablement de votre état du moi Enfant.

EXPERIENCES ET EXERCICES

Les individus se souviennent de leur enfance avec une intensité variable. Certains en ont gardé bonne mémoire, d'autres trouvent difficile de se rappeler quoi que ce soit. Si vous désirez aviver votre mémoire, revivre des émotions de l'enfance, et collecter des données sur votre état du moi Enfant, réservez-vous un moment pour les expériences et exercices suivants. Certains vous donneront accès à une compréhension affective aussi bien qu'intellectuelle de vous-même.

La compréhension affective vient avec une connaissance accrue de soi. C'est le moment de la découverte de soi-même, où la personne dit « Ah bon! ». Perls décrit ce phénomène du « ah bon » comme le moment où « quelque chose fait « tilt », et tombe en place; chaque fois qu'une Gestalt est close se produit ce « tilt » du « ah bon », le choc de la reconnaissance » [10]. L'accumulation de données amène la compréhension intellectuelle. C'est un processus de réflexion, souvent analytique, à la fin duquel la personne conclut fréquemment « C'était donc ça! »

1. Le foyer de votre enfance

Fermez les yeux. Imaginez-vous de retour dans la première maison que vous vous rappelez avoir habitée. Laissez venir les images. N'y mettez pas ce qui *devrait* y être selon vous. Seulement ce que vous y *voyez*.

- Que voyez-vous effectivement? Des personnes? Des meubles? D'autres objets?
- Repérez bien les détails de la pièce — les couleurs, les formes, les décorations, les portes, les fenêtres, etc.

A présent, tâchez de revivre ce foyer avec vos autres sens :

- Qu'entendez-vous? Que sentez-vous? Que goûtez-vous? Que touchez-vous?
- Remarquez bien les émotions ressenties lorsque vous revivez le passé.

A présent, prenez conscience des personnes présentes dans le foyer de votre enfance :

* Regardez leurs visages, leurs gestes, leurs attitudes, leurs vêtements.
* Comment agissent-elles l'une sur l'autre? Comment agissent-elles sur vous?
* Quel genre de représentation est en train de se dérouler? Une comédie? Une farce? Une tragédie? Une saga? Ou quoi d'autre?
* Quels rôles joue-t-on? Qui sont les Victimes, les Sauveteurs, les Persécuteurs? Quels sont vos rôles dans l'action?

Il vous faudra peut-être plus d'une visite pour retrouver les souvenirs de la maison de votre enfance. Peut-être avez-vous plus d'une maison à visiter.

2.   Reprendre contact avec votre enfance

Ressortez l'album familial ou toutes les photos que vous possédez de vous enfant. Etudiez longuement ces photos. Laissez émerger vos souvenirs :

* Etait-ce une époque heureuse? Malheureuse? Sérieuse?
* Que se passait-il alors dans votre vie?
* Comparez ce que vous étiez bébé, petit enfant, enfant d'âge scolaire.
* Qu'y a-t-il dans ces photos que vous retrouvez en vous-même aujourd'hui?
* Y a-t-il quelque chose dans ces photos que vous aimeriez retrouver en vous-même aujourd'hui?

Après vous être fait une image de vous-même enfant, emmenez cet enfant dans une promenade imaginaire jusqu'à un coin tranquille, peut-être une retraite préférée de votre enfance. Faites connaissance.

* Ecoutez les peines, les joies, les aspirations de votre Enfant intérieur.
* Quelle opinion cet enfant a-t-il de lui-même?
* N'abandonnez pas cet exercice avant d'avoir découvert quelque chose d'entièrement nouveau sur vous-même enfant.

3. L'Enfant en vous maintenant

Tâchez de découvrir ce qui, aujourd'hui, stimule votre état du moi Enfant. Commencez par prendre conscience de votre façon d'agir :

- Lorsque vous êtres sous tension, malade, fatigué(e), déçu(e), etc.
- Lorsque quelqu'un se conduit en Parent envers vous.
- Lorsque l'Enfant en une autre personne provoque ou invite l'Enfant qui est en vous.
- Lorsque vous allez à une réception.
- Lorsque vous désirez obtenir quelque chose de quelqu'un d'autre.

Ensuite, tâchez de découvrir si vous avez l'habitude de « vous montrer » Enfant à des moments inappropriés.

- Avez-vous parfois des paroles ou des actions qui vous font réprouver des autres ou ridiculiser à leurs yeux?
- Avez-vous parfois des paroles ou des actions qui provoquent leur éloignement ou leur gêne?
- Y a-t-il certaines personnes avec lesquelles vous êtes généralement dans votre état du moi Enfant? Si oui, pourquoi? Lorsque vous avez des transactions avec elles, comment vous sentez-vous et comment agissez-vous? Quelle part de responsabilité assumez-vous dans la nature de la transaction?

Si vous découvrez des schémas de comportement Enfant inappropriés, examinez les autres façons d'agir que vous pourriez avoir.

4. Conscience de vos fantasmes

La prochaine fois que vous vous « couperez » de ce qui se passe autour de vous, prenez conscience de ce qui se passe en vous.

- Partez-vous en voyage imaginaire dans un endroit particulier?
- Parlez-vous à une personne particulière? Discutez-vous? Séduisez-vous? Implorez-vous? Vous battez-vous?
- Répétez-vous un événement à venir?

- Jouez-vous un rôle de surhomme ou de « surfemme », ou d'une façon quelconque vos pensées s'orientent-elles vers des souhaits?
- Pouvez-vous identifier la partie de votre état du moi Enfant d'où part le fantasme?
- Qu'advient-il de votre capacité d'entendre les autres lorsque vous vivez un fantasme?

5. Vos adaptations au cours de l'enfance

Repensez aux méthodes — verbales et non-verbales — employées pour votre éducation. Tâchez de comparer ce que vous *vouliez* faire (par exemple, grimper sur les genoux de papa, vous coucher tard, jouer dehors avec vos camarades) à ce que vous *deviez* faire (par exemple, rester stoïque, vous coucher tôt, faire les corvées avant d'aller jouer).

- De quels mots, de quels regards, vous faisait-on obéir?
- De quels mots, de quels regards, vous encourageait-on?
- Quelles limites imposait-on à vos activités?
- Etaient-elles logiques et nécessaires, ou inutilement répressives?

A présent, sélectionnez un incident particulier et revivez-le en imagination.

- Revoyez les personnes présentes.
- Entendez ce qui s'est dit.
- Eprouvez à nouveau ce que vous avez éprouvé alors.

A présent, demandez-vous :

- Quand vous arrive-t-il d'éprouver les mêmes sentiments actuellement?
- Vous arrive-t-il d'agir *aujourd'hui* envers quelqu'un comme vos parents ont alors agi envers vous?

Quels étaient vos schémas d'adaptation aux exigences parentales?

- Vous soumettiez-vous? Quand?
- Vous repliiez-vous sur vous-même? Quand?
- Temporisiez-vous? Quand et comment?

- L'un de ces schémas de comportement prédominait-il par rapport aux autres?
- Comment voyez-vous ces schémas se manifester dans votre drame de vie actuel?

A quel point vos schémas d'adaptation de l'enfance sont-ils appropriés à votre vie présente?   Quelles adaptations avez-vous apprises qui restent :

- Utiles?
- Sources de confusion?
- Inhibitrices de vos possibilités?
- Destructrices pour vous ou les autres?

Si vous avez découvert des schémas adaptatifs qui vous gênent aujourd'hui, pensez à des comportements *contraires.*

- Si vous avez l'habitude de vous soumettre aux exigences des autres, que se passerait-il si au contraire vous refusiez?
- Si vous vous repliez fréquemment sur vous-même, que se passerait-il si au contraire vous vous engagiez avec les autres?
- Si vous avez coutume d'utiliser la temporisation, que se passerait-il si vous cessiez de suspendre l'action et preniez quelques décisions rapides?

Lorsque vous avez pensé à des comportements contraires, l'enregistrement d'un ancien souvenir Parental s'est-il mis en route dans votre tête?

- Si oui, ressouvenez-vous des mots.   Puis dites-les à haute voix. Quels souvenirs ces mots évoquent-ils dans votre Enfant?
- Asseyez-vous sur une chaise, et imaginez votre Parent assis en face de vous.   Servez-vous des mots entendus pour entamer le dialogue.
- A présent, dites à votre Parent que vous allez effectuer une expérience de comportements différents, mais que vous n'allez rien faire de destructif, ni pour vous ni pour les autres.

Votre Enfant Adapté adopte souvent une position de sous-fifre. Et votre état du moi Parent occupe souvent la position de grand-chef. Ce sont peut-être là des pôles de votre personnalité. Un Parent trop exigeant peut être un de ces pôles et l'Enfant qui rechigne, se soumet, ou se replie sur lui-même peut être l'autre pôle.

- Pouvez-vous reconnaître des positions de grand-chef et/ou de sous-fifre en vous?
- Pouvez-vous les rapporter à vos états du moi Parent et Enfant?

Après avoir éclairci les polarités à l'intérieur de vous-même, laissez vos deux poings représenter ces polarités. Décidez quel poing va représenter votre position grand-chef, et lequel votre position sous-fifre. Laissez vos deux poings se parler.

- Y en a-t-il un qui l'emporte sur l'autre? Est-ce la meilleure fin possible? Sinon, tentez d'arriver à un compromis ou à une réconciliation, ou bien prenez fermement position contre toute opposition.

6. Perte d'un parent

Cette expérience est destinée aux personnes ayant perdu l'un de leurs parents autrement que par décès — c'est-à-dire, par divorce, abandon, hospitalisation, départ pour la guerre, voyages d'affaires prolongés.

Ci cela vous est arrivé, demandez-vous :

- Comment vous a-t-on expliqué l'absence de ce parent? Aviez-vous le droit d'en parler?
- Quelles questions posiez-vous? Comment y répondait-on?
- Reprochiez-vous l'absence de ce parent à quelqu'un?
- Si ce parent revenait de temps à autre, étiez-vous heureux(se)? Confus(e)? Lui en vouliez-vous? Ou quoi d'autre?
- Les choses changeaient-elles lorsque ce parent revenait?

A présent appliquez la technique de la chaise. Dites au parent ce que vous éprouviez lorsqu'il vous laissait. Permettez-lui de vous répondre. Exprimez vos sentiments. Quand le moment vous semblera bon, essayez de lui pardonner.

L'expérience suivante est destinée aux personnes ayant, dans leur enfance, perdu l'un de leurs parents par décès. Faites-la à un moment où vous vous sentez fort(e), et non « abattu(e) ». Revivez tout ce que vous pourrez supporter de revivre. Peut-être voudrez-vous le faire par étapes et à petites doses.

Revenez par l'imagination au jour de la mort de votre parent.

• Qui vous l'a appris? Qu'avez-vous fait?

• Comment vous êtes-vous senti(e)? Triste? En colère? Abandonné(e)?

• Qu'ont fait ou dit les autres personnes?

A présent imaginez ce parent sur une chaise en face de vous. Racontez-lui ce qui vous est arrivé ce jour-là et comment vous vous êtes senti(e). Exprimez vos sentiments.

• Après avoir exprimé tout ce que vous avez senti le besoin d'exprimer (ce qui peut nécessiter plusieurs séances), dites-lui « au revoir ».

7.   Votre Petit Professeur

Dans quelle mesure votre intuition — votre faculté de capter les messages non-verbaux et de suivre vos impressions — est-elle juste?

• Choisissez plusieurs personnes dans des situations diverses et qui accepteraient de vous renseigner honnêtement sur leurs pensées et leurs sentiments. Ceci peut se faire à table, dans une voiture partagée avec des collègues, au bureau, etc. Choisissez des personnes différentes — par le sexe, l'âge, la race, etc.

• Demandez-vous : « Qu'est-ce que cette personne ressent vis-à-vis de moi ou de la situation? Que pense-t-elle de moi (de la situation)? »

• Vérifiez immédiatement auprès de l'autre personne si vos conclusions sont exactes.

• Jusqu'à quel point votre intuition est-elle juste? Avez-vous raison la plupart du temps? Quelquefois? Rarement?

• Y a-t-il un type de personne que vous « lisiez » plus facilement que d'autres?

Passez en revue votre créativité :

- Au cours de la semaine passée, avez-vous essayé d'accomplir quelque chose d'une façon nouvelle? Avez-vous songé à une idée neuve? Donné une forme nouvelle à d'anciens sujets, d'anciennes idées, d'anciennes relations?
- Pouvez-vous lier votre créativité ou votre manque de créativité à un événement ou à une circonstance particuliers de votre enfance?
- Vos enregistrements de souvenirs vous offrent-ils des messages encourageants ou décourageants en ce qui concerne votre créativité?
- Si vous sentez en vous un manque d'expression créative, essayez de faire quelque chose d'une façon nouvelle cette semaine.

Rappelez-vous vos talents de manipulation :

- Que faisiez-vous pour obtenir ce que vous vouliez? Feigniez-vous une maladie? Obéissiez-vous? Usiez-vous de votre charme? Boudiez-vous? Piquiez-vous une colère? Ou quoi d'autre?
- Sur qui faisiez-vous pression facilement?
- Y avait-il quelqu'un que vous vous sentiez incapable d'influencer?
- A présent, pensez aux personnes à qui vous avez affaire actuellement. De quelle façon pensez-vous les manipuler? Si possible, demandez-leur ce que vous faites.

Vous rappelez-vous ce qui vous semblait magique lorsque vous étiez enfant?

- Voir apparaître ou disparaître quelque chose?
- Vous sentir comme un géant ou un nain entouré de géants?
- Croire que quelqu'un ou quelque chose viendrait à votre secours?
- Avoir un porte-bonheur sur vous?

Comment cela s'est-il reporté sur votre vie d'adulte?

- Attendez-vous encore d'être secouru(e)?
- Vous arrive-t-il encore d'avoir l'impression d'être un nain ou un « rien du tout »?

• Comptez-vous sur la « magie » de votre sourire?   De votre toucher? De votre manière de parler? De vos gestes?

Y a-t-il des gens dans votre entourage actuel qui vous paraissent posséder des vertus magiques?

• Y a-t-il quelqu'un qui vous semble être une sorcière? Un ogre? Une marraine de conte de fées? Un magicien?

• Offrent-ils des ressemblances avec les personnes de votre passé?

• Sont-ils des personnages de votre scénario?

8. Vous comme Enfant Spontané

Peut-être faites-vous partie du grand nombre de personnes qui ont perdu quelque peu leur capacité d'enfant à ressentir le monde de leur façon propre et unique.   Cette expérience vous permettra d'établir un meilleur contact avec vos sens.

• Allez dans un lieu où vous vous sentez à l'aise, de préférence dehors.   Concentrez votre vue sur un objet comme si vous ne l'aviez encore jamais vu.   Prenez conscience de sa taille, de sa forme, de sa couleur, de sa texture, etc.   A présent, laissez-le disparaître dans l'arrière-plan qui, lui, revient dans votre champ de vision.   Répétez cet exercice avec d'autres objets.

• A présent, concentrez-vous pour écouter quelque chose d'extérieur à vous.   Quels sons sont continus?   Lesquels sont intermittents? Soyez conscient(e) de leur intensité et de leur timbre.

• Ensuite, concentrez-vous sur le goût que vous avez dans la bouche.   Comment est-il?   Passez la langue sur les dents.   Que sentez-vous?

• Puis concentrez-vous sur la surface de votre peau.   Ressentez-vous de la chaleur, du froid, de la douleur?   Déplacez votre attention sur différentes parties de votre corps, en partant du sommet de la tête jusqu'aux orteils.

• Répétez l'exercice ci-dessus chaque jour pendant quelques minutes.   Laissez la connaissance sensorielle devenir une habitude pour vous.

Qu'est-ce qui vous faisait vraiment plaisir dans votre petite enfance?   Choisissez une chose qu'il est acceptable de faire mais que vous n'avez pas faite depuis longtemps.   Essayez de la refaire.

- Si vous preniez plaisir à rester couché(e) sur le dos et à inventer des images dans les nuages, réservez-vous un moment pour trouver un coin où vous pourrez à nouveau vous allonger et regarder les nuages.

- Si vous aviez plaisir à ôter vos chaussures et à marcher dans la boue, ou à courir dans le sable mouillé, ou à piétiner les feuilles mortes en automne, pourquoi ne pas recommencer à la première occasion?

- Laissez les rayons du soleil pénétrer votre peau et concentrez-vous sur les sensations apportées à votre corps.

- Trouvez un arbre où vous pouvez grimper et restez-y perché(e) un moment.

- Faites voler un cerf-volant. Faites une randonnée. Dégustez un esquimau.

- Comme un enfant, amusez-vous. Prenez-y plaisir. Les gagnants ne s'en privent pas.

7

L'IDENTITE PERSONNELLE ET SEXUELLE

Nous ne cesserons pas d'explorer
Et la fin de toute notre exploration
Sera d'arriver d'où nous sommes partis
Et pour la première fois, d'en reconnaître le lieu.
    T. S. Eliot

Chacun ressent des impulsions naturelles, « devine » comment il doit s'accommoder du monde et s'adapte d'une manière qui lui est propre. Chacun, quel que soit son âge, son raffinement, son niveau d'instruction, agit par moments dans son état du moi Enfant. L'état du moi Enfant renferme le premier sentiment d'identité de la personne, son scénario de vie, les jeux qu'elle joue, ses positions de vie et ses tendances gagnantes et perdantes — tous ces éléments étant susceptibles d'être renforcés par l'état du moi Parent. Si le Parent intérieur dit : « pourquoi donc a-t-il fallu que tu naisses? », l'état du moi Enfant en toute probabilité adoptera la position « je ne vaux rien » ou « je ne mérite pas de vivre ».

LE NOM ET L'IDENTITE

Le nom a une importance primordiale pour l'identité d'un individu. Bien qu'en principe le nom ne doive pas changer le caractère de la personne, il apporte souvent une contribution, positive ou négative, à son scénario, par les messages qu'il transmet à l'enfant.

D'après son acte de naissance, un garçon s'appelle Jean-François Lemercier. Il peut toutefois se faire appeler

Jean (par un ami)

  Jean-François (par son père)

    Jeannot (par sa mère, lorsqu'elle est contente)

Jean-François Lemercier (par sa mère, lorsqu'elle est mécontente)

Chacune de ces variations sur le nom reflète une connotation affective de la part de celui qui l'emploie. Chacun donne au garçon un message différent auquel se conformer. Et chacun suscite en lui une réaction différente.

Albert, aujourd'hui banquier, raconte qu'à sept ans il avait décidé de se faire appeler Bébert. Cette action de son Petit Professeur réussit à couper court aux taquineries des autres enfants et à leur habitude de le traiter de fillette. Un autre patient rapporte qu'il devait sans cesse se défendre à cause de son nom de famille qui était Francis[1]. Berthe, une jolie femme au foyer, changea son prénom pour celui de Marie à cause des visions d'éléphant qu'évoquait immanquablement pour elle ce nom de Berthe. Certains manifestent leur aversion pour l'identité contenue dans leur prénom en choisissant de porter leur second prénom ou leurs initiales.

Beaucoup d'enfants dénommés « Fils » ou « III » (aux Etats-Unis en particulier) supposent qu'il leur faudra suivre les traces de leur père. La même chose peut se produire lorsqu'on désigne le père et le fils par le « Grand » Pierrot et le « Petit » Pierrot. Dans les deux cas, le fils risque de se dire qu'il ne sera jamais à la hauteur de papa. Par la suite, il finit par se sentir coupable ou incapable, bref, pas OK d'une manière ou d'une autre. De plus, il peut avoir l'impression de n'être qu'un double au lieu d'un original, confondant sa propre identité et celle de son père.

Nombre d'enfants reçoivent des prénoms symboliques tirés de la littérature, de la généalogie familiale ou de l'histoire et sont censés s'y conformer. Par exemple, des enfants aux noms bibliques tels David ou Salomon, Marthe ou Marie, pourront apprendre à s'identifier à ces prénoms ou décider de se rebeller contre l'attente impliquée. Un Salomon pourra se présumer plus sage qu'il ne l'est véritablement. Une Marthe pourra s'irriter de ce que ses intérêts sont censés résider dans sa cuisine plutôt que « dans les choses de l'esprit ».

Exemple clinique

Lorsque naquit le douzième enfant de Sarah et de Philippe, un pasteur, celui-ci ouvrit la bible au hasard à la recherche d'un verset

---

[1] N.d.T. Francis est souvent considéré en anglais comme un nom efféminé, commun dans les milieux homosexuels.

des écritures pour trouver un nom convenable à son fils. Ses yeux tombèrent sur le passage « Tu le nommeras Jésus ». Les deux parents s'en trouvèrent fort inspirés et Sarah remarqua que l'enfant était né sans douleur. De peur que leurs voisins ne les jugent par trop « fiers », les parents transformèrent le nom de Jésus en celui de Joseph. Joseph fut le préféré de la famille et traité comme un enfant exceptionnel qui accomplirait de grandes choses.

Joseph avait trente-trois ans lorsqu'il commença une thérapie avec sa femme. Elle menaçait de le quitter et se plaignait ainsi : « ou il exige d'être traité comme un prince, ou il parcourt la maison avec des airs de martyr ». L'un des commentaires préférés de Joseph, concernant son travail de délégué à la liberté surveillée, était qu'il se sentait « cloué sur sa croix ».

Les noms aux consonances étrangères sont souvent aussi lourds à porter que les noms symboliques. Aux Etats-Unis, pendant les deux guerres mondiales, nombre de familles aux noms allemands furent persécutées ou furent l'objet de discriminations. Tout au long de l'histoire, beaucoup de familles juives subirent le même sort. Il est fréquent aux Etats-Unis que les familles au nom étranger compliqué le raccourcissent ou l'anglicisent pour mieux s'intégrer au nouveau scénario culturel. Toutefois, en désavouant ainsi leur identité basée sur des traditions, elles aboutissent souvent à un sentiment de déracinement et à une rupture de générations entre ceux nés au « vieux » pays et ceux nés en terre nouvelle.

Le nom de famille reflète généralement l'héritage familial et donne des indications — agréables ou désagréables — sur le scénario culturel de la personne. Certains s'identifient à tel point à leur nom de famille qu'ils se font appeler presque exclusivement par ce nom.

L'importance du nom de famille varie suivant les cultures. Au Japon, par exemple :

La primauté du nom de famille et l'importance de sa sauvegarde sont telles que si un couple aux moyens suffisants n'a qu'une fille, il adoptera souvent l'homme qu'elle désire épouser. Celui-ci prend alors le nom de la famille, assurant ainsi sa continuité. Cette pratique, appelée *mukotori*, est communément acceptée au Japon. Dans le cas où la fille unique d'une famille prospère épouse un homme que ses propres raisons familiales empêchent de changer de nom, il arrive que la famille adopte officiellement un couple adulte qui portera alors son nom. Cette pratique sert souvent à préserver et à continuer un commerce ou une entreprise familiale. Ces deux coutumes démontrent l'intensité du souci japonais pour le nom de famille! [1]

La tradition, en Occident, veut que la femme, lorsqu'elle se marie, abandonne son nom de famille pour prendre celui de son époux. « Les cultures espagnoles, cependant, ajoutent le nom de jeune fille de la mère au nom de famille, reconnaissant les deux ascendances au lieu de la seule ascendance du père » [2].

Quoiqu'une pratique semblable à celle des Espagnols ait été courante dans la jeune Amérique, elle est aujourd'hui fort rare. Le résultat en est que nombre de femmes mariées — souvent sans s'en rendre compte — perdent le sentiment de leur première identité associée à leur nom de jeune fille. Ainsi que le racontait une femme : « Un jour que j'étais seule à la maison et que je m'ennuyais, j'ai sorti mes albums de photos d'étudiante et je les ai feuilletés. J'étais stupéfaite par la jeune femme dynamique représentée là — décrochant des bourses d'études, active sur le plan politique, discutant en équipe. C'était *moi*! Que s'était-il donc passé en route? Le fait de devenir Madame Robert avait-il fait de moi une personne différente? »

L'« union psychique symbiotique » est une expression d'Erich Fromm décrivant l'état de deux adultes qui vivent l'un de l'autre, en quelque sorte comme l'enfant à naître vit de sa mère enceinte [3]. Le lien symbiotique, parfois symbolisé par l'usage d'un nom de famille commun, peut mener au schéma névrotique de l'incorporation/ identification. Cet attachement peut se produire dans le mariage, dans les relations de travail et même dans les relations d'amitié. Ainsi que l'expose Anthony Storr :

Incorporer quelqu'un c'est l'avaler, l'écraser et le détruire; en fin de compte, c'est le traiter comme une personne qui n'est plus intégralement elle-même. S'identifier à quelqu'un c'est se perdre, submerger sa propre identité dans celle de l'autre, être écrasé, donc se traiter en fin de compte comme une personne n'étant plus tout à fait elle-même [4].

Quoique prénom et nom de famille affectent tous deux le sentiment de l'identité et de la destinée, surnoms, diminutifs et qualificatifs divers ont une influence plus grande encore sur certaines personnes. Ces qualificatifs sont descriptifs et peuvent être affectueux ou dégradants, leur effet peut être positif ou négatif. Un surnom attribuant un scénario peu réaliste ou injuste à l'enfant a toujours un effet négatif et dévalorisant.

Certains surnoms évoquent des images physiques. Des surnoms comme La Grosse, Fil-de-fer, Taches de rousseur, Vénus, Blondinette,

Cuisse-de-mouche, Minus, Tête-à-claques, Fossette, sont tous orientés vers l'apparence physique.

D'autres impliquent des caractéristiques du comportement. Par exemple Imbécile, Bichette, Monstre, Abruti, Balourd, Ange, Pierrot-le-fou, donnent tous à l'enfant la « permission » d'agir de façon particulière.

Exemple clinique

« Buteur » était le surnom d'un garçon de quatre ans, surnom donné par son père qui avait obtenu des succès dans l'équipe de football à l'Université grâce à ses jambes musclées et qui était fier des jambes de son jeune fils. Il commentait à tout bout de champ : « ce garçon a un coup de pied formidable ». A l'école maternelle, l'enfant donnait souvent des coups de pied aux autres enfants pour obtenir ce qu'il voulait et s'en prenait même à la maîtresse. Lorsqu'elle essayait de lui faire la leçon, il se vantait : « mais j'ai un coup de pied formidable, demandez donc à mon papa ».

En un sens, Buteur agissait selon son surnom, mais d'une façon agressive, qui n'était plus liée au « bon » sens initial, constructif. Il rendait la vie impossible à sa famille, ses amis et ses camarades d'école. En thérapie, ses parents prirent conscience des éléments de scénario impliqués par son surnom. Ils lui avaient involontairement donné la « permission » de se conduire de façon agressive vis-à-vis des autres. Il avait adapté ce thème de scénario pour en faire « buteur-de-colère ». Les parents abandonnèrent l'usage du surnom pour n'appeler leur fils que par son prénom, Alain, et demandèrent à leur entourage de faire de même. Le comportement de l'enfant ne tarda pas à s'améliorer et il renonça finalement à être Le Buteur.

Certains enfants sont commandés ou grondés au moyen d'épithètes péjoratives. Cette façon de qualifier est une forme perverse de dévalorisation. Certains enfants sont traités avec une indifférence presque totale ou sont appelés « Dis donc, toi » ou « Gamin ». D'autres arrivent quelquefois à la maternelle sans même connaître leur nom. De tels enfants, à qui manque tout sentiment d'identité, se sentent irréels ou comme s'ils « n'étaient rien ».

Lorsqu'un qualificatif cause une douleur inutile à un enfant, la vieille maxime anglaise « les coups de bâton peuvent me briser les os, mais les mots ne peuvent m'atteindre »[1] est peut-être *moins* vraie que le proverbe anatolien selon lequel « la blessure du bâton s'apaise, mais celle des mots brûle éternellement. »

L'IDENTITE PAR LE JEU

Le nom n'est qu'une des multiples façons qu'a l'enfant de se donner un sentiment d'identité propre. Le jeu en est une autre et l'une des plus naturelles. Le jeu engage l'activité physique ou intellectuelle pour le seul plaisir du divertissement, de l'amusement, de l'épanouissement. Le jeu est la méthode de l'enfant pour « s'essayer » à la vie et découvrir le monde.

La capacité de rire et celle de jouer vont souvent de pair chez l'enfant. Dans le sentiment de l'identité personnelle peut entrer le fait de se sentir réservé, sobre, joueur, ou l'esprit vif. Pour le meilleur ou le pire, l'adulte exprime certains aspects de l'Enfant.

Un enfant peut jouer activement, exerçant sa force et son adresse, exprimant ainsi ses émotions, ses fantasmes, et ce qu'il attend de l'avenir. Ou bien, il demeure passif, observant la vie au lieu d'y participer activement. En général, le jeu actif nécessite la participation physique directe de l'enfant, met à l'épreuve sa force musculaire et aiguise son intelligence. Ce peut être un jeu sans structure — un bébé qui se roule dans l'herbe ou qui poursuit un papillon, un enfant qui danse librement au son de la musique — ou bien un jeu à la structure complexe, accompagné de règles prédéterminées exigeant une adresse particulière et une certaine programmation Adulte.

Si l'Enfant Spontané s'engage dans un jeu actif, il en résultera probablement des gloussements, des rires et des cris de joie. Si c'est l'Enfant Adapté qui joue, battre l'adversaire peut devenir plus important que s'amuser.

Certains jeux actifs constituent une répétition de rôles à venir. Jouer au papa et à la maman, « Toi tu sera la maman, moi je serai le papa et lui il sera le bébé », c'est mettre en scène de futurs rôles sexuels. Ceux qui jouent à la guerre avec des bons et des méchants peuvent représenter des rôles vus à la télévision ou au cinéma et s'exercent peut-être à remplir les attentes prévues. Jouer au docteur,

---

[1] « Sticks and stones can break my bones, but names can never hurt me. »

à l'explorateur, à la maîtresse, au chimiste, au charpentier, etc., met souvent le Petit Professeur en action, représentant des possibilités professionnelles futures. Ou bien, il s'agit parfois de l'Enfant Adapté imitant les parents ou répétant les rôles attribués par les attentes parentales. Dans une famille, l'un des garçons, toujours actif dans les sports de compétition, est depuis devenu entraîneur. Son frère, dont le jeu favori était « gendarmes et voleurs » est à présent inspecteur de police. Quant à leur soeur, toujours prête à les secourir avec un pansement, elle est aujourd'hui infirmière.

L'enfant passif vit par procuration à travers l'expérience des autres, s'imaginant souvent ce que ce serait d'être un acteur sur l'écran ou un membre de l'équipe. Tous les enfants aiment être spectateurs. Mais quand la majeure partie de leur temps libre se passe à regarder les autres, ils ne développent pas leur propre adresse physique, leurs facultés de coopération, de compétition, ou de créativité. Leur expression naturelle est entravée et ils se conditionnent à observer la vie plutôt qu'à la vivre.

Adulte, ce genre de personne restera probablement en marge des groupes sociaux, regardant les autres nager, danser, rire et s'amuser, s'irritant peut-être de ceux qui monopolisent l'attention, ou se sentant simplement impuissant et incapable.

Un observateur passif peut choisir un métier d'observateur objectif. Par exemple, tel individu pourra écrire sur les problèmes sociaux sans s'y engager lui-même le moins du monde, tenir une rubrique mondaine sans jamais donner une soirée, écrire des romans d'amour sans jamais devenir vraiment intime avec quelqu'un.

L'endroit où l'on joue, enfant, peut aussi être significatif pour la vie adulte que la façon de jouer. Un homme de notre connaissance avait horreur de camper, refusait de voyager et détestait même sortir pour la soirée. Il disait « C'est comme quand j'étais gosse. Je n'ai jamais été capable de sortir de mon propre jardin pour jouer. » Beaucoup de gens au contraire trouvent impossible de jouer, de rire et de se distraire chez eux. Cette attitude provient généralement d'anciens enregistrements Parentaux qui décourageaient une telle activité dans leur enfance et qui continuent à se faire entendre par l'état du moi Enfant.

« Va jouer dehors, la maison n'est pas faite pour ça. »

« Ne fais pas de bruit, maman a mal à la tête. »

« Ne fais pas de bruit, tu vas énerver papa. »

« Je ne veux pas de désordre dans la maison. »

« On ne danse pas dans cette maison. Si tu ne sors pas, va donc regarder la télévision. »

Les couples mariés élevés avec l'injonction « ne joue pas dans la maison » découvriront peut-être qu'ils ne s'amusent vraiment que lorsqu'ils « sortent ».

Un conflit se fait jour quelquefois dans un couple si l'un des partenaires apprécie des formes de divertissement plus actives que l'autre. Un couple entrait dans de violentes querelles à cause du goût du mari pour les randonnées. Sa femme interprétait son attitude ainsi : « Il ne m'aime pas, sans cela il passerait ce temps-là à la maison avec moi. Pourquoi faut-il toujours qu'il fasse des choses si épuisantes! »

Un autre couple se disputait toujours sur la façon de passer ses vacances. Le mari, étant enfant, partait chasser avec son père. Il aimait le grand air et chaque année se réjouissait de partir à la montagne pour « tirer quelques coups de fusil ». Mais sa femme, elle, avait passé les vacances de son enfance à la plage, jouant dans le sable et les vagues. Quand venait le moment de « jouer », elle voulait aller à la mer et lui à la montagne. Chacun accusait l'autre : « ça t'est bien égal que je m'amuse ou non. »

Quelle que fût leur décision finale, l'un des partenaires se renfermait sur lui-même, plein de ressentiment et les vacances étaient loin d'être réussies. Après avoir étudié l'analyse transactionnelle, ils purent comprendre que leurs états du moi Enfant étaient tout simplement programmés de façon différente. Leurs états du moi Adulte furent alors en mesure de travailler à des compromis satisfaisants de façon à ce que chacun obtînt son « tour » sans que l'autre s'en irritât. Ils firent aussi l'expérience de partir dans des endroits nouveaux et d'essayer des activités qu'aucun d'eux n'avaient encore connues, enfant. Les vacances devinrent alors agréables.

Il n'est pas rare qu'à l'intérieur d'un ménage l'un des partenaires, dans son état du moi Enfant, tienne constammment le devant de la scène comme acteur principal, tandis que le conjoint se sent astreint à n'être qu'un observateur passif. Le rôle central peut être celui, par exemple, d'un clown, d'un homme ou d'une femme d'esprit, ou d'une reine de tragédie. Les spectateurs sont censés applaudir ou pleurer. Un conflit s'élève souvent dans un couple lorsque le partenaire passif veut sa part des projecteurs.

Certains adultes ont perdu la faculté de jouer. La personne qui ne sait pas jouer a vraisemblablement un Enfant qui se sent coupable, sous l'influence d'un dialogue Parental interne du style : « Jouer c'est perdre son temps », « Tu ne pourras jouer que quand tu auras fini ton travail », « Tu ne mérites pas de t'amuser », ou « L'oisiveté est mère de tous les vices ». Ce genre de personne pourra choisir un métier fait tout entier de travail et dont le jeu est absent. Si d'autres employés font la pause, son Enfant risquera d'être mal à l'aise tandis que son Parent désapprouvera.

Pour d'autres adultes, il est facile de jouer et de rire. Leur Enfant Spontané rit de plaisir, souvent avec un vrai « rire du ventre » ou un gloussement ravi. Leur Petit Professeur rit du côté humoristique ou absurde de la situation. Leur Enfant Adapté rit nerveusement et poliment de tout ce dont il a appris à rire. Ces personnes peuvent avoir appris à jouer le rôle d'un clown pour retenir l'attention et amuser les autres, ou bien pour recouvrir une émotion ressentie tragiquement par leur Enfant Adapté. Un homme exprimait ceci en disant : « Quand je vais à une fête, je joue toujours le rôle du comique juif. Je suis très habile à faire rire les gens. Mais parfois quand ils rient de moi, vraiment je les déteste. » Cet homme se servait de son talent pour recueillir des sentiments de blessure et de colère.

Celui qui ne sait ni rire ni apporter le rire aux autres, qu'il ait sept ou soixante-dix ans, s'est probablement adapté dans l'enfance à craindre l'intimité potentielle que peut amener le rire partagé. Partager le rire est aussi une façon de devenir transparent, et certains n'abaissent jamais leur garde.

JEUX PSYCHOLOGIQUES DE L'ENFANCE
ET IDENTITE DE ROLES

Tous les jeux ne sont pas innocents. Des motifs cachés interviennent lorsque l'enfant répète des jeux psychologiques auxquels il sera amené à jouer dans sa vie d'adulte. Un futur Sauveteur peut se mettre à envelopper de pansements son patient de trois ans, contre la volonté de ce dernier et malgré ses protestations. Quand l'enfant finit par éclater en sanglots, le prétendu Sauveteur, au désespoir, lève les bras au ciel en clamant : « J'essaie seulement de soigner tes blessures, espèce de pleurnichard. » (*J'Essaie Seulement de T'Aider*). Une autre forme de futur Sauveteur se retrouve chez la jeune fille qui, chargée de garder son petit frère, le laisse s'éloigner. Quand il pousse des cris de terreur après avoir escaladé une palissade et en être tombé, elle accourt, le relève et le brosse, disant : « Tu te fais toujours mal si je ne suis pas là pour te surveiller » (*Qu'est-ce Que Tu Ferais Sans Moi?*).

Un futur Persécuteur pourra « par mégarde » laisser traîner son vélo sur un terrain de l'école, pour ensuite surprendre un camarade en flagrant délit de vol, et menacer alors : « Je t'ai vu. Tu vas avoir des ennuis! » (*Cette Fois Je Te Tiens, Salaud!*). Un autre type de futur Persécuteur est la petite fille qui appâte son jeune voisin en appelant d'une voix douce : « Et si tu venais jouer avec moi? » Quand il arrive, elle le regarde avec dédain et dit, moqueuse : « Oh, tu es bien trop sale, ma maman ne voudrait pas que je joue avec toi. » (*Au Viol*).

Quand le petit Eric, tenant également un rôle de Persécuteur, provoque ainsi Evelyne : « Mon papa est plus grand que le tien », il débite la première réplique d'une joute verbale. Si Evelyne réagit avec : « Non, c'est pas vrai. C'est mon papa qui est le plus grand », le jeu est lancé. Le système attaque/défense se poursuit jusqu'à ce qu'Eric l'emporte par la force et qu'Evelyne s'enfuie en larmes (*La Scène*).

Une future Victime, invitée à une fête où elle craint de se rendre, refusera l'invitation en disant : « Je pourrais y aller s'il n'y avait pas maman. Mais elle ne me laisse jamais m'amuser. » (*Sans Elle*). Un autre enfant, répétant son rôle de Victime, se plaint à ceux qui auraient pu être ses concurrents : « Je ne peux pas participer à la course. Si je cours trop vite, je pourrais avoir mal au ventre comme mon petit frère. » Il exploite ainsi avec succès une maladie imaginaire pour éviter d'avoir à entreprendre quelque chose (*Jambe de Bois* — Après tout, que peut-on attendre de quelqu'un qui a une jambe de bois!). Et une autre jeune Victime encore, voyant qu'il ne reste presque plus de gâteaux, les distribue tous à ses amis puis se lamente : « Il n'y a jamais rien de bon pour moi. » (*Pauvre de Moi*).

Plus tard dans la vie, les jeux sont généralement vécus plus sérieusement, l'état du moi Adulte recouvrant les motifs cachés de l'Enfant.

L'IDENTITE SEXUELLE

En plus de son identité personnelle, chacun s'élabore également une identité sexuelle. De même que la plupart des enfants se sentent fondamentalement OK ou pas OK en tant que personnes, ils se sentent également OK ou pas OK comme représentants d'un sexe donné [5]. Certains enfants se construisent une identité sexuelle saine et réaliste, d'autres ne le font pas.

Quoique la masculinté ou la féminité soient des faits biologiques, l'acceptation ou le rejet de soi-même en tant qu'être masculin ou féminin sont déterminés psychologiquement par les émotions reçues dans l'enfance. Dès le moment de la naissance, l'enfant dont les parents désiraient un bébé du sexe opposé peut partir du mauvais pied (pas OK masculin/féminin). Bien que la plupart des parents apprennent à aimer l'enfant qui est né, certains ne surmonent jamais leur déception et les enfants captent le message — dévalorisation suprême de ce qu'ils étaient nés pour être. Comme s'en souvient Merle Miller :

Pratiquement les premiers mots que je me souviens avoir entendus, ou peut-être les premiers mots que j'ai choisi de retenir, sont ceux-ci, dits par ma mère : « Nous avions commandé une petite fille et quand tu es arrivé, nous avons été quelque peu déçus. » Elle prétendait toujours que je venais de La Redoute et quand je lui faisais remarquer que le catalogue de La Redoute ne comportait pas de rubrique bébés, elle répliquait : « C'était un cas particulier. »
Je n'ai jamais su ce que cela voulait dire, mais je n'ai jamais demandé. J'en savais assez. Je savais que j'avais été une déception. « Mais nous t'aimons tout de même », ajoutait ma mère, « et puis il faudra faire avec ». ... Mes couvertures de bébé étaient toutes roses, achetées avant le désastre, ma naissance. La dentelle de ma robe de bébé était rose; mon bonnet avait des franges roses et il y avait toujours de petites vieilles dames penchées sur mon landau ou mon berceau qui disaient : « Quelle adorable petite fille » [6].

Les enfants dont les parents refusent le sexe sont susceptibles de le refuser eux-mêmes. Ils pourront essayer de satisfaire les espérances de leurs parents, souvent aux dépens de leur propre identification sexuelle réaliste. Une petite fille qui s'efforce d'être « le petit garçon de papa » risque d'aliéner ses qualités féminines naturelles et un petit garçon qui essaie d'être « la petite fille de maman » risque d'aliéner ses qualités masculines naturelles. Quoique ces influences ne mènent que rarement à l'homosexualité elles peuvent, dans certains cas, contribuer à une déviation.

Un jeune homosexuel rapportait que sa mère lui rappelait plusieurs fois par jour qu'il aurait dû être une fille. Un des souvenirs marquants de son enfance était une promenade devant les vitrines des magasins et sa mère disant : « Si seulement tu étais une fille, on pourrait acheter ces jolies petites robes. » Un autre homosexuel disait qu'il s'était senti homme pour la première fois lorsqu'il avait déchiré les nombreuses photographies conservées par sa mère, où il était vêtu en petite fille et coiffé avec des boucles.

Le comportement homosexuel peut apparaître chez les individus pour diverses raisons, y compris des facteurs psychologiques, sociologiques, biologiques et situationnels. Le penchant au comportement homosexuel est probablement lié aux émotions premières de l'Enfant Spontané et à l'absence d'une adaptation hétérosexuelle efficace. A la naissance, les nourrissons ne sont pas « programmés » de façon à savoir vers qui diriger leurs sentiments sexuels. Ils ne veulent que satisfaire leurs impulsions et ressentir leur propre plaisir. L'Enfant Spontané semble n'exercer aucune discrimination sexuelle. Le développement ultérieur de la *préférence* hétérosexuelle est hautement influencé par les expériences vécues par le très jeune enfant.

La recherche actuelle [7] indique que certains aspects importants participant à cet ajustement hétérosexuel sont :

l'absence de peur des représentants du sexe opposé,

l'occasion d'avoir des contacts avec les représentants du sexe opposé,

le fait que l'identité sexuelle personnelle soit une acceptation réaliste de son propre sexe.

L'identité sexuelle est fortement marquée par le parent du sexe opposé - le père pour la fille, la mère pour le fils. Si le père soutient que les femmes ne sont pas OK, sa fille est susceptible de se conditionner en niant sa propre féminité. Elle pourra également considérer les autres femmes comme n'étant pas OK, les voyant par les yeux de son père. La relation mère-fils est comparable.

Un homme qui fait confiance aux femmes et les croit OK aura tendance à épouser une femme qui sera un bon modèle pour leurs filles. De même, une femme qui fait confiance aux hommes et les apprécie, sera portée à choisir un mari qui sera un bon modèle pour leur futur fils. Par contre, les hommes et les femmes qui n'aiment pas le sexe opposé, tendent à sélectionner des partenaires qui offriront un exemple déplorable à leurs enfants. Cela fait souvent partie de leur scénario.

Le parent du même sexe est important en tant que modèle. Les garçons tendent à s'identifier aux personnages parentaux masculins; de leurs observations, ils tirent des conclusions sur ce que *doit* être un homme, imitant leur comportement et incorporant leurs attitudes négatives ou positives envers chaque sexe. De même, les filles imitent leurs modèles féminins, assimilant leur comportement et leurs attitudes. Une fille dont le père accepte la féminité de façon appropriée et dont la mère est « bien dans sa peau » est susceptible de se sentir gagnante en tant que femme.

Les enfants qui n'ont pas de modèle adéquat du même sexe, s'irritent ou se méfient souvent de leurs semblables. Les hommes expriment cet état de choses lorsqu'ils s'isolent des autres hommes aussi bien dans le travail que dans la détente. Les femmes font de même lorsqu'elles refusent de travailler sous la direction d'une femme ou préfèrent la compagnie exclusive des hommes.

Les vastes familles d'antan offraient de nombreux modèles parentaux de remplacement pour les deux sexes. La famille nucléaire actuelle, elle, limite fréquemment le nombre d'adultes avec qui l'enfant entre en contact. Les enfants dont les contacts avec les adultes sont limités se tournent souvent vers des enfants de leur âge pour trouver des normes sexuelles, ou bien vers les mass media où les modèles reçus sont généralement des images fausses de masculinité ou de feminité, fabriquées dans le seul but de vendre des produits. Le sentiment d'être OK ou pas OK, en tant qu'être masculin ou féminin, est puissamment influencé par les espérances des parents et leurs définitions du comportement « masculin » et « féminin ».

Si une petite fille qui se balance sur une branche d'arbre est réprimandée parce que « ce n'est pas féminin », ou « nous, les femmes de la famille Martin ne faisons jamais de choses aussi vulgaires », elle risque de remettre en question l'idée qu'elle est vraiment une fille. Si son activité turbulente ne semble pas « convenable » à ses parents et qu'elle s'adapte alors en devenant tranquille et excessivement prudente, un côté de sa personnalité aura été fragmenté ou sous-developpé.

Nombre de femmes s'efforcent de paraître timides, émotives, fragiles, sentimentales, sans défense et incompétentes intellectuellement afin de satisfaire leur conception adaptée de la « vraie » femme et de se montrer « féminines » aux yeux des autres [8].

Si le scénario culturel américain réclame souvent la dévalorisation de l'intellect et de l'agression chez les filles, il encourage au contraire ces aspects chez les garçons. Eux sont plus susceptibles par contre de subir une dévalorisation dans leurs émotions et leurs manifestations de tendresse. Un petit garçon jouant aux cow-boys et aux Indiens peut se faire une coupure à la jambe et accourir vers sa mère en pleurant. S'il est reçu par un sévère « les garçons ne pleurent pas! », il capte un message sur la masculinité qui se traduit ainsi : « être un homme, un vrai, c'est cacher ses sentiments ». Un garçon sensible et tranquille, préférant la lecture et les activités non-compétitives aux activités plus agressives, pourra également recevoir un message négatif sur la masculinité, qui peut se traduire par : « Tu ne remplis pas notre attente d'un homme véritable ». Cela peut contribuer à la formation d'un scénario semblable à celui du Petit Prince Boîteux.

Les travaux de Jourard mettent l'accent sur le danger que comportent les messages parentaux déniant à l'enfant ses réactions franches à la douleur ou à la peur. Ce déni, imposé surtout aux garçons, pourra par la suite contribuer à la mauvaise santé et à la mort précoce d'hommes qui ne se sentent pas vraiment hommes s'ils ne paraissent pas « durs, objectifs, acharnés, victorieux, non sentimentaux et sans aucune expression affective » [9].

Beaucoup de garçons s'entendent dire : « les poupées, c'est pour les filles », une remarque qui frustre souvent le désir tout naturel de rejouer leur personnage affectif avec des poupées comme substitut de personnes. Beaucoup de filles s'entendent dire : « les camions, c'est pour les garçons », ce qui frustre souvent le désir tout naturel de façonner et de manipuler les objets. Ce type de scénario perpétue les rôles sexuels traditionnels dans la culture occidentale, où les femmes s'occupent particulièrement des personnes, tandis que les hommes sont surtout chargés de tout ce qui est mécanique. Lorsque la société dresse une barrière nette entre jeux masculins et féminins, les franchissements de la barrière prennent souvent des formes déguisées.

Comme le disait un homme éclairé : « le camping, c'est une façon masculine de jouer à la dînette » ce qui incita une femme à dire : « conduire le car de ramassage scolaire, c'est ma façon de me sentir puissante ».

Le grand gaillard bourru est souvent un homme qui a renié ses qualités de douceur; la frêle évaporée est souvent une femme qui a renié ses tendances agressives. Chacun souffre d'une privation. Selon l'éminent psychanalyste Carl Jung, il y a en chaque personne des composantes masculines et féminines et toutes les facettes de la personnalité doivent être reconnues et cultivées pour que la personnalité forme un tout. Ceci ne dénie ni ne minimise les différences véritables que prévoit la nature entre les deux sexes [10, 11].

L'EXPRESSION SEXUELLE

Non seulement l'individu se sent OK ou pas OK en tant que personne masculine ou féminine, mais il conserve également dans son état du moi Enfant des sentiments archaïques suivant lesquels les aspects sexuels du corps sont OK ou pas OK.

Les enfants sont des êtres sexuels. Ils cherchent activement à découvrir leur sensualité en explorant leur corps tout entier. Ils peuvent d'ailleurs trouver en leurs organes sexuels une source de sensations agréables et de plaisir. Par exemple, il arrive souvent que les enfants explorent leurs parties génitales en jouant dans le bain ou pendant la sieste et qu'ils soient curieux des parties génitales des autres. Ce type d'exploration est naturel, mais doit être adapté pour devenir socialement acceptable. Toutefois, si l'enfant est giflé, grondé, menacé et s'entend dire que cette partie de son corps est « vilaine », une attitude de culpabilité peut persister par la suite. Les personnes souffrant d'inaptitudes sexuelles ont souvent été rendues honteuses de leur corps ou effrayées des conséquences de leur exploration sexuelle. Certains patients surpris, enfants, en train de se toucher ou de toucher un autre, ont rapporté des enregistrements Parentaux les menaçant ainsi :

« Ça te rendra fou/folle. »

« Tu seras paralysé(e). »

« Tu ne pourras pas avoir d'enfants. »

« Dieu te punira. »

Les personnes qui perçoivent leurs organes sexuels comme quelque chose de sale ou de mal, ou le plaisir sexuel comme un péché, ont généralement été « pincées » et ridiculisées très jeunes pour leur curiosité sexuelle.   Le ridicule engendre un sentiment de honte.

Selon Erikson : « la honte suppose qu'on soit complètement exposé et conscient d'être regardé... « culotte baissée ». La honte s'exprime très vite par une impulsion à se voiler la face, à se laisser engloutir sur place » [12].   Un homme qui avait été sévèrement puni, enfant, pour avoir regardé sa mère s'habiller par le trou de la serrure, fut des années durant incapable de regarder aucune femme en face. Si par hasard une femme captait son regard, il rougissait irrésistiblement.

Les enfants adoptent également des attitudes vis-à-vis de leurs parties sexuelles au moment où on les habitue à être propres. Une femme rapportait que, bébé, elle avait résisté à sa mère qui exigeait un résultat immédiat sur le pot. Pour la punir, on attacha un pot à son petit derrière et on l'exposa aux visiteurs. Une fois mariée, cette femme se déshabillait toujours dans un placard et ressentait une honte accablante non seulement chaque fois qu'elle devait aller aux toilettes, mais aussi dès que quelqu'un la voyait nue — y compris son mari.

Certains parents croient que tout ce qui touche au sexe est mal et tâchent d'en convaincre leurs enfants. Certains les brutalisent et se servent d'eux pour obtenir leur propre satisfaction sexuelle. D'autres sont excessivement permissifs et de ce fait leurs enfants manquent de jugement sur ce qu'est un comportement sexuel approprié. D'autres encore vivent leur propre vie sexuelle inassouvie par l'intermédiaire de leurs enfants.   La plupart des parents cependant luttent avec le dilemme consistant à créer des attitudes saines sur la sexualité tout en imposant à l'enfant les restrictions nécessaires du point de vue personnel et social.

Les parents qui craignent ou ignorent le besoin qu'ont leurs enfants de se comprendre eux-mêmes sexuellement échouent à leur donner des mots exacts pour penser et parler. Quoiqu'ils puissent rayonner de fierté lorsque leur fils montre son oeil et dit « oeil », montre son nez et dit « nez », ils pourront soigneusement éviter toute référence aux organes sexuels, ou bien fermer les transactions par : « on ne parle pas de ces choses-là ».

Lorsque les parents utilisent effectivement des mots ayant trait à la sexualité, les termes choisis seront souvent des euphémismes, comme « tes parties honteuses » ou « ton machin », au lieu de termes scientifiques francs comme : anus, pénis, testicules, vulve, clitoris, vagin [13]. Parfois, un enfant bien informé est dévalorisé par quelqu'un qui « devrait savoir ». Ce fut le cas de Marc, trois ans, que le docteur mit sur la table en commentant : « Je vais examiner ta plomberie, jeune homme »; et Marc, l'air perplexe, de demander à sa mère : « Est-ce qu'il veut dire mon pénis? ».

Pour faire référence à leurs organes sexuels, les enfants se créent souvent leurs propres termes substitutifs : quéquette, zizi, robinet, chatte, fente, nénés et nichons. Beaucoup d'enfants se servent également d'un vocabulaire souvent considéré obscène constitué de « mots de trois lettres » et d'expressions apparentées. De par leurs connotations négatives, de tels mots peuvent bloquer les conversations sur les problèmes sexuels avec les adultes. Parfois ces mots « vulgaires » prennent une signification hostile ou violente destinée à rabaisser les autres. Ils deviennent le signe d'une rébellion contre l'autorité. On s'en sert pour choquer, provoquer le combat et entamer des jeux psychologiques. Dans certains cas, l'usage d'obscénités indique l'existence de troubles pathologiques [14].

Nombre de jeunes (et d'autres personnes moins jeunes) ont besoin de renforcer leur état du moi Adulte en accumulant les connaissances biologiques, psychologiques et sociologiques sur le sexe. Mais la recherche d'informations est souvent découragée par les parents, les autorités scolaires ou les bibliothécaires qui réagissent à partir de leur propre Parent à préjugés, disant :

« Il ne faut pas avoir l'esprit si mal tourné. »

« Tu le sauras bien assez tôt. »

« Tu comprendras quand tu seras marié(e). »

« Tu n'as pas besoin de savoir ces choses-là. »

« Ce que tu ne sais pas ne peut pas te faire de mal. »

Dans les questions sexuelles, le Petit Professeur intérieur circonvient ou devine souvent les parents, « détectant » les messages parentaux et s'efforçant de comprendre ce que les parents considèrent comme étant bien ou mal dans le comportement sexuel. L'enfant récolte son information à travers les trous de serrure, dans la rue, par les films et les magazines, et tâche de donner un sens à l'avalanche d'allusions sexuelles. Il tente aussi de comprendre comment « manipuler » les autres pour les amener à des jeux sexuels et, si possible, comment faire ce qu'il ou elle a envie de faire — ceci souvent quand personne ne regarde.

En mûrissant, les enfants déguisent leur intérêt naturel pour le sexe en jouant par exemple « au docteur » ou « à l'infirmière » ou à des jeux d'observation furtive comportant une exhibition sous une forme ou une autre.

Lorsque la personne grandit, son Petit Professeur demeure actif en ce qui concerne le sexe, continuant à « détecter » les partenaires de jeux sexuels, les façons de paraître désirable ou séduisant(e), l'endroit et le moment pour faire une « ouverture », comment préparer la scène pour « exciter » quelqu'un, comment repousser quelqu'un, et comment simuler une réaction sexuelle.

Adultes, certains recherchent une profession dans laquelle leur intérêt pour le sexe est mis en oeuvre de façon culturellement acceptable. Certains, cependant, continuent à jouer les jeux d'observation de l'enfance, cachant des revues pornographiques sous leur lit, ou, chose plus grave, observant les fenêtres des autres. Le voyeurisme est commun aux Etats-Unis où le scénario sexuel est traditionnellement puritain.

Toutes les cultures ont des scénarios dictant une expression sexuelle convenue. La plupart des tabous et permissions sexuels naissent d'un besoin d'ordre social contribuant à la survie du groupe. Les moeurs culturelles, les principes sexuels familiaux et les expériences traumatisantes influencent tous l'Enfant Adapté.

Nombre de films, d'émissions télévisées, de disques, ainsi que les modes actuelles « déshabillées », indiquent une préoccupation et une permissivité croissantes envers le sexe. Pour le meilleur ou le pire, l'Enfant Spontané est autorisé à régner plus librement. Chez beaucoup de personnes, l'Enfant Adapté fait siennes des normes différentes de celles des générations précédentes. En ce qui concerne le comportement sexuel, le scénario culturel est en train de se modifier rapidement dans les pays occidentaux.

L'Enfant Adapté contient les sentiments de la personne concernant son identité sexuelle. Il contient également les sentiments de l'individu, basés sur le vécu de l'enfance ayant trait aux personnes du sexe opposé. Chez certains, l'Enfant Adapté est formé de façon à être conscient des autres — ne pas les blesser ni les gêner, ne pas insister. Dans ce cas, les adaptations sont appropriées et la personne, adulte, sera capable :

d'apprécier les personnes du même sexe,

d'avoir des relations d'affection avec des personnes du sexe opposé,

d'assumer la responsabilité de son activité sexuelle personnelle,

de réussir correctement dans un rôle sexuel,

de prendre plaisir aux émotions stimulantes ressenties au cours des rapports sexuels,

de retarder la satisfaction si besoin est.

Si les adaptations sont inappropriées, la personne souffrira de troubles sexuels, certains mineurs, d'autres de nature sérieuse. La pathologie sexuelle peut se trouver dans l'Enfant Adapté comme une malédiction jetée par une sorcière ou un ogre. Si la malédiction est rendue plus forte, la personne peut se sentir contrainte à

s'efforcer d'être du sexe opposé,

s'adonner à un comportement sexuel sadique ou masochiste avec d'autres adultes,

molester un enfant,

être impuissant ou frigide.

En cas de problèmes sexuels graves, une consultation est fortement recommandée. Celle-ci peut d'ailleurs s'avérer utile également dans des cas moins graves.

Exemple clinique

Pierre et Arlette, un couple marié participant à un groupe d'analyse transactionnelle, déclaraient avoir une affection réelle l'un pour l'autre et être profondément attachés à leur union, mais se sentaient troublés quant aux raisons pour lesquelles leur vie sexuelle était aussi peu satisfaisante. Arlette se disait rarement excitée sexuellement et gênée par « l'excès de contacts physiques ». Pierre disait « vouloir améliorer leur vie sexuelle mais ne pas savoir comment s'y prendre ».

Tous deux avaient reçu des enregistrements Parentaux sur le sexe comprenant les injonctions suivantes : « Garde tes mains pour toi », « Tu devrais avoir honte de te toucher là », et « Tu vas vraiment dérouiller si je t'y reprends ».

Pierre et Arlette prirent bientôt conscience de la forte intolérance de leurs enregistrements parentaux et des sentiments d'inconfort qu'ils suscitaient dans leur Enfant Adapté. Chacun se sentait coupable de toucher. Chacun craignait la sensualité et manquait de créativité et de sensibilité dans l'expression sexuelle. Leurs impulsions sexuelles naturelles s'en trouvaient donc presque entièrement supprimées. Ces problèmes étaient compliqués par l'information à la fois réduite et fausse contenue dans leur état du moi Adulte.

Au cours du traitement, on enseigna à Pierre et à Arlette des techniques pour améliorer leur sensibilité corporelle. On leur donna une liste de livres à étudier pour renforcer leur état du moi Adulte par une information et un vocabulaire exacts. On les encouragea également à exprimer la sensualité de leur Enfant Spontané. A la longue, ils apprirent à ne pas fonder leurs activités sexuelles sur d'anciens enregistrements négatifs.

Les pulsions de l'Enfant Spontané tendent vers l'auto-satisfaction sexuelle, ce qui peut être exploité soit de façon constructive, soit de façon destructive. Est destructif l'Enfant Spontané non-adapté de celui qui met en action ses sentiments égoïstes et/ou sadiques, se servant d'une autre personne comme d'un objet sexuel plutôt que comme quelqu'un ayant également des désirs et des besoins devant être respectés. La suradaptation de l'Enfant Spontané a elle aussi ses conséquences destructives. La faculté d'être conscient de ses propres besoins peut se trouver complètement anéantie, ou bien le désir de les satisfaire peut être totalement subordonné aux besoins d'un autre. Dans ce cas, la personne se sent souvent victime et risque de bouder, d'en vouloir à tout le monde, de s'apitoyer sur son sort et de se servir des autres à partir de la position de sous-fifre.

Les capacités sexuelles naturelles sont généralement recouvrées malgré une répression indue. Toutefois, c'est une tâche bien délicate que de retrouver ainsi les aspects joyeux de l'Enfant Spontané. Tandis que l'Enfant Spontané sensuel émerge, certaines restrictions logiques, décidées par l'état du moi Adulte, s'imposent toujours. L'éventualité d'une maladie vénérienne, d'une grossesse ou d'une atteinte portée au sentiment de valeur humaine de la personne, est constamment prise en considération par l'Adulte.

Lorsque l'Enfant Spontané, en collaboration avec l'Adulte, est utilisé de façon constructive, la personne devient capable de « se laisser aller » et sait alors, avec plaisir, exprimer les capacités de chaleur, d'affection, de curiosité et de spontanéité qu'elle avait reçues à la naissance. Cette faculté de ressentir le plaisir de son corps et de donner du plaisir aux autres peut ajouter du piquant à la vie [15].

RESUME

Le sentiment d'identité de la personne prend forme à la suite de nombreuses influences de la petite enfance. Même le nom inscrit sur l'acte de naissance reflète souvent l'origine des parents et ce qu'ils attendent de leur enfant. Lorsque le nom, le surnom, ou le changement de nom sont porteurs d'une signification − qu'elle soit négative ou positive − pour les parents, cette signification pourra influencer le sentiment d'identité de l'enfant.

Lorsqu'il joue, l'enfant s'engage également dans le processus de recherche de sa propre identité et de répétition des rôles à venir. Le jeu est tantôt actif et l'enfant se sert alors de son corps pour accroître son adresse et exprimer ses émotions, tantôt plus passif et l'enfant fait l'expérience de ses émotions et de son corps en tant que spectateur de la vie plutôt qu'en participant à part entière. Cet enfant ressemble aux spectateurs sur les gradins plutôt qu'aux joueurs sur le terrain. Le style actif ou passif des jeux de l'enfance − comment, où, quand et avec qui l'on joue − peut se refléter plus tard dans le choix professionnel et l'occupation des loisirs.

Les enfants se livrent à des jeux psychologiques pour renforcer leur premier sentiment d'identité. Ces jeux sont des répétitions de scènes à venir au cours desquelles seront joués les rôles de Victime, de Persécuteur et de Sauveteur.

Le développement de l'identité sexuelle est lui aussi lié aux transactions de la prime enfance. La personne dont le sexe est accepté et apprécié par ses parents a toutes les chances de se sentir fondamentalement OK en tant qu'être masculin ou féminin. Si les expériences vécues vis-à-vis de l'autre sexe sont saines, cette personne adoptera vraisemblablement une position positive concernant la sexualité des autres.

Vous possédez une identité propre à la fois en tant que personne et en tant que personne sexuelle. Les messages que vous avez reçus concernant votre nom, l'endroit et la nature de vos jeux d'enfant, votre degré de satisfaction d'être un garçon ou une fille et l'attitude que vous avez apprise envers le sexe opposé, ont tous affecté votre identité. Si ces messages sont sains, vous avez la position fondamentale propre au gagnant : Je suis OK — Vous êtes OK. S'ils ne le sont pas, les attitudes anciennes peuvent être abandonnées.

EXPERIENCES ET EXERCICES

1 Identité et nom

Songez à votre nom en relation avec votre scénario. Quelle identité vous a-t-il donnée?

- Qui vous a donné votre nom? Pourquoi?
- Vous a-t-on donné le nom de quelqu'un? Si oui, ce nom comportait-il des attentes particulières?
- Etiez-vous fier(e) de votre nom ou bien le détestiez-vous?
- Vous a-t-on donné un nom qui ne semblait pas convenir à votre sexe, ou qui invitait au ridicule?
- Votre nom était-il si répandu que vous aviez l'impression de vous perdre dans la foule, ou si rare que vous vous sentiez bizarre?
- Aviez-vous un surnom? Un petit nom d'amitié? Comment vous l'a-t-on donné?
- Comment votre nom, ou les autres qualificatifs qu'on vous a donnés, ont-ils influencé votre conception de vous-même?
- Comment vous appelle-t-on aujourd'hui? Qui vous appelle ainsi?
- Si vous êtes marié(e), appelez-vous votre conjoint papa ou maman? Pourquoi?
- Avez-vous un nom pour la maison et un autre pour le travail? Si oui, quelles en sont les implications?
- Comment préférez-vous qu'on vous appelle? Pourquoi?
- Préféreriez-vous vous appeler autrement? Pourquoi? Avez-vous une raison Adulte de changer de nom? De conserver votre nom actuel?

Réservé aux femmes mariées

- Si vous avez renoncé à votre nom de jeune fille en vous mariant, comment cela a-t-il affecté votre identité?
- Lorsqu'on vous demande « Qui êtes-vous? », répondez-vous « Madame Jean Dupont » ou « Marie Dupont »? Pourquoi?
- Si vous êtes veuve ou divorcée, quel nom portez-vous et pourquoi?
- Si vous avez un nom professionnel différent de celui de votre mari, comment réagissent les gens?

2.   Les jeux de votre enfance

Faites cette expérience lentement. Fermez les yeux. Essayez de vous voir jeune enfant en train de jouer. Vous aurez probablement des visions fugitives de vous-même à differents âges et à différents stades. Retenez certaines des images et vivez-les plus complètement.

A présent, entrez dans le coin imaginaire de votre cerveau où sont emmagasinés les enregistrements audio-visuels. Prenez une bande étiquetée « Les Parents et le Jeu ». Placez-la sur votre magnétophone imaginaire. Mettez-le en route et écoutez.

- Que disaient vos parents à propos du jeu?
- Quels messages non-verbaux ont-ils émis?
- Vous laissait-on le temps de jouer, ou bien votre temps était-il superstructuré?
- Vous a-t-on imposé des restrictions dans le jeu à cause de votre sexe?

A présent, servez-vous des questions suivantes pour réunir des informations :

- Quelles étaient vos formes actives de jeu?
- Où jouiez-vous? Dans le jardin? La rue? La grange? Les chemins? Le parc? Quel était votre endroit préféré? Pourquoi?
- Jouiez-vous seul(e)? Aviez-vous des compagnons de jeu? Si oui, s'agissait-il de membres de la famille? De voisins? De camarades d'école? Aviez-vous un compagnon de jeu imaginaire?

- Vos compagnons de jeu se ressemblaient-ils? Si non, quelles étaient leurs différences?

- Votre sexe, votre taille, votre apparence physique, votre adresse, etc., vous ont-ils confiné(e) au rôle d'observateur, promu(e) au rang de membre de l'équipe, ou permis d'en être la vedette?

- Etiez-vous avant tout un meneur, un suiveur, ou un arbitre? Quel rôle préfériez-vous? Etait-ce un rôle de grand-chef ou de sous-fifre?

- Quelle est la chose la plus amusante que vous ayez jamais faite?

- Quelles étaient vos formes passives de jeu? Comprenaient-elles beaucoup de lecture, de radio, de télévision?

- Quel était votre type de spectacle préféré? Des comédies gaies? Des mélos qui vous faisaient pleurer? Des histoires d'aventures qui vous dépaysaient?

- Ces spectacles vous poussaient-ils à l'action? Vous berçaient-ils dans une passivité plus grande?

- A quels personnages vous identifiiez-vous? Pourquoi?

- Dans quelle mesure vos jeux représentaient-ils une répétition de vos rôles actuels, que ceux-ci soient domestiques, professionnels, etc.?

A présent, imaginez une autre bande audio-visuelle, étiquetée « Rires de l'Enfance ». Mettez-la en route. Entendez le son de vos rires.

- Qu'est-ce qui vous faisait rire?

- Ce son vous semble-t-il provenir d'une partie donnée de votre état du moi Enfant? De l'Enfant Spontané désinvolte? De votre Petit Professeur « manipulateur », intuitif? De votre Enfant Adapté bien élevé?

- Y a-t-il quelqu'un qui vous dit de ne pas rire, que « ce n'est pas drôle »?

- Voyez-vous ou entendez-vous quelqu'un qui rit de vous? Si oui, quel effet cela vous fait-il?

3. Vos jeux actuels

Pour certains, le jeu représente l'élément principal de la vie; d'autres recherchent un équilibre entre travail et jeu. D'autres encore ne jouent que rarement. Leur vie, en dehors de leurs activités professionnelles, a tendance à être terne et sans joie. Qu'en est-il pour vous?

- Y a-t-il suffisamment de récréation ou de jeu dans votre vie? Trop? Quelles sont vos formes de jeu préférées?

- Le divertissement tient-il un rôle important dans votre vie? Ou bien le considérez-vous comme une perte de temps?

- Quels sont les endroits où vous aimez jouer? Sont-ils semblables à ceux de votre enfance? Avec qui aimez-vous jouer? Vos divertissements sont-ils actifs ou passifs?

Pour les couples mariés

- Vos divertissements sont-ils partagés par votre conjoint? Permettez-vous à votre conjoint de se divertir et de s'amuser sans vous?

- Qui fait les projets de vacances dans votre famille? Ces projets sont-ils liés aux vacances de votre enfance?

- Votre source de récréation préférée est-elle en conflit avec celle de votre conjoint? De quelle façon?

- S'il y a conflit, ayez un tête-à-tête et, sans récrimination, dites chacun à l'autre ce que vous aimeriez vraiment faire pour vous distraire et vous détendre, et pourquoi.

- Donnez-vous mutuellement une appréciation de ce que dit l'autre, pour vous montrer que vous vous comprenez vraiment. Votre tâche, pour le moment, est d'*entendre* l'autre et d'être sûr(e) de comprendre ce qu'*il* ou *elle* aime. Evitez de porter des jugements, d'être indifférent(e) ou défensif(ve).

- Ensuite, discutez les alternatives possibles. Qu'est-ce que chacun accepterait d'essayer? Qu'est-ce qui serait intolérable à l'un des deux? Qu'est-ce qui pourrait être passionnant?

- Essayez de faire des projets qui vous permettraient de prendre plus de plaisir et d'amusement ensemble. Eventuellement, décidez de l'activité du week-end à tour de rôle. Faites de votre mieux et essayez de prendre plaisir aux projets de l'autre.

- Essayez cela pendant deux mois. Puis discutez vos expériences vécues. Faites le point avec l'autre de ce qui vous a paru source de plaisir, de ce qui était tolérable et de ce qui était impossible. Qu'aurait-on pu faire pour avoir plus d'agrément? Devez-vous vous entendre pour que cela se passe mieux à l'avenir?

- A présent, avec pour but d'apporter le plus de plaisir possible à l'autre, projetez, chacun à votre tour, une activité amusante que vous pensez devoir être agréable à votre conjoint.

- Enfin, essayez quelques distractions nouvelles que chacun de vous aimerait avoir. Lesquelles pourraient être expérimentées? Faites vos projets. Essayez-les. Evaluez vos résultats.

Cette expérience d'imagination est destinée à ceux qui ont oublié, ou ont peur, ou se sentent incapables de jouer. Faites ces expériences petit à petit. Arrêtez-vous si vous ressentez trop d'anxiété. Attendez un peu, puis recommencez. Ne vous pressez pas.

- Imaginez-vous vous préparant à un jeu de volley-ball.

- Choisissez les vêtements que vous allez porter. Représentez-vous habillé(e) et prêt(e) à jouer.

- Imaginez que les autres joueurs seront également des débutants, cherchant plus à s'amuser qu'à gagner.

- Imaginez-vous en route pour le jeu.

- Voyez-vous arrivant au terrain avec les autres.

- Représentez-vous sur le terrain réussissant quelques bonnes balles et en ratant d'autres.

- Laissez l'excitation vous envahir librement. Voyez-vous en train de sourire, de rire, de crier, de courir, de bondir, de rattraper la balle et de vous amuser.

A présent, pensez à une activité distrayante que vous avez eu secrètement envie d'essayer. Recherchez des situations de jeu où vous vous sentez en sécurité, par exemple la maison de jeunes, un centre de détente ou un club pour adultes. Choisissez pour jouer des personnes qui ne vous intimident pas.

- Reprenez le processus ci-dessus. Faites cet exercice d'imagination pendant plusieurs jours. Prenez conscience de votre confiance croissante. Quand vous vous sentirez prêt(e), mettez-le en pratique dans la réalité.

- Rappelez-vous que vous jouez pour vous divertir et n'en faites pas une affaire d'état.

4. Vos jeux psychologiques

En limitant cette expérience aux jeux étudiés dans ce chapitre, inscrivez d'abord le rôle manipulateur fondamental — Victime, Persécuteur, Sauveteur — à partir duquel se joue chacun des jeux.

A présent, examinez les jeux auxquels vous, vos camarades ou vos frères et soeurs jouiez dans votre enfance.

Nom du jeu	Rôle Manipulateur	Votre Implication dans le jeu
J'essaie Seulement De T'Aider		
Qu'est-ce que Tu Ferais Sans Moi?		
Cette Fois Je Te Tiens, Salaud		
Au Viol		
La Scène		
Sans Lui/Elle		
Jambe de Bois		

Si vous jouiez à certains de ces jeux dans votre enfance, y jouez-vous encore aujourd'hui?

- Comment tenez-vous les rôles de Sauveteur, de Persécuteur ou de Victime?
- Dans quelles situations et avec qui?
- A quel degré d'intensité êtes-vous impliqué(e) dans vos jeux?

5. Votre identité et votre expression sexuelles

Vous pouvez obtenir des renseignements importants sur votre attitude et votre comportement sexuels en revivant vos émotions liées à vos expériences et à votre identité sexuelles.

Repensez à ce qui s'est dit à propos de votre naissance.

- A-t-on parlé, que ce soit de façon positive ou négative, de la douleur que vous avez causée à votre mère?
- Savez-vous ce que vos parents ont pensé de votre sexe à votre naissance? Répondait-il à leur attente?
- Si oui, comment êtes-vous venu à l'apprendre?
- Si non, comment avez-vous reçu le message et comment y avez-vous réagi?

Quels ont été vos modèles masculins et féminins? Etaient-ils adéquats?

- Avez-vous eu suffisamment l'occasion de vous trouver avec des personnes du sexe opposé? Du même sexe?
- En général, dans votre enfance, craigniez-vous ou appréciiez-vous les personnes du sexe opposé? Les personnes du même sexe?
- Quelles conceptions de la masculinité ou de la féminité avez-vous incorporées? Rejetées? Lesquelles vous inspirent encore de la confusion?
- Votre père pensait-il que les femmes sont OK et les traitait-il comme telles?
- Votre mère pensait-elle que les hommes sont OK et les traitait-elle comme tels?
- Quels étaient les attitudes et les comportements de vos autres personnages parentaux par rapport aux personnes du sexe opposé?
- Lesquelles de ces attitudes avez-vous incorporées?

A présent, mettez en route vos bandes audio-visuelles Parentales étiquetées SEXE.

- Qu'avez-vous entendu dire concernant votre curiosité sexuelle? Ces remarques étaient-elles logiques? Porteuses de préjugés? Menaçantes? Destructives? Indulgentes?
- Evitent-elles le sujet ou sont-elles vides de sens? Vous ridiculise-t-on ou vous fait-on honte?
- Quels mots, quelles expressions servaient à vous faire « marcher droit »?

- Comment appelait-on vos organes sexuels? Comment vous a-t-on expliqué « le mystère de la vie »?
- Vos parents vous ont-ils appris à vous protéger sexuellement? Ont-ils abusé de vous sexuellement? Ont-ils échoué à vous protéger sexuellement? Ont-ils flirté avec vous? Vous provoquaient-ils? Vous racontaient-ils des histoires salaces pour vous exciter?
- L'un de vos parents se satisfaisait-il par procuration à travers vos propres expériences sexuelles? Semblait-il exagérément intéressé?

A présent, activez vos sentiments d'Enfant concernant le sexe.

- Quel a été votre premier sentiment en ce qui concerne votre corps et surtout vos organes sexuels? La culpabilité? La joie? La honte? Ou quoi d'autre?
- Rappelez-vous les expériences sexuelles que vous avez vécues enfant. Quels sentiments de votre état du moi Enfant accompagnent cette réminiscence?

Laissez votre Adulte tenter de séparer vos émotions d'Enfant Spontané de celles de votre Enfant Adapté. Vos adaptations étaient-elles appropriées? Excessivement prohibitives? Insuffisantes? Ou quoi d'autre?

- Aviez-vous besoin de dissimuler votre curiosité sexuelle? Le cas échéant, comment votre Petit Professeur y parvenait-il?

6. Vos sentiments et votre comportement sexuels actuels

Réfléchissez aux questions suivantes en relation avec vos sentiments et votre comportement actuels.

- Quels sentiments ressentez-vous à propos de votre corps maintenant et particulièrement de vos organes sexuels?
- A votre âge et à la période actuelle de votre existence, que considéreriez-vous comme étant un comportement sexuel approprié? Disposez-vous de données Adultes et de raisons logiques pour appuyer vos conclusions?
- Quel est l'état du moi qui commande vos sentiments? Votre comportement?

- Agissez-vous en accord ou en rébellion vis-à-vis de votre état du moi Parent? Votre Adulte, se fondant sur des données réelles, est-il d'accord avec votre Parent?
- Si vous avez l'âge d'avoir un partenaire, évaluez vos transactions sexuelles. Sont-elles adéquates? Pleines de joie? Frustrantes? Source d'exploitation? Mutuellement satisfaisantes? Ou quoi d'autre?

Cette expérience est réservée aux personnes ayant un problème sexuel [16].

- Vos enregistrements Parentaux contribuent-ils à votre problème actuellement? Si oui, inventez un moyen de les neutraliser. Un des moyens possibles est d'interrompre le dialogue interne pour se concentrer sur sa propre sensualité. Prenez conscience des sensations de votre corps et de ce qui est bon. Si vos parents reprennent des discours négatifs dans votre tête, dites-leur : « ça, c'est de l'histoire ancienne ». Le fait d'exprimer verbalement les sensations de votre corps vous aidera à arrêter la bande. Concentrez-vous à nouveau sur ce que vous ressentez *maintenant*.
- Les enregistrements de votre Enfant contribuent-ils au problème? Quels sont les désirs de votre Enfant Spontané? Lesquels êtes-vous capable d'exprimer? Avez-vous besoin d'un supplément de contrôle? De moins de contrôle?
- Quel effet votre Petit Professeur a-t-il sur le problème? Son intuition et sa créativité sont-elles coupées? « Manipule »-t-il dans des limites raisonnables ou tente-t-il d'exploiter les autres?

Puisque tant de problèmes sexuels proviennent de l'Enfant Adapté, examinez attentivement vos adaptations.

- Quels sentiments avez-vous appris à ressentir en ce qui concerne le sexe? La culpabilité? La peur? Le mépris? Ou quoi d'autre? Ces sentiments sont-ils liés à des incidents traumatisants de votre enfance, ou à un conditionnement négatif à long terme?
- Votre Enfant Adapté choisit-il d'entretenir le problème sexuel afin de démontrer ses premières positions psychologiques?
- Comment le problème contribue-t-il à votre scénario?

A présent, en vous servant de vos poings ou d'une chaise, établissez un dialogue à propos du sexe entre votre Parent et votre Enfant Spontané. Dites tout ce que vous avez envie de dire.

- Après avoir épuisé la conversation (ce qui peut demander plusieurs tentatives), laissez votre Adulte dire à votre Parent que vous êtes à présent et dorénavant responsable de votre propre comportement sexuel.

Maintenant, examinez votre état du moi Adulte.

- Disposez-vous d'une information suffisante concernant votre sexualité et celle du sexe opposé? Si non, réunissez davantage de données par des lectures, des cours ou des conversations avec des conseillers.

- La pensée claire de votre Adulte est-elle contaminée par des préjugés Parentaux et/ou des expériences vécues ou des déformations de l'Enfant?

- Quel comportement sexuel est approprié dans votre vie actuelle? Quelle signification votre comportement actuel a-t-il pour les autres? Quelle signification pourrait-il avoir? Pourriez-vous rendre quelqu'un plus heureux?

- Y a-t-il quelque chose que vous pourriez faire concernant votre problème mais que vous n'avez pas fait? Avez-vous besoin de consulter un thérapeute? De vous soumettre à un examen médical? De prendre des vacances? De modifier quelque peu votre cadre de vie? Ou quoi d'autre?

- Quelles nouvelles décisions vous faut-il prendre? Quelles nouvelles lignes d'action votre Adulte peut-il décider d'adopter?

8

COLLECTIONS DE BONS-CADEAUX*
ET JEUX PSYCHOLOGIQUES

*La vie est comme un oignon; on enlève une pelure,
puis une autre, et parfois on pleure.*
   Carl Sandburg

Chez la plupart des individus, les opinions et les traditions ont tendance à s'implanter dans l'état du moi Parent, les données objectives et leur traitement dans l'Adulte, les sentiments naturels et adaptés dans l'Enfant.

Les enfants naissent capables de tous les sentiments, depuis l'affection jusqu'à la rage. Tout d'abord ils réagissent directement en fonction de ce qu'ils ressentent — ils crient, gazouillent, se font câlins. Vient un temps, cependant, où les enfants adaptent leurs sentiments à leurs expériences vécues. Par exemple, ils sont câlins de nature, mais peuvent pourtant apprendre à se raidir et à se replier sur eux-mêmes, craintivement, dès qu'on s'approche de leur berceau. Les enfants recherchent naturellement le plaisir plutôt que la douleur, et pourtant il arrive qu'ils s'adaptent à rechercher la douleur, et même la mort. Ils sont naturellement égocentriques, et peuvent pourtant apprendre à se sentir coupables de désirer quelque chose pour eux-mêmes.

Les enfants ne naissent pas avec leurs sentiments programmés envers les choses et les êtres. Chaque enfant apprend envers qui et quoi montrer de l'affection. A propos de qui et de quoi se sentir coupable; qui et quoi craindre et qui et quoi haïr.

Bien que les enfants éprouvent tous les sentiments, chacun d'eux finit par être sensible à une émotion « préférée ». C'est celle qui était généralement ressentie lorsque « ça allait mal » à la maison.

Un enfant qui s'entend constamment dire	S'adapte en ressentant
« Tu me fais honte! » ou « Tu devrais avoir honte! »	de la culpabilité.

« Attends un peu que ton père rentre;
il va te donner une bonne raclée! »   de la peur.
« Ne parle pas à ces Juifs/Arabes.   de la haine
on ne peut pas leur faire confiance. »   ou de la défiance.

Bien que ces sentiments aient pu être une réaction compréhensible aux situations originelles de l'enfance, les individus auront tendance plus tard à rechercher des situations où ils revivront l'ancien sentiment. En fait, ces sentiments sont souvent « collectionnés ».

LES BONS-CADEAUX PSYCHOLOGIQUES

En AT les sentiments collectionnés par l'état du moi Enfant sont appelés « bons-cadeaux ». Le terme de « bons » a été emprunté à la pratique courante dans certaines chaînes de magasins aux Etats-Unis, qui consiste à collectionner des bons-cadeaux à chaque achat, bons qu'on échangera plus tard contre un cadeau en nature ou en espèces [1]. Un phénomène semblable s'observe dans le comportement humain. Les personnes font collection de sentiments archaïques, puis les échangent contre un cadeau psychologique.

Lorsque les individus collectionnent leurs bons, ils amènent les autres, par la « manipulation », à les blesser, les diminuer, les mettre en colère, les effrayer, éveiller leur cupabilité, etc. Ils y parviennent en provoquant les autres ou en les invitant à jouer certains rôles, ou bien en s'imaginant que quelqu'un s'est mal conduit à leur égard.

Lorsqu'on se sert des autres afin de revivre et d'accumuler ces anciens sentiments, on s'octroie une satisfaction (souvent avec la permission et les encouragements de l'état du moi Parent). Cette forme d'auto-satisfaction est un *racket*. Berne définit ainsi le racket : « S'octroyer des satisfactions par des sentiments de culpabilité, d'incapacité, de blessure, de peur, et d'irritation... » [2].

Tous les sentiments ne sont pas des rackets. Certains sont authentiques. Par exemple, une personne qui se sent coupable de s'être mal conduite, puis profite de ses erreurs passées pour modifier certains schémas de comportement, agit ainsi de façon réaliste et à partir de son Adulte. Cette personne est en passe de devenir un gagnant.

Par contre, un perdant pourra se sentir coupable de certains actes, mais ne fera rien pour modifier son comportement. En fait il se complaît à rechercher délibérement les situations qui provoqueront les sentiments de culpabilité. Le perdant est comme l'enfant qui promet « craché-juré », tout en faisant toutes sortes de restrictions mentales. Le perdant qui réussit à revivre « ce bon vieux sentiment », parfois grâce à des jeux, parvient à maintenir le statu quo.

L'exemple suivant illustre les façons différentes dont deux personnes manient leurs sentiments de culpabilité.

Exemple clinique

Plusieurs employés avaient demandé à quitter la section B d'un laboratoire d'électronique, ce qui amena le responsable à les convoquer à une réunion où ils furent conviés à faire connaître leurs ressentiments. Le problème devint clair lorsqu'un des hommes explosa : « J'en ai ras le bol que Patrick et François prennent toujours deux heures pour déjeuner et nous laissent tout le travail supplémentaire. » Patrick et François s'avouèrent tous deux coupables, s'excusèrent, et promirent de faire mieux.

Patrick tint sa promesse. Mais François ne le fit pas. Il continua à s'absenter longtemps pour déjeuner, offrant des excuses du genre : « Les gars, je suis vraiment désolé. Faut croire qu'il m'arrive toujours quelque chose, malgré mes bonnes intentions. Je suis rudement embêté, mais cette fois-ci je vais faire un effort. » Les réprimandes du responsable de la section se firent plus fréquentes. François finit par être mis à la porte.

Les transactions entre états du moi qu'avait le responsable avec François étaient très différentes de celles qu'il avait avec Patrick (voir Figure 8.1). Patrick reconnaissait que ses déjeuners prolongés imposaient un supplément de travail injuste aux autres, et se reprit. Mais François collectionnait les bons de culpabilité en jouant dur à *Botte-Moi Les Fesses*, et obtint sa récompense en se faisant mettre à la porte. *Botte-Moi Les Fesses* est un jeu courant parmi les « perdeurs d'emploi ».

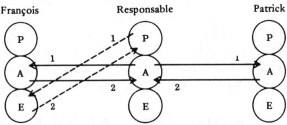

L'enfant dont la réaction « préférée » était de se sentir incapable, aura tendance plus tard à collectionner les sentiments d'inaptitude (parfois appelés *bons-cadeaux marrons* ou *bons-cadeaux gris*). Cette personne adopte généralement la position Je ne suis pas OK, et « manipule » les autres à partir d'un rôle de Victime.

L'un des jeux servant à collectionner les sentiments d'inaptitude est *L'Imbécile*. La conversation suivante, rapportée par Ginott [3], illustre la détermination inébranlable d'un fils à obtenir de son père un bon d'inaptitude, et la disposition du père à le lui donner :

Fils :   Je suis un idiot.

Père :   Tu n'est pas un idiot.

Fils :   Si, j'en suis un.

Père :   Non, tu ne l'es pas. Tu te souviens comme tu t'es montré doué en colonie de vacances? Le moniteur pensait que tu étais le plus intelligent.

Fils :   Comment tu le sais, ce qu'il pensait?

Père :   Il me l'a dit.

Fils :   Ouais, alors pourquoi il m'appelait tout le temps Imbécile?

Père :   C'était juste pour rigoler.

Fils :   Je suis idiot, je le sais bien. Regarde mes notes, en classe.

Père :   Il suffirait que tu travailles un peu plus dur.

Fils :   Mais je travaille déjà plus dur et ça n'y fait rien. J'ai pas de cervelle.

Père :   Tu es doué, je le sais bien.

Fils :   Je suis idiot, *moi* je le sais.

Père :   Tu n'est pas idiot!
(d'une voix forte)

Fils :   Si je le suis!

Père :   Tu n'est pas idiot, Imbécile!

Les gens qui se sentent idiots et qui n'arrivent pas à trouver une personne pour les traiter d'« Imbécile », pourront *s'imaginer* que quelqu'un se moque d'eux. Ils collectionnent ainsi un *faux* timbre d'imbécile.

Ceux qui, enfants, réagissent à la dévalorisation en se sentant blessés et déprimés[1] auront, plus tard, à s'accorder des satisfactions en collectionnant les sentiments de dépression (parfois appelés bons-cadeaux bleus). Une femme, habituée à accumuler les sentiments de dépression, découvrit que lorsque tout allait trop bien, elle pouvait toujours s'arranger pour recueillir quelques bons-cadeaux de dépression en téléphonant à sa belle-mère. Un homme recueillait ses bons-cadeaux de dépression en arrivant régulièrement en retard aux réunions du service, s'attirant ainsi un « coup de pied » de la part du président de la réunion. Plus tard il se plaignait toujours : « Vraiment, ces réunions me dépriment. Elles me gâchent la journée. »

La personne qui collectionne les bons de dépression agit généralement dans une position psychologique Je ne suis pas OK et « manipule » les autres en jouant le rôle de Victime. Ce genre de personne est facilement blessé par des commentaires banals et en fait s'efforce d'être blessé afin de se sentir déprimé.

Le jeu *Surmené* présente une occasion de recueillir les bons de dépression. Le joueur Surmené finit par justifier une grave dépression et un effondrement total. Berne décrit ainsi la ménagère qui joue ce jeu :

Elle admet les critiques de son mari et accepte toutes les exigences de ses enfants. Si elle reçoit des amis à dîner, non seulement elle se sent le devoir d'entretenir la conversation toute la soirée, d'être la châtelaine régnant sur la maison et les serviteurs, la décoratrice, le traiteur, la femme éblouissante, la reine vierge, et le diplomate, mais elle se proposera en plus ce matin-là de faire un gâteau et d'emmener les enfants chez le dentiste. Si elle se sent déjà recrue de fatigue, elle aura une journée d'autant plus surmenée. Alors, en plein milieu de l'après-midi, elle s'effondre à juste titre, et rien ne se fait. Elle laisse tomber mari, enfants, et invités, et les reproches qu'elle s'adresse à elle-même ne font qu'ajouter à sa détresse. Si cela se produit deux ou trois fois, son couple est menacé, ses enfants déroutés, elle maigrit, elle a les cheveux mal peignés, le visage tiré, et les chaussures éculées. [4]

Les cadres qui jouent à être Surmenés disent « oui » à tout, proposent d'arriver en avance et de travailler tard, acceptent des travaux

---

[1] La dépression n'est pas à confondre avec le désespoir. Le désespoir est une réaction authentique par laquelle la personne fait face à des faits désagréables de la vie. La dépression, elle, est basée sur la répétition d'enregistrements, souvenirs anciens où l'enfant se sent impuissant(e) par rapport à ses parents. [5]

pendant le week-end, et emportent du travail chez eux dans leur serviette — épluchant parfois même leurs dossiers dans l'autobus. Pendant un certain temps ils parviennent à agir en surhomme ou « surfemme », mais à la longue leur apparence commence à trahir leur surmenage. Ils arrivent au bureau la mine chiffonnée, quelquefois mal rasés ou l'oeil injecté de sang. Ils deviennent incapables de terminer leur travail. Leur santé physique et mentale se détériore. Ils accumulent tant de sentiments de dépression qu'ils finissent par s'effondrer, si déprimés qu'ils sont incapables d'entreprendre quoi que ce soit.

Beaucoup de gens collectionnent les sentiments de colère et d'hostilité (parfois appelés *bons-cadeaux rouges*). Ce genre de collectionneur de bons agit généralement dans la position Je suis OK, Vous n'êtes pas OK. Telle personne, bousculée accidentellement dans un couloir, pourra devenir furieuse quand l'autre personne tentera de s'excuser. Un responsable des ventes égarait fréquemment ses contrats, puis en voulait à sa secrétaire de ne pas tenir son bureau en ordre.

Pour recueillir leurs bons-cadeaux de colère certains jouent à *Regarde Ce Que Tu M'As Fait Faire* [6]. Ce jeu peut se pratiquer au bureau si une dactylo fait une faute de frappe pendant que le chef de service l'observe. Plutôt que d'assumer personnellement la responsabilité de l'erreur, la dactylo se tourne vers le chef de service et dit rageusement : *Regardez Ce Que Vous M'Avez Fait Faire!* En reprochant une erreur à quelqu'un d'autre, la dactylo recueille un bon-cadeau de colère. Si cela se produit suffisamment souvent, le chef de service pourra, lui, recueillir tout qu'il lui faut en bons-cadeaux de peur ou de culpabilité, et laisser la dactylo tranquille; le but du jeu est alors atteint : l'isolement. Une autre personne jouant à *Regarde Ce Que Tu M'As Fait Faire* pourra collectionner les sentiments de pureté : « Après tout, ce n'est pas ma faute à *moi*. C'est *ta* faute si je me suis trompé. »

Certains peuvent collectionner les sentiments de se voir purs, irréprochables, et vertueux (parfois appelés *bons-cadeaux blancs*). Une mère de famille, voulant s'offrir un bon de vertu, pourra se plaindre : « Ce n'est pas ma faute si personne ne vient dîner à la maison. Même quand j'ai mal à la tête je fais tout ce que je peux pour que ce soit agréable. » Un élève, cherchant à obtenir un bon de pureté de la maîtresse, pourra devenir très rapporteur, et obtenir le bon blanc désiré lorsque la maîtresse répond : « Je suis bien contente que tu m'aies dit qui faisait circuler tous ces vilains mots dans la classe. » Un chef de service, collectionneur de bons-cadeaux blancs, omettra de distribuer le travail, puis fera consciencieusement des heures supplémentaires pour terminer ce travail.

Sur le Pouce est un jeu favori parmi les cadres collectionnant les bons-cadeaux de pureté et de vertu. Un cadre adepte de ce jeu se sert de sa propre vertu pour « manipuler » et contrôler les autres. Le jeu comporte une récompense, aussi bien à la maison qu'au bureau.

Le mari, dont les moyens lui permettent aisément de déjeuner dans un bon restaurant, se prépare néanmoins chaque matin quelques sandwiches qu'il emporte au bureau dans un sac en papier. Ainsi il fait bon emploi des croûtons de pain qui traînent, des restes du dîner et des sacs en papier que lui garde sa femme. Cela lui donne le contrôle total des finances de la famille, car quelle femme oserait s'acheter un manteau de vison face à une telle abnégation? Le mari récolte nombre d'autres avantages, par exemple le privilège de déjeuner seul et de rattraper son travail pendant l'heure du repas [7].

Dans un tel cas le cadre économise suffisamment de bons-cadeaux de pureté pour écarter les exigences « frivoles » des autres. Le message caché est le suivant : « Si moi je peux être aussi frugal, alors vous pouvez l'être aussi. » En accumulant ainsi la vertu et l'humilité, il rend les autres trop coupables ou trop craintifs, et leurs demandes sont écartées.

La couleur que nous attribuons aux bons-cadeaux psychologiques n'a évidemment aucune importance. L'important est le fait que ceux-ci représentent une auto-satisfaction de sentiments archaïques qui sont mis de côté, et un jour, « remboursés ».

Une façon d'entrer en contact avec les anciens sentiments qu'on ne cesse de renforcer est de prendre conscience de ceux qui ne semblent pas appropriés à la situation. Quand on sait qu'une réaction émotionnelle n'est pas logique, on est en mesure de remonter à son origine, comme le fit Diane dans l'exemple suivant.

Exemple clinique

Diane se disait déprimée et anxieuse lorsque son mari regardait la télévision le soir. Ses sentiments, disait-elle, étaient déraisonnables, puisqu'en réalité il travaillait dur, qu'on pouvait compter sur lui à la maison, et qu'il était très dévoué à leurs deux fils.

Un soir de dépression, Diane partit dans sa chambre pour tenter de remonter à l'origine de ses sentiments. Grâce à une technique apprise en thérapie, elle commença par se préciser ce qu'elle ressentait exactement. Puis elle se demanda : « Qu'est-ce que cela me rappelle? » « Quand ai-je déjà ressenti cela? »

Après quelques instants lui revinrent des souvenirs d'enfance de son père. Lorsque sa situation devenait difficile, il se retirait dans la maladie mentale. Celle-ci se manifestait par le fait de rester longuement assis dans son fauteuil, les yeux perdus dans le vague. Lorsque son père se conduisait ainsi, Diane commençait à se sentir déprimée, puis prise de panique. Mais quand elle s'efforçait d'aborder ce sujet, sa mère protestait : « Il vaut mieux ne pas parler de ces choses-là. Ça fait du mal à tout le monde, et c'est tout. »

Diane raconta que revivre ces anciens souvenirs avait été douloureux pour elle et avait provoqué des crises de larmes. Elle découvrit cependant par la suite que son mari pouvait regarder la télévision de son fauteuil sans qu'elle ressente les émotions du passé.

La personne qui est en train de devenir gagnante décide souvent d'abandonner une collection de bons-cadeaux négatifs, et de collectionner consciemment les bons-cadeaux *en or* : les sentiments d'appréciation de soi. Au lieu de rejeter les signes de reconnaissance positifs et de mettre de côté les vieux sentiments de perdant, elle apprend de nouvelles réactions :

Stimulus :	C'était un fameux dîner, Claudine.
Ancienne réaction :	Oh, ce n'était rien.
Nouvelle réaction :	Merci. Le coq au vin, c'est ma spécialité.
Stimulus :	L'estimation que vous avez faite de ce travail était excellente. A croire que vous avez un sixième sens.
Ancienne réaction :	Oui, enfin, c'est dommage que je ne l'aie pas terminée plus tôt.
Nouvelle réaction :	Merci, je suis contente que ça ait si bien tourné. Ça nous aidera peut-être à décrocher de nouveaux contrats.

Stimulus : Vous avez donné un solo formidable, lors du concert.

Ancienne réaction : Je n'ai pas trouvé ça génial.

Nouvelle réaction : Ah merci bien. Je suis content que ça vous ait plu.

L'état du moi Enfant se sent bien lorsqu'on s'accorde des bons-cadeaux en or. Mais ceux-ci peuvent être simulés. La personne qui par sa générosité financière cherche à « acheter » la sympathie, recueille en fait un bon en or en « toc », lui procurant un sentiment d'être OK passager ou faux.

Celui ou celle qui a acquis une force intérieure suffisante ne ressent plus le besoin contraignant de collectionner des bon-cadeaux psychologiques — pas même des bons en or. Bien rares sont ceux qui atteignent un tel degré d'indépendance. La plupart d'entre nous trouvons réconfortant d'avoir quelques bons en or mis de côté pour « les mauvais jours » — même les gagnants.

LE JOUR DES COMPTES

Un beau jour les bons-cadeaux psychologiques sont échangés contre un cadeau. Quand vient enfin le « jour des comptes », la personne peut avoir économisé tant de ressentiments liés à une collection de bons donnée qu'elle se sent en droit de les mettre en jeu. Le processus est le suivant :

collection $\rightarrow$ ressentiments $\rightarrow$ justification
de bons-cadeaux   croissants   d'un comportement

On se fait rembourser ces bons-cadeaux en se blessant, en ratant un examen, en portant un coup à quelqu'un, en broyant du noir, etc. Celui ou celle qui aura fait collection de bons en or pourra rechercher des moyens d'améliorer son travail, de prendre de bonnes vacances, de se faire de nouveaux amis, de renouer avec les anciens, de renoncer à une liaison destructrice, etc.

Les individus constituent des collections d'importance variable, et ressentent différentes contraintes en ce qui concerne le lieu, l'heure et le mode de remboursement. Certains attendent des années pour échanger un seul bon négatif. Ce fut le cas de Bernard. Il racontait comment son frère échangea un bon de colère qu'il avait retenu contre lui des années durant : un jour, en jouant, son frère aîné lui avait demandé d'enlever un morceau de pain qui se trouvait sur les rails de leur train électrique. Quoique Bernard n'eût alors que cinq ans, il refusa obstinément d'obtempérer. Son frère menaça : « Je ne l'oublierai jamais. Un jour tu me le paieras. » Ils eurent de bons rapports jusqu'au jour où, une vingtaine d'années plus tard, Bernard fit appel à son frère pour l'aider, sa voiture étant tombée en panne en rase campagne. Quoique son frère l'eût souvent secouru auparavant, cette fois-là il le « fit payer » et échangea son timbre en disant : « Pas cette fois-ci, Toto. Rappelle-toi le pain sur les rails! »

Certains économisent l'équivalent d'une page entière de bons et l'échangent contre un cadeau relativement modeste — aller pleurer dans sa chambre, avoir mal à la tête, briser un plat, faire tomber une tarte, passer un savon à un employé, renverser un tiroir à dossiers, ou envoyer une lettre dans une enveloppe mal adressée. Pour d'autres, le cadeau est quelque chose de plus gros.

Exemple clinique

Tout au long de la journée Janine avait permis à son jeune fils d'entrer dans la maison les chaussures pleines de boue. Elle prenait l'air patient, nettoyait la boue, puis le renvoyait dehors. Plus tard il coloria son nouveau fauteuil à la craie. Toujours sans manifester de désapprobation, elle l'envoya dans une autre pièce et nettoya le fauteuil. Le garçon poursuivit ses transgressions et elle continua à les accepter. Finalement, au bout de la journée, Janine en « eut assez » (la page de bons était pleine et il était temps de se faire rembourser sa collection). Lorsque son fils rentra dîner, toujours les chaussures pleines de boue, elle le gifla, furieuse, le gronda, et l'envoya dans sa chambre.

Certains économisent des « livrets » entiers de bons-cadeaux, puis se sentent justifiés lorsque, par exemple, ils détériorent leur voiture, s'enfuient de chez eux, se blessent, mettent un magasin à sac, renvoient un employé précieux, donnent leur démission au moment où on a le plus besoin d'eux, ont une liaison, etc.

D'autres amassent des collections plus importantes encore, les échangeant contre des cadeaux plus gros — faire une dépression nerveuse, être emprisonné(e), vivre en marge de la sociéte, divorcer. Les couples mariés expriment parfois les nombreux ressentiments accumulés au cours des ans, lors de leur première visite à un conseiller conjugal.

Une femme pourra dire :

« Eh bien, le lendemain même de notre mariage... »

« Et le 8 juin 1959, il... »

« Et le jour de mon 35ème anniversaire, il... »

Et un mari :

« Et le jour de notre mariage, elle a même été jusqu'à... »

« Et quand on a acheté notre première maison, elle... »

« Et puis quand j'ai amené le patron dîner à la maison, elle... »

Les cadeaux ultimes obtenus en échange d'une collection de bons-cadeaux accumulés pendant toute la vie sont le suicide et/ou l'homicide.   Le jour des comptes s'annonce souvent lorsqu'une personne dit :

« Ça fait trop longtemps que je supporte ça! »

« C'est la goutte qui fait déborder le vase. »

« Je suis au bout de mon rouleau. »

« Ça suffit comme ça! »

« J'en ai ma claque! »

Traduites, de telles exclamations signifient : « C'est le dernier bon qu'il me fallait.   Il est temps d'échanger ma collection contre un cadeau digne d'elle. »   En général ce dernier bon ne représente que peu de chose par rapport à ce qui va suivre.

Le remboursement des bons en or peut s'annoncer par des expressions telles que :

« Je suis prêt(e) à relever un nouveau défi. »

« Je suis content(e) de faire cela. »

« Je vais demander une augmentation et je parie que je l'aurai. »

LE MESSAGE DU T-SHIRT

L'Enfant intérieur — souvent avec l'aide du Petit Professeur — envoie aux autres un message pertinent afin de les engager dans des rackets, des jeux, des collections de bons-cadeaux. L'émission d'un tel message est semblable à l'exposition d'une annonce sur la poitrine, et est familièrement appelée le *T-shirt*. Ce terme est emprunté à une mode parmi les jeunes, qui consiste à porter des T-shirts imprimés d'un message ou d'une inscription.

Ceux qui ont les épaules voûtées, qui se plaignent et ont l'air anxieux, portent peut-être un T-shirt où s'inscrit : « Ne Me Donnez Pas De Coups De Pied, S'il Vous Plaît. Je Suis Une Victime. » Leurs messages invisibles présentent à leurs compagnons une invitation soit à les rabaisser, soit à essayer de les aider.

Les yeux écarquillés et l'air confus peuvent également appartenir à un rôle de Victime, dont le T-shirt dit : « Mais Enfin, Qu'est-ce Que Vous Pouvez Attendre D'un Abruti Comme Moi ? » Ils « jouent » les idiots, puis ne comprennent pas pourquoi les autres sont exaspérés.

L'homme qui arbore une veste de tweed avec des pièces de cuir aux coudes, bien calé dans son fauteuil, et qui offre un regard de sympathie à son visiteur tout en allumant sa pipe d'un air détaché, peut projeter un T-shirt de Sauveteur : « Vous Pouvez Me Confier Tous Vos Problèmes. »

L'homme aux sourcils froncés, au menton saillant, au pas lourd, qui pointe un doigt accusateur vers les autres, porte un T-shirt de Persécuteur : « Vous Avez Intérêt A Faire Ce Que Je Dis, Sinon. »

La femme qui porte un vêtement provoquant, bat des cils, et joue des hanches, a un T-shirt : « Je suis disponible. » Peut-être désire-t-elle que les hommes la prennent pour un Sauveteur. En fait, elle les Persécute grâce à son jeu préféré, *Au Viol*. Elle se plaint comme une Victime : « Les femmes au bureau ont toutes un caractère de cochon, et les hommes sont toujours en train de me faire des avances. »

Voici quelques autres messages de T-shirt communément observés :

Je Finirai Bien Par T'Avoir Si Tu Ne Fais Pas Attention

Appuyez-vous Sur Moi, Je Suis Le Rocher de Gibraltar

Ne T'en Fais Pas, Je M'Occupe de Toi

Il Faut Absolument Que Vous M'Aimiez

Je Suis Meilleur(e) Que Toi

Attrape-Moi Donc Si Tu Le Peux

Tenez Vos Distances

Je Suis Si Fragile

Une femme rapportait avoir plusieurs messages de T-shirts, certains plus évidents que d'autres. D'après son analyse, le recto de son T-shirt était ainsi imprimé : « Je Suis Si Bonne et Si Pure », tandis que le verso portait ce message : « Ne Pas Déranger. Je Ne Suis Peut-Etre Pas Si Pure Que Ça. » Sur son chemisier, sous le T-shirt, on trouvait un troisième message, qu'elle décrivait ainsi : « Allez Vous Faire Voir! (J'aime l'humanité mais je ne supporte pas mes voisins). » Les messages multiples l'aidaient à amasser une double collection de bons-cadeaux, blancs pour la pureté et rouges pour la colère.

Ces messages faisaient partie du schéma de son scénario, consistant à séduire les gens par le biais d'une fausse intimité en les aidant vertueusement mais tout en les tenant à distance. Lorsqu'ils se rapprochaient trop, elle renversait la vapeur et les envoyait promener en usant de sarcasmes ou bien en détruisant leur réputation par des commérages. C'était là sa version du jeu du Piégeur d'Ours. Perls décrit ainsi un adepte de ce jeu :

Les piégeurs d'ours vous attirent et vous cajolent, et lorsque vous vous êtes bien accrochés, soudain s'abat la cognée, et vous vous retrouvez le nez, la tête, ou une autre partie du corps en sang. Et si vous êtes assez fou pour vous frapper la tête contre les murs jusqu'à en saigner et devenir exaspéré, alors le piégeur d'ours s'amuse et se réjouit du contrôle qu'il a sur vous, de son pouvoir de vous rendre incapable, sans ressort, et il jouit de son moi victorieux qui le fait remonter dans la faible estime qu'il a de lui-même. [8]

Lorsqu'ils ont à employer du personnel, les piégeurs d'ours tendent à émettre le message : « Comptez Sur Moi.» Ils semblent être aimables et savoir écouter, sont polis et font des promesses (l'appât).

« Vous n'aurez à faire ce travail-là que pendant un an. »

« Bien entendu, vous aurez toute liberté de faire de la recherche pure. »

« Vous avez un grand avenir, ici. »

Plus tard, le piège se renferme lorsque la personne engagée découvre que son travail ne va pas changer, que la recherche « pure » est synonyme de « suivre les orientations de l'entreprise », et que cet organisme n'offre aucun avenir. [9]

LES JEUX PRATIQUES DANS L'ETAT DU MOI ENFANT

Lorsque les jeux partent de l'état du moi Enfant, la personne y joue pour renforcer des positions de vie et faire progresser son scénario. Les jeux provenant d'un rôle de Persécuteur ou de Sauveteur ont généralement pour but de renforcer une position négative concernant les autres, Vous n'êtes pas OK (vous avez besoin d'être puni ou sauvé); ceux qui émanent d'un rôle de Victime, renforcent une position négative sur soi-même, Je ne suis pas OK (j'ai besoin de vous pour me punir ou me sauver). Examinons ces jeux :

Thèmes	Nom du Jeu	But : prouver que
Faire des reproches aux autres	*Sans Toi* *Regarde Ce Que Tu M'As Fait Faire*	Vous n'êtes pas OK
Sauver les autres	*J'essaie Seulement De T'Aider* *Qu'est-ce Que Tu Ferais Sans Moi*	Vous n'êtes pas OK
Rechercher leurs fautes	*Les Défauts* *Coincé*	Vous n'êtes pas OK
Se venger	*Au Viol* *Cette Fois Je Te Tiens, Salaud*	Vous n'êtes pas OK
Se faire rabrouer	*Botte-Moi Les Fesses* *Imbécile*	Je ne suis pas OK
Se complaire dans son malheur	*Pauvre de Moi* *Jambe de Bois*	Je ne suis pas OK
Laisser tomber	*Surmené* *Femme (Homme) Frigide*	Je ne suis pas OK

L'action dramatique du jeu débute par une invitation lancée à un ou plusieurs joueurs possibles. L'invitation est souvent appuyée par le message du T-shirt ou quelque autre « hameçon », tel que :

Une voiture ouverte, contenant des objets de valeur bien en vue ou les clés sur le tableau de bord,

de l'argent ou des allumettes laissés sur une table basse à portée de jeunes enfants,

des instructions insuffisantes données à des collègues ou à des subordonnés,

se coucher trop tard le soir pour pouvoir se lever à l'heure le lendemain matin,

prendre quatre apéritifs au déjeuner,

oublier de rendre un rapport indispensable.

Si l'autre joueur manifeste de l'intérêt pour le jeu, il ou elle est accroché(e) et la représentation commence. Les coups suivants sont complémentaires, et ont un motif caché menant au bénéfice final. Ce bénéfice comprend un bon-cadeau, peut-être le dernier de la collection.

Un animateur de radio racontait le penchant incroyable d'une femme à jouer un jeu dangereux. Passant en voiture au petit matin dans une rue sombre, il vit un homme qui tenait une femme contre le trottoir et la frappait au visage et aux épaules. L'animateur bondit de sa voiture, d'un coup il éloigna l'homme de la femme, et cria « Police! »   La femme ensanglantée s'assit et rétorqua, indignée : « Mêlez-vous de ce qui vous regarde. »

Chaque jeu comprend ses rôles, son point de dévalorisation, son nombre de joueurs, son degré d'intensité, sa durée, et ses messages cachés. Il possède aussi son propre style dramatique et peut avoir lieu dans différents décors. De plus amples illustrations sont exposées ci-dessous.

LE JEU DU « OUI, MAIS »

C'est probablement à un jeu de *Oui, Mais* qu'on a affaire si le directeur expose un problème lors d'une réunion d'affaires, puis repousse toutes les suggestions; si la directrice fait de même avec les professeurs à une réunion d'enseignants; si une femme rejette toutes les propositions utiles avancées par ses amis. Ceux qui jouent à *Oui, Mais* soutiennent la position : « Personne n'a à me dire ce que je dois faire. » Enfants, leurs parents essayaient de leur donner toutes les réponses, ou bien ne leur donnaient aucune réponse; ils ont donc adopté une position d'opposition à leurs parents (Vous n'êtes pas OK).

Pour lancer le jeu, l'un des participants présente un problème, sous couvert de solliciter des conseils d'un ou plusieurs joueurs. S'il mord à l'appât, l'autre joueur dit : « Et pourquoi ne pas... » L'initiateur minimise toutes les suggestions d'un « oui, mais... » appuyé de « raisons » pour lesquelles le conseil ne peut être efficace. A la longue, les donneurs de conseils *Pourquoi Ne Pas* abandonnent et se taisent. C'est là le bénéfice du jeu : démontrer la position « Les Parents Ne Peuvent Rien M'Apprendre. »

Dans ce jeu l'état du moi Enfant « accroche » le Parent Nourricier des autres joueurs. Bien que, superficiellement, les transactions semblent souvent se faire d'Adulte à Adulte (« J'ai un problème. Donnez-moi la solution »), la transaction cachée est d'Enfant à Parent (« J'ai un problème. Essayez donc de m'en donner la solution. Je ne vous laisserai pas faire. »)

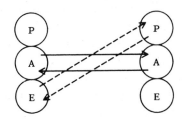

LE JEU « BATTEZ-VOUS TOUS LES DEUX »

Battez-Vous Tous Les Deux se joue habituellement à trois. Dans ce jeu une personne attise une querelle entre d'autres pour justifier sa propre position psychologique : « Les gens sont idiots. »

Une épouse, adepte de ce jeu écoutait religieusement son mari raconter l'entretien désagréable qu'il avait eu avec son patron. Elle tentait alors de l'aiguillonner pour l'amener à un affrontement en disant : « Tu ne vas pas accepter qu'il te dise une chose pareille? Tu devrais lui dire ta façon de penser. » Elle recueillit son bénéfice le lendemain soir, lorsqu'il relata la dispute stupide qu'il avait eue avec son patron.

Un homme peut entamer un jeu semblable avec un collègue de travail, en disant : « Dis, Pierrot, je crois qu'il faut que tu saches ce que Monsieur Dupré a dit de toi. C'était affreux. » Il reçoit son bénéfice lorsque Pierrot et Monsieur Dupré ont « des mots ».

Ce jeu peut prendre une dimension sexuelle. Par exemple, une femme amène deux hommes à se battre pour elle, puis s'enfuit avec un trosième larron, riant intérieurement en se disant : « Les hommes sont vraiment des imbéciles. »

LE JEU « REGARDE CE QUE TU M'AS FAIT FAIRE »

Regarde Ce Que Tu M'As Fait Faire est un jeu pratiqué communément pour renforcer la position « Vous n'êtes pas OK ». On y joue dans le but de s'isoler en faisant des reproches furieux aux autres, au lieu d'assumer la responsabilité de ses propres erreurs. Si une mère se coupe le doigt en épluchant des pommes de terre et se met en colère contre ses enfants surgissant dans la cuisine : « Voyez ce que vous m'avez fait faire! », elle joue peut-être ce jeu pour les décourager de l'ennuyer encore. (Après tout, si notre seule présence suffit pour que maman se blesse, il vaut mieux rester à l'écart.) Un jeu identique de reproche est à l'oeuvre si un contremaître s'arrête pour observer le travail d'un mécanicien, qui laisse alors tomber une pièce délicate et en accuse le contremaître : « Regardez ce que vous m'avez fait faire. » *Regarde Ce Que Tu M'As Fait Faire* est joué à un degré plus grave si un directeur sollicite et accepte les suggestions des jeunes cadres, puis leur en fait porter la responsabilité si le résultat n'est pas satisfaisant du tout.

LE JEU DE « LA SCENE »

Dans *La Scène* les deux protagonistes sont des combattants, mais l'un est l'accusateur tandis que l'autre est l'accusé. Cela démarre par une remarque critique porteuse d'un message sous-entendu Tu n'es pas OK. Le bénéfice est d'éviter l'intimité.

Un père qui joue à *La Scène* avec sa fille adolescente peut commencer ainsi : « Ou diable étais-tu passée? Tu te rends compte de l'heure qu'il est? » La fille alors se défend. Suit une dispute bruyante qui atteint son comble lorsque la fille se met à pleurer, court à sa chambre, et en claque la porte. Une mère peut lancer le jeu avec son fils en disant : « Tu as l'air d'une fille dans cette tenue. Ça ne m'étonne pas que les professeurs ne t'aiment pas. »

Si Berne décrit *La Scène* comme un jeu pratiqué par deux personnes afin d'éviter l'intimité sexuelle, des variations sur le même thème se jouent couramment dans les bureaux et les salles de classe. L'attaque initiale, toujours porteuse d'une dévalorisation, peut être :

Un patron : (à un subordonné)	Vous n'avez même pas encore appris à rédiger un rapport!
Une secrétaire : (au documentaliste)	Vous rangeriez sûrement votre tête dans le mauvais dossier si elle n'était pas accrochée.
Un vendeur : (à un autre vendeur)	Mais enfin ça ne va pas? Tu es trop bête pour lire le verso du contrat?

Si une formule de défense quelconque répond à l'attaque, le combat est engagé. Le bénéfice est récolté lorsque l'accusé abandonne, furieux de se sentir frustré, et que tous deux se séparent rageusement.

LE JEU DU « TRIBUNAL »

La Scène peut mener au *Tribunal*. Dans le cas exposé ci-dessus du père et de sa fille adolescente, chacun pourra faire appel à la mère pour arbitrer le différend. *Le Tribunal* se joue à trois ou plus. Les joueurs sont souvent des personnes qui, enfants, ont appris à « manipuler » les représentants de l'autorité pour les amener à les défendre contre leurs adversaires. Leur position est Je suis OK — Vous n'êtes pas OK. Leurs rôles fondamentaux sont ceux de plaignant, d'accusé et de juge. Parfois il y a un jury — les enfants, les collègues, etc.

Les couples mariés traînent souvent leur « affaire » devant le conseiller conjugal ou le juge; des employés de bureau pourront faire part de leurs doléances au patron ou aux partenaires de la pause-café; un enseignant et un étudiant, eux, en appelleront au directeur, au surveillant général, ou au conseil de discipline. Chacun expose son cas à l'arbitre dans l'espoir que c'est l'autre qui sera jugé coupable.

Chez le conseiller conjugal

La femme, partie plaignante :	Moi, j'ai toujours fait attention à l'argent. Et lui, il tire des chèques sans provision, alors maintenant on ne peut pas payer nos factures.
Le mari, accusé :	Elle me donne si peu d'argent de poche que je n'ai même pas de quoi offrir un pot aux copains.

Chez le chef de service

Employé A :	J'ai plus d'ancienneté que lui dans la boîte, pourtant on lui donne ses vacances en juillet, tandis que moi je suis obligé de les prendre en septembre.
Employé B :	Je n'y peux rien si ma femme ne peut avoir ses congés qu'en juillet. Vous ne voulez tout de même pas que je prenne mes vacances tout seul, non?

Chez le surveillant général

Enseignante, partie plaignante :	Il méritait bien d'avoir une aussi mauvaise note. Il a toujours rendu ses devoirs en retard. Même quand je lui donnais un délai supplémentaire, il y en avait toujours qu'il ne me rendait pas.
Etudiant, accusé :	Elle donne plus de devoirs à faire qu'aucun autre professeur du lycée. Et comme je venais lui demander de m'aider après les cours, j'avais pensé que ça compensait une partie du travail que je ne rendais pas.

Le Tribunal peut prendre la forme d'un jeu criminel où deux personnes exposent leur cause devant un vrai juge, et où l'une est déclarée coupable et l'autre acquittée. Un tel jeu est — et surtout était — souvent rendu nécessaire par les lois régissant le divorce.

LE JEU « DES GENDARMES ET DES VOLEURS »

Certains criminels sont motivés par le profit, mais d'autres pratiquent le crime afin de jouer aux *Gendarmes et aux Voleurs*. Ce jeu est très proche du jeu de cache-cache enfantin, où le « voleur » se cache mais obtient son véritable bénéfice lorsqu'il prend l'air contrarié après avoir été découvert. D'ailleurs, le « voleur » trop bien caché est susceptible de se mettre à tousser, ou d'oublier un indice pour aiguiller le « gendarme ».

Un cambrioleur ou celui qui attaque une banque, adepte de *Gendarmes et Voleurs*, s'arrange pour oublier une pièce à conviction, ou pour commettre un acte de violence ou de vandalisme inutile. Le « voleur » satisfait ses émotions et pulsions perdantes d'Enfant en donnant libre cours à sa colère ou en provoquant les gendarmes pour se faire pincer. Le criminel professionnel, au contraire, très méticuleux, ne laisse traîner aucun indice, évite toute violence inutile, et n'a aucune intention de se faire prendre.

La dynamique du jeu *Les Gendarmes et les Voleurs* est semblable à celle des jeux complémentaires : *Cette Fois Je Te Tiens, Salaud* et *Botte-Moi les Fesses*.

RENONCER AUX JEUX

Les jeux renforcent les anciennes décisions. Celles-ci ne sont pas permanentes et peuvent être changées. Ceux qui décident de renoncer à ces jeux consacrent leur temps à devenir conscients de ces jeux, et particulièrement de ceux dont ils prennent l'initiative. Ils comprennent comment les reconnaître et identifier les rôles qu'ils y assument, comment y couper court ou les éviter, comment donner et obtenir des contacts *positifs*, et comment structurer leur temps de façon plus appropriée dans l'ici et maintenant. Ils prennent contact avec leurs potentialités et se rapprochent de ce qu'ils sont nés pour être [10, 11].

On peut faire échec à un jeu soit en refusant de jouer, soit en refusant de donner le bénéfice. Par exemple, si l'on n'offre pas de suggestions à un joueur de *Oui, Mais*, on coupe généralement court au jeu. Il s'agit alors d'un arrêt du jeu par transaction croisée [12]. Lorsqu'on offre des permissions au lieu de restrictions autoritaires à un joueur de *Sans Toi*, on fait également échec au jeu. Et en refusant de prendre la défensive face à une remarque critique, ou en se retenant d'être excessivement critique on arrête le jeu de *La Scène*.

Une jeune femme qui avait joué *La Scène* des années durant avec son père apprit à rompre le cours du jeu en cessant de prendre une attitude défensive lorsqu'il la critiquait. Elle se mit, au contraire, à examiner ses sentiments à lui, utilisant la transaction du « feedback». Lorsqu'il se précipita dans la cuisine en tempêtant parce qu'elle n'avait pas encore préparé son déjeuner, au lieu de se défendre elle dit : « Tu as l'air très ennuyé que je n'aie pas fait ton déjeuner ». L'air troublé, il laissa alors échapper : « Ce n'est pas ce que tu es censée dire! ». La transaction du « feedback » fait souvent échec aux jeux.

L'équilibration du corps, une méthode développée par Franklin Ernst [13], peut également être utilisée par celui qui ne désire pas entreprendre un jeu ou y participer. Pour s'équilibrer physiquement, le sujet se tient debout ou assis, les pieds à plat sur le sol, les bras non croisés parallèles au corps, le dos droit, la tête non inclinée, le menton parallèle au sol. Il est en effet plus difficile de jouer un jeu tortueux avec un corps droit.

On peut aussi arrêter les jeux en renonçant aux dévalorisations. Pour cela il faut d'abord déceler le centre de dévalorisation du jeu. Par exemple, dans *La Scène*, c'est la première transaction qui comprend généralement une dévalorisation; dans le *Viol* ou le *Piégeur d'Ours*, c'est généralement la dernière transaction, lorsqu'un des joueurs et mis hors-jeu. Il n'est pas nécessaire de connaître le nom du jeu pour cesser d'y jouer. Lorsqu'on renonce à se dévaloriser ou à dévaloriser les autres, on renonce du même coup à ses jeux.

L'abandon d'un jeu peut produire un sentiment de désespoir et une interrogation « Et maintenant? » Certains s'accommodent d'une forme de jeu plus modérée et moins blessante. Cependant, lorsqu'un jeu est entièrement abandonné, il faut la plupart du temps trouver quelque chose pour le remplacer. Pour remplir le vide créé nous devons essayer d'obtenir nos signes de reconnaissance de façon plus légitime et structurer notre temps de façon plus constructive. Nous pouvons alors étendre nos intérêts à de nouvelles activités et nous accorder la liberté d'une plus grande intimité. Ce sont là deux indices du gagnant.

RESUME

On collectionne les bons-cadeaux pour renforcer d'anciens sentiments de l'enfance. Un moyen de collectionner ces bons est de jouer à des jeux. Les joueurs, en plus de leurs bons-cadeaux, obtiennent des contacts (même négatifs), structurent leur temps (même pour le perdre), renforcent leur position psychologique (même si elle est irrationnelle), font avancer leur scénario (même s'il est destructif), se sentent en droit de se faire rembourser d'anciens sentiments (même si ce faisant ils se sur-gratifient), et évitent toute rencontre authentique (même s'ils *ont l'air* de la rechercher). Les joueurs tenaces rejettent les occasions de devenir gagnants.

Les gagnants refrènent leur envie de collectionner les bons négatifs et de rejouer aux anciens jeux, diminuant ainsi leurs occasions de « remboursements » négatifs. En apprenant à faire face de façon plus réaliste à l'ici et maintenant, en traitant leurs ressentiments aussi rapidement et ouvertement que le permet la situation, ils réduisent leur tendance perdante et se rapprochent de la personne que leur naissance les destinait à être.

EXPERIENCES ET EXERCICES

Chaque fois que vous faites un pas vers l'autonomie, d'anciens sentiments vous rappelleront peut-être ce que vous « étiez avant ». En prenant conscience de ces sentiments, même s'ils ne semblent pas rationnels, vous vous donnez une chance de changer.

1. Votre collection de bons-cadeaux

Certains sentiments sont véritables et pertinents. Mais si vous exploitez vos sentiments, s'ils ne sont pas appropriés à la situation présente, vous amassez des bons-cadeaux. Afin de découvrir votre collection, portez votre attention sur les questions suivantes :

- Dans votre enfance quand les choses allaient mal, que les émotions étaient vives, ou qu'il y avait de l'orage dans l'air, quel était votre sentiment habituel?

- Qu'aviez-vous vu, entendu, ou deviné pour provoquer ce sentiment en vous?

- Quels sentiments (bons-cadeaux) éprouvez-vous le plus souvent, adulte, lorsque les choses vont mal? La peur? Un sentiment d'insuffisance? La colère? La culpabilité? L'impression d'être sans défense? L'anxiété? Ou quoi d'autre?

- Dans quelle sorte de situation cet ancien sentiment apparaît-il? Cette situation se rapproche-t-elle d'une situation de votre enfance?

- Vous faites-vous souvent rembourser vos bons-cadeaux en vous gratifiant d'une longue bouderie? En donnant libre cours à vos sentiments? En ayant une crise de larmes? En faisant des excès? En tirant des chèques sans provision? En vous emportant contre quelqu'un?

- Mettez-vous vos bons-cadeaux de côté jusqu'à amasser une grosse collection?

- Si vous avez une collection en cours, contre quoi avez-vous l'intention de l'échanger? Songez-vous à un « cadeau » particulier?

- Où vous faites-vous rembourser vos bons?

- Avez-vous un lieu pour les collectionner et un autre pour les échanger, par exemple, faites-vous la collection au bureau et l'échange à la maison?

2. L'intégration d'anciens sentiments

Les exercices suivants vous aideront à intégrer des sentiments particuliers pour lesquels vous avez été conditionné(e) dans le passé et qui vous gênent à présent. Essayez de les faire lorsqu'un enregistrement de souvenirs archaïques, non pertinent à la situation présente, sera mis en route.

Utilisez les expériences se rapportant le mieux aux sentiments que vous avez le plus tendance à collectionner sous forme de bons-cadeaux. Si elles vous perturbent trop, interrompez-les. Un bon miroir — en pied de préférence — sera un support pratique.

L'inaptitude

Si vous vous sentez inapte ou incapable, essayez d'exagérer vos sentiments et vos actions.

- Racontez-vous toute l'étendue de votre incapacité et de votre stupidité. Prenez l'air idiot. Exagérez l'expression de votre visage.
- Déplacez-vous dans la pièce en faisant l'idiot(e), en ayant l'air inepte.

A présent, inversez vos sentiments.

- Regardez-vous bien dans la glace et dites : « Je suis OK! »
- Dites-le à haute voix chaque jour pendant au moins une semaine, et mentalement chaque fois que vous apercevrez votre image dans une vitre ou une glace. Continuez jusqu'à vous sentir en harmonie avec le sentiment « Je suis OK ».
- Demandez-vous : « Comment ai-je pu être convaincu(e) de n'être pas OK? »

Mettez votre magnétophone personnel en marche et écoutez les enregistrements Parentaux concernant votre inaptitude.

- Pendant les deux jours à venir prenez conscience de toutes les façons que vous avez de diminuer vos capacités.
- Puis, les deux jours suivants, interrompez-vous chaque fois que vous sentirez que vous vous dévalorisez; refusez que les autres vous dévalorisent.
- Ensuite, faites une liste de tout ce que vous accomplissez avec compétence. N'omettez aucun détail parmi les choses de la vie que vous exécutez correctement.
- Commencez une collection de bons-cadeaux en or et octroyez-vous un bon en or chaque fois que vous exécutez quelque chose en toute confiance. Dites-vous : « Ça, je l'ai bien fait. »

L'impression d'être sans défense

Commencez l'expérience en vous pénétrant bien de la conscience de votre âge physique réel.

- Regardez-vous dans un miroir en pied. Examinez-vous de face, de dos, de profil.
- Commencez à vous examiner minutieusement depuis le sommet du crâne jusqu'à la base du cou. Voyez votre peau, vos traits, vos cheveux tels qu'ils sont vraiment.
- A présent descendez jusqu'aux orteils.
- L'image que vous avez en tête correspond-elle à la réalité que vous avez observée? Remarquez-vous quelque chose qui vous avait jusqu'à présent échappé? Cela vous fait-il sourire ou froncer les sourcils?
- Avez-vous l'impression d'être un autre — par exemple un enfant — ou bien savez-vous qui vous êtes, un homme (une femme) adulte?

Ensuite, dans quels domaines vous montrez-vous dépendant(e) ou sans défense de façon inappropriée?

- Dans le domaine de l'argent? Pour prendre des décisions? Pour conduire une auto? Pour choisir vos vêtements? Ou quoi d'autre?
- Avec qui vous montrez-vous sans défense? Avec qui vous montrez-vous compétent(e)? Pourquoi cette différence?
- Quels avantages recueillez-vous en paraissant sans défense? Cela vous donne-t-il le contrôle de quelqu'un? Cela vous « sauve »-t-il de quelque chose?

Si vous vous fiez trop aux autres pour vous soutenir, imaginez le contraire. Voyez-vous dans une situation où les autres peuvent faire appel à vous. Faites-le sur de courtes périodes de temps pendant une semaine.

- Quand vous vous sentirez prêt(e), faites — à une petite échelle — ce que vous avez fait en imagination.
- Puis, testez vos compétences sur une échelle plus grande. Essayez un talent nouveau, portez-vous volontaire pour prendre part aux problèmes de la communauté, projetez une excursion de week-end, prenez une décision jusqu'alors restée en suspens, enfin faites quelque chose par vous-même que vous aviez toujours laissé faire par les autres.

La perfection

Si vous chipotez exagérément sur les détails, que ce soit au travail, pour votre voiture, vos vêtements, vos dossiers, votre bureau, le jardin, la maison, etc., inventez un exercice pour *exagérer* votre perfectionnisme compulsif.

- Par exemple, si vous voulez toujours que tout soit parfait, exagérez vos mouvements, c'est-à-dire par exemple, faites des chichis en époussetant, rangez et re-rangez les papiers sur votre bureau.

- Verbalisez vos symptômes en même temps que vous les mettez en action. « Voyez comme je suis parfait(e). Je suis plein(e) d'admiration pour moi-même tellement je suis parfait(e). Personne ne peut me diminuer, tant je suis parfait(e). »

- Chaque fois que vous vous sentirez conduit(e) par votre perfectionnisme, refaites cet exercice en exagérant votre comportement.

Réflechissez aux questions suivantes :

- Quel est l'ancien souvenir enregistré que j'écoute et qui me dit que je dois être parfait(e)?

- Quels sentiments est-ce que j'évite en tâchant d'être parfait(e)?

- Comment mon perfectionnisme affecte-t-il mon emploi du temps?

- Quelles sont les choses importantes qui doivent être faites parfaitement? Lesquelles n'en valent pas la peine?

La dépression

La prochaine fois que vous aurez le cafard, regardez-vous bien dans la glace.

- Etudiez votre visage avec soin. Quelle tête avez-vous lorsque vous êtes déprimé(e)?

- A présent, regardez votre corps tout entier. Comment tenez-vous vos épaules, votre tête, votre abdomen, etc.?

- Ressemblez-vous à un personnage parental?

Maintenant, exagérez vos symptômes dépressifs:

- D'abord, exagérez l'expression de votre visage et l'attitude de votre corps.

- Si vous avez tendance à vous replier sur vous-même pour bouder, mettez-vous en boule, couvrez-vous la tête, faites avancer votre lèvre inférieure, enfin, boudez à fond.
- Si vous pleurez, imaginez que vous avez près de vous quelques seaux que vous remplissez de larmes imaginaires.
- Exagérez tous les symptômes dont vous êtes conscient(e).

A présent, prenez conscience de ce que vous *sentez* dans votre corps lorsque vous êtes déprimé(e).

- Si vous sentez une tension dans les épaules et le cou, tâchez de découvrir si cette tension est liée à une personne en particulier.
- Si c'est le cas, dites-lui doucement : « J'en ai plein le dos, de toi. » Si cette phrase « colle », répétez-la de plus en plus fort jusqu'à en crier.

Puis demandez-vous :

- Comment pourrais-je utiliser ce temps-là si je ne restais pas ici à me sentir malheureux(se)?

Maintenant, *inversez* vos symptômes dépressifs.

- Si vous avez les yeux tristes, les coins de la bouche tombants, ou quelque chose de semblable, inversez votre expression.
- Si vous avez la tête basse et les épaules voûtées, relevez la tête et tirez vos épaules en arrière. Poussez la poitrine en avant et dites : « Je ne suis pas responsable de tout et de tout le monde! », ou bien « Je suis OK. »

La peur

Asseyez-vous et réfléchissez à toutes les choses ou à tous les gens qui vous font peur. Faites-en une liste.

- Prenez cette liste et imaginez-vous confronté(e) à chacun de ses éléments, l'un après l'autre.
- Outrez l'expérience (après tout, ce n'est qu'un fantasme).
- Qu'est-ce qui pourrait vous arriver de pire?
- Comment feriez-vous face au pire?

A présent, essayez l'opposé de la peur — la férocité.

- Prenez l'air assez féroce pour faire peur à quelqu'un.

- Déplacez-vous dans la pièce en étant féroce envers tous les objets. Sentez votre pouvoir lorsque vous êtes féroce.

A présent, alternez les deux sentiments, en exagérant d'abord votre peur (ayez peur de tous les objets de la pièce), puis votre férocité. Avez-vous capté des messages? Si vous avez peur d'une personne connue, faites comme si elle était là, derrière vous.

- Que ressentez-vous?
- Faites de cette personne un ours énorme ou quelque autre bête effrayante. Que ressentez-vous à présent?
- Dans votre univers imaginaire, cherchez une chose qui fasse plaisir à cette bête. Tournez-vous calmement et faites quelque chose de bon pour cette créature féroce. Que se passe-t-il?

Si vous êtes gêné(e) par la répétition de rêves effrayants où quelqu'un ou quelque chose vous poursuit, dites-vous qu'au prochain rêve semblable vous vous retournerez pour faire face à votre adversaire. Restez calme et serein(e). Vous contrôlez la situation.

- A présent imaginez-vous en train de poursuivre ce qui vous faisait peur dans le rêve. Voyez-vous grand(e) et fort(e).

La culpabilité

Si vous vous sentez souvent coupable, vous êtes probablement en train de vous punir. Imaginez-vous dans un tribunal. On va vous juger. Observez soigneusement la scène.

- Qui est venu au procès?
- Qui est le juge?
- S'il y a un jury, de qui se compose-t-il?
- Y a-t-il quelqu'un pour vous défendre? Pour vous accuser (vous persécuter)?
- Y a-t-il des observateurs? Si oui, quel verdict souhaitent-ils?
- Le verdict est-il : coupable ou non coupable? Si vous êtes jugé coupable, quel sera votre châtiment?
- A présent, défendez-vous. Plaidez en votre propre faveur.

Si dans votre dialogue intérieur vous jouez un jeu d'auto-torture entre le Parent en tant que juge et l'Enfant en tant qu'accusé, devenez ces deux polarités en vous servant de deux chaises.

- Placez le juge (grand-chef) sur l'une des chaises et le jugé (sous-fifre) sur l'autre. Entamez le dialogue par une accusation. Puis, en passant à l'autre chaise, plaidez votre défense.

- Si vous vous sentez coupable au cours de vos activités de tous les jours, arrêtez-vous un instant et mettez en paroles votre dialogue intérieur grand-chef/sous-fifre.

A présent, réfléchissez aux questions suivantes :

- Vous arrive-t-il souvent de vous excuser et/ou de prendre l'air coupable afin d'éviter d'être tenu(e) pour responsable de vos actions?

- Avez-vous appris à collectionner les bons-cadeaux de culpabilité, ou bien êtes-vous réellement coupable de quelque chose ayant de l'importance? Si votre culpabilité provient d'un « crime » que vous avez effectivement commis contre quelqu'un ou d'une chose importante que vous avez omis de faire, demandez-vous :

- Quel est l'effet de ce fardeau sur ma vie présente?

- Qu'est-ce que je fais aux autres à cause de cela? Y a-t-il quelque chose que je puisse faire maintenant pour changer la situation?

- Si non, puis-je apprendre à accepter qu'il s'agit d'une histoire ancienne à laquelle on ne peut rien changer?

- Ai-je jamais pensé sérieusement à me pardonner? Quelle signification possible aurait un pardon dans ma vie?

Parfois ça fait du bien de parler. Cherchez quelqu'un qui sache bien écouter, qui ne trahisse pas votre confiance, qui ne condamne ni n'excuse votre conduite. Parlez-lui de cette question.

Le pardon viendra peut-être plus facilement si vous vous « rachetez » d'une façon ou d'une autre avec quelqu'un qui a besoin d'une seconde chance ou d'une main secourable. Si vous vous engagez à corriger certaines injustices sociales, vous n'aiderez pas que la société mais sans doute aussi vous-même. Ne jouez pas le rôle du Sauveteur, soyez-en un!

L'anxiété

Si vous vous sentez souvent anxieux(se), demandez-vous :

- Est-ce que je détruis le moment présent en me concentrant sur l'avenir?

- Suis-je anxieux(se) parce que j'exagère un problème ou que je temporise?

- Y a-t-il quelque chose que je puisse faire *maintenant* pour atténuer cette anxiété — finir un rapport, établir une liste, rendre le livre emprunté, donner ce coup de téléphone, bûcher cet examen, prendre ce rendez-vous, ébaucher un avant-projet, finir mon nettoyage?

A présent, essayez de faire une expérience du « maintenant ». Il est difficile d'être anxieux si vous restez pleinement dans l'ici et maintenant. Concentrez-vous totalement sur le monde *extérieur* (voir exercice numéro 8, pages 165-166).

- Prenez contact avec vos sens. Prenez conscience des images, des sons, des odeurs qui vous entourent.

- Décrivez littéralement à haute voix ce que vous ressentez. Commencez par dire : « Ici et maintenant je suis conscient(e)... »

Puis concentrez-vous totalement sur votre monde *intérieur* :

- Prenez contact avec le monde de votre corps — votre peau, vos muscles, votre respiration, vos battements de coeur, etc.

- Décrivez encore une fois vos impressions avec des phrases du genre : « Ici et maintenant je suis conscient(e)... »

Après avoir fait cela pendant quelques minutes, demandez-vous :

- Me suis-je servi(e) de certains de mes sens et pas des autres?

- Quand je me suis concentré(e) sur mon corps, en ai-je ignoré certaines parties? (Au cours de cette expérience nombre de personnes négligent le fait qu'elles possèdent des organes génitaux et excréteurs.)

- Si vous découvrez que vous ne vous êtes pas servi(e) de tous vos sens ou n'avez pas été conscient(e) de certaines zones de votre corps, refaites l'exercice en portant une attention particulière aux zones négligées.

- Chaque fois que vous vous sentirez devenir anxieux(se), faites une expérience du « maintenant ».

L'anxiété et les difficultés respiratoires vont de pair. Lorsque vous vous sentirez anxieux(se), prêtez attention à votre respiration. Perls suggère de faire l'exercice suivant :

Expirez à fond, quatre ou cinq fois. Puis respirez en faisant attention de bien expirer, mais sans forcer. Sentez-vous l'air dans votre corps, votre bouche, votre tête? Laissez l'air sortir de votre bouche et sentez- en le souffle avec votre main. Gardez-vous la poitrine dilatée même quand il n'y entre pas d'air? Rentrez-vous l'estomac pendant l'inspiration? Sentez-vous l'inspiration descendre doucement jusqu'au fond de l'estomac et atteindre le bassin? Sentez-vous vos côtes s'écarter sur les côtés et dans le dos? Remarquez toute raideur dans la gorge, dans la mâchoire, dans le nez. Faites particulièrement attention à toute tension au creux de l'estomac (diaphragme). Concentrez-vous sur ces tensions et laissez-les se développer [14].

La prochaine fois que vous vous sentirez agité(e) au sujet de quelqu'un, d'une situation, etc., prenez conscience de votre respiration [15].

- Retenez-vous votre souffle?
- Si oui, que retenez-vous ainsi?
- Essayez de respirer plus profondément.

Le colère

Le sentiment de colère est souvent accompagné du désir de blesser et de détruire les autres.

Si, enfant, vous étiez souvent en colère contre un personnage parental, et si vous collectionnez actuellement des sentiments de colère contre votre patron, votre conjoint, vos collègues, vos professeurs, vos étudiants, etc., essayez de faire un jeu de rôles. Employez la technique des deux chaises.

- Imaginez que la personne qui vous tracasse est assise en face de vous. Dites-lui à haute voix combien vous êtes en colère, et pourquoi.
- Prenez conscience de la façon dont votre corps réagit à votre colère. Vous servez-vous d'une partie de votre corps pour vous retenir? Serrez-vous les dents? Le poing? Contractez-vous l'intestin? Exagérez votre retenue. Que découvrez-vous?
- Quand vous vous sentirez prêt(e), renversez les rôles et *soyez* l'autre personne. Réagissez comme si cette autre personne était réellement présente.
- Poursuivez le dialogue en passant d'une chaise à l'autre.

- Si vous tombez sur une phrase ou une expression qui « colle » ou qui rende bien ce que vous ressentez, par exemple « Arrête d'essayer de gouverner ma vie », « Arrête de me faire mal », « Arrête de me faire honte », ou « Pourquoi ne m'as tu pas protégé(e)? », répétez-la plusieurs fois, chaque fois un peu plus fort, jusqu'à la crier.

Ensuite, montez sur un tabouret bien solide. Imaginez que la personne envers qui vous ressentez de la colère se fait toute petite devant vous.

- Abaissez votre regard sur elle et donnez les raisons de votre colère. Dites tout ce que vous aviez toujours voulu dire mais n'aviez jamais osé.

- Si vous avez envie de changer de position avec l'autre, faites-le.

Certaines personnes ont besoin de méthodes sûres pour dissiper physiquement leur colère. Il est alors nécessaire de « lâcher prise » [16]. L'exercice suivant est réservé aux personnes en bonne condition physique.

- Mettez-vous debout face à un lit ou à un canapé, levez les bras au-dessus de la tête, serrez les poings, cambrez le dos. Puis abaissez les poings et frappez à coups répétés, de plus en plus fort. Faites du bruit — grognez, gémissez, pleurez, criez. Dites à haute voix les paroles qui vous viennent à l'esprit. Hurlez. Epuisez-vous.

- Lorsque vous serez arrivé(e) à ce point d'épuisement ou de soulagement, allongez-vous et prenez contact avec votre corps et vos sentiments pendant au moins cinq minutes. Que découvrez-vous?

- Une variante de cet exercice consiste à bourrer un punching-ball de coups de poing, ou à boxer dans le vide avec des gestes très énergiques. Accompagnez vos mouvements de bruits.

Le ressentiment

Une collection de bons-cadeaux négatifs, quels qu'ils soient, s'accompagne généralement de ressentiment. Souvent celui-ci « *exige que l'autre personne se sente coupable* » [17].

Lorsque vous prenez conscience d'un ressentiment croissant, faites face à chaque situation dès son apparition et avec les protagonistes originaux, plutôt que de collectionner et de conserver vos sentiments, peut-être pour les échanger plus tard contre un cadeau important et aux dépens d'un « innocent ».

- Essayez de discuter du problème avec celui ou celle qui vous ennuie.
- Au cours de cette tentative, évitez d'accuser l'autre.
- Dites-lui comment la situation vous affecte vous-même. Servez-vous du pronom « je » plutôt que d'un « vous/tu » accusateur. (Par exemple : « Je n'aime pas la fumée, ça me gêne », plutôt que « tu ne penses vraiment pas aux autres, à souffler ainsi ta fumée n'importe où. »)

Si vous êtes dans un cadre familial, essayez de mettre sur pied des séances de ressentiment et d'appréciation. Pour être efficace ce procédé doit respecter des règles précises :

- Chaque personne à son tour fait connaître à haute voix les *ressentiments* qu'elle a accumulés contre les autres. (Il est important que les autres écoutent mais *ne se défendent pas*. On doit laisser s'exprimer les déclarations de ressentiment, mais ne pas y réagir.)
- Quand chacun a fait connaître ses ressentiments, il dit alors aux autres ce qu'il apprécie à leur sujet.
- Lorsque vous faites l'apprentissage de ce genre de séances, commencez par en tenir une chaque jour. Plus tard, quand elles se déroulent facilement, une séance par semaine suffit.

Dans certaines situations professionnelles, des séances de ressentiment et d'appréciation pourraient s'avérer utiles, particulièrement lorsque les personnes travaillent en proche collaboration et que les sujets d'irritation personnels apparaissent facilement.

- Si le principe de ces séances est décidé, *tous* les membres doivent se mettre d'accord sur un temps d'essai – par exemple deux mois.
- A la fin de cette période l'utilité du procédé peut être réévaluée. Si les participants décident de poursuivre, ils pourront adopter certaines adaptations et établir une fréquence de réunions

régulière — une réunion toutes les deux ou trois semaines, ou ce qui paraîtra le plus pratique.

Autres sentiments

Si vous avez un sentiment qui vous gêne et qui n'a pas été traité dans les exercices précédents,

- Exagérez votre symptôme — déplacez-vous, faites des bruits, regardez-vous.
- Restez en contact avec votre corps et exagérez ses réactions.
- Inversez vos sentiments et vivez leurs contraires.
- Entamez un dialogue grand-chef/sous-fifre.
- Assumez la responsabilité de vos propres sentiments. Par exemple, au lieu de dire « ça/il/elle me déprime », dites : « Je me laisse être déprimé(e). »

3. Remonter à la source des sentiments anciens

La prochaine fois que vous aurez conscience d'avoir eu une réaction trop forte ou inappropriée à la situation donnée, essayez de remonter à la source de vos sentiments lors de la scène originelle [18].

- Dès que la situation réapparaît, demandez-vous : « Qu'est-ce que je ressens en ce moment précis? »
- Un autre sentiment se cache-t-il sous le sentiment de surface? De la colère dissimulée sous la culpabilité? De la peur sous la haine? Une impression d'être sans défense sous la colère?
- Qu'est-ce que cela vous rappelle? Quand avez-vous déjà ressenti cela?
- Retournez à la scène originelle.[1]
  - Où était-ce?
  - Qui la dirigeait?

---

[1] Diane (p. 204) s'était servie de cette technique. Vous voudrez peut-être revoir ce cas.

- Quels en étaient les acteurs?
- Quels rôles jouait-on?
- Comment vous sentiez-vous?

Faites un jeu de rôles si vous travaillez avec d'autres personnes. Si vous êtes seul(e), tâchez de jouer les différents rôles vous-même.

4. Vos messages de T-shirt

Emettez-vous des messages qui font dire aux autres que vous êtes :
Un loup aux dents longues,   perfide comme l'onde,
fier comme un paon,   une vache,   un chameau,
têtu comme une mule,   fort comme un boeuf,
comme un poisson hors de l'eau,   râleur comme un pou,
comme un chien fou,   rusé comme un renard,
gai comme un pinson,   faux comme un jeton,
doux comme un mouton, ou
maladroit comme un éléphant dans un magasin de porcelaine?

- Si c'est le cas, comment leur donnez-vous cette impression? Quelle attitude, quelle expression du visage, quels gestes, quel ton de voix, etc., utilisez-vous?

A présent, demandez à au moins cinq autres personnes [19] comment elles vous voient en tant que

couleur,   pays,   type de nourriture,   musique,
personnage célèbre,   genre de temps (météorologique),
race de chien,   partie du corps,   vêtement,
genre littéraire,   meuble.

Après avoir réuni toutes ces évaluations, étudiez-les. Puis réfléchissez aux questions suivantes :

- Quels messages envoyez-vous aux autres pour qu'ils vous perçoivent de cette façon?
- Lesquels de ces messages sont des invitations? Des façons de repousser les autres? Des façons de diminuer autrui?

- Avez-vous une collection de T-shirts que vous portez dans des endroits différents avec des gens différents?
- Ces messages sont-ils ceux que vous voulez émettre? Dans le cas contraire, que pourriez-vous faire de façon différente?

5. Aide-mémoire pour scénario

Parcourez rapidement la liste suivante, en écrivant la première chose qui vous vient à l'esprit. Puis revenez-y pour remplir les vides après réflexion. Travaillez à compléter cette liste [20] tout en finissant de lire ce livre.

Evaluez votre impression prédominante des autres et de vous-même.

Je suis OK ————————————————— Je ne suis pas OK

Les autres sont OK ——————————— Les autres ne sont pas OK

Je suis satisfait(e)
en ce qui concerne ——————————————————————

Je suis insatisfait(e)
en ce qui concerne ——————————————————————

A présent, évaluez vos sentiments en ce qui concerne l'identité sexuelle.

Je suis OK ————————————————— Je ne suis pas OK
(en tant qu'homme/femme)   (en tant qu'homme/femme)

Les hommes sont OK ——————— Les hommes ne sont pas OK

Les femmes sont OK ——————— Les femmes ne sont pas OK

Mes messages de T-shirt ————————————————————

Ma collection de bons-cadeaux ————————————————

Mes modes d'échange de bons-cadeaux _____

Mon rôle « manipulateur » fondamental _____
                       (Persécuteur, Sauveteur, Victime)

Rôles complémentaires de _____ joué par mon/ma _____

Mes jeux préférés :

en tant que Persécuteur   avec qui?

en tant que Sauveteur   avec qui?

en tant que Victime   avec qui?

Mon type de scénario _____
                (constructif, destructif, improductif)

Le thème de mon scénario _____

Mon épitaphe si le rideau devait tomber maintenant _____

Type de la représentation _____
         (farce, tragédie, mélodrame, saga, comédie, etc.)

Réaction du public à ma représentation* _____
        (applaudissements, ennui, crainte, larmes, hostilité)

Nouveau scénario si vous le désirez _____

Nouvelle épitaphe, si vous le désirez _____

Contrat avec soi-même pour ce nouveau scénario

9

L'ETAT DU *MOI* ADULTE

L'esprit de l'homme
s'étant étendu à une idée nouvelle,
ne retourne jamais à ses dimensions premières.
    Oliver Wendell Holmes

Les individus sont souvent incapables de sortir d'une situation déplaisante ou malheureuse. Ils se sentent comme piégés dans leur travail, leur communauté, leur mariage, leur famille ou leur style de vie. Ils ne voient pas les alternatives possibles : changer d'emploi ou améliorer celui qu'ils ont, quitter la communauté, modifier le schéma de leur mariage, rompre une liaison, ou aimer et discipliner plus efficacement leurs enfants. Ils limitent leur perception du problème, refusant de voir les choix possibles ou une solution évidente. Ils ne se servent que d'une méthode d'approche restreinte renouvelant leurs efforts toujours dans la même voie bien que manifestement celle-ci ne résolve ni ne change la situation.

LE PIEGE DU BELIER

Il arrive qu'à refuser ou répugner à examiner la situation dans son ensemble, certains en viennent à passer à côté de ce qui est evident dans le diagnostic, la solution, le moyen d'y parvenir. Cette façon d'éviter l'évident, Berne l'appelle « le piège du bélier ». Les personnes prises dans un piège du bélier se heurtent continuellement à la même situation. Elles rappellent en cela le bélier qui se cogne la tête contre une paroi rocheuse, désirant atteindre quelque chose de l'autre côté, mais ne s'apercevant pas qu'il y a d'autres moyens d'y parvenir. Elles pensent que si elles persévèrent encore et encore elles finiront bien par venir à bout de l'obstacle et par obtenir ce qu'elles désirent.

Les prisonniers du piège du bélier expriment souvent leur situation par des phrases de ce genre :

« Jour après jour, j'ai l'impression de me cogner la tête contre un mur. »

« Ça fait des années que j'essaie mais je n'arrive à rien. »

« Je le lui ai dit cent fois à ce gosse, mais je n'arrive pas à me faire entendre. »

En reforçant son état du moi Adulte, on peut cesser de se cogner la tête contre les murs pour s'apercevoir qu'on n'y est manifestement pas *obligé*. On devient alors libre d'examiner la situation d'un point de vue plus objectif, en se servant pleinement des capacités de l'Adulte pour évaluer la réalité, à rechercher d'autres solutions valables, à estimer les conséquences de chaque possibilité et à faire un choix.

L'ETAT DU MOI ADULTE

Chacun possède un état du moi Adulte et, à moins que le cerveau ne soit gravement atteint, chacun est capable de se servir des possibilités de traitement des données de son Adulte. La question si souvent débattue de la maturité ou de l'immaturité d'une personne n'est pas pertinente en termes d'analyse structurelle. Le comportement dit « immature » n'est que l'expression habituelle et inappropriée de comportements enfantins.

L'état du moi Adulte peut servir à raisonner, à évaluer des stimulus, à accumuler des connaissances techniques et à emmagasiner ces connaissances en vue d'utilisations futures. Il permet également de survivre de façon indépendante et de se montrer plus sélectif dans ses réactions. Berne décrit l'Adulte comme :

...un ensemble indépendant de sentiments, d'attitudes et de schémas de comportement adaptés à la réalité du moment, hors d'atteinte des préjugés Parentaux ou d'attitudes archaïques maintenues depuis l'enfance... L'Adulte est l'état du moi qui rend possible la survie. [1]

...essentiellement préoccupé de transformer les stimulus en informations précises, informations qu'il classera en fonction de ses expériences précédentes. [2]

...préoccupé de l'accumulation et du traitement autonomes de données et de l'estimation de probabilités comme base de toute action. [3]

...organisé, adaptable et intelligent, vivant une relation objective avec l'environnement extérieur, basée sur le contrôle autonome de la réalité. [4]

Le contrôle de la réalité est le processus par lequel on vérifie ce qui existe vraiment. Ce qui implique qu'on distingue les faits des fantasmes, des traditions, des opinions et des sentiments archaïques; ce qui entraîne une perception et une évaluation de la situation présente et un rapprochement de ces données nouvelles avec les connaissances et les expériences du passé. Le contrôle de la réalité nous permet de découvrir d'autres solutions possibles.

Disposant d'autres solutions, on peut alors estimer les conséquences probables des divers modes d'action. Les fonctions de contrôle de la réalité et d'estimation des probabilités de l'état du moi Adulte ont pour but de réduire au minimum les possibilités d'échec et de regret et d'augmenter les chances de succès créatifs.

La personne insatisfaite dans son travail mais programmée à « s'accrocher quoi qu'il arrive », peut contrôler la réalité de cette attitude et décider si elle est appropriée ou non. Si elle arrive à la conclusion qu'il n'est pas bon de « s'accrocher quoi qu'il arrive », elle recherchera d'autres possibilités en se basant sur ses capacités, ses talents, ses intérêts, le marché du travail, etc. Pour réunir des informations, elle pourra consulter un conseiller d'orientation professionnelle, subir des tests d'aptitude professionnelle, s'entretenir avec des directeurs du personnel, examiner les offres d'emploi dans les petites annonces, se procurer et lire des brochures donnant des renseignements sur les carrières.

Cette personne étudiera minutieusement ce qu'elle désire vraiment trouver dans un métier : la sécurité, un horaire flexible, des missions à l'étranger, un horaire régulier, un défi à ses capacités intellectuelles, l'occasion d'être en contact avec d'autres personnes, etc. Elle peut ensuite décider quelles satisfactions elle juge être plus importantes et dans quelle mesure elle doit y apporter des compromis, si besoin est. Elle est alors capable de sélectionner les différentes voies possibles, d'en estimer les conséquences probables et d'adopter une ligne de conduite offrant le maximum de satisfaction.

Pour détecter l'état du moi Adulte en action, le critère n'est pas la justesse des décisions, mais les processus de contrôle de la réalité et d'estimation des probabilités grâce auxquels ces décisions sont prises. En langage courant, « Ceci est votre Adulte signifie : Vous venez de faire une évaluation autonome et objective de la situation et c'est sans préjugés que vous exposez cette réflexion, ou les problèmes que vous percevez, ou les conclusions que vous en avez tirées. » [5]

La qualité des décisions dépendra des données dont dispose l'Adulte et de sa capacité de sélection et d'exploitation des données contenues dans le Parent et l'Enfant. Cependant, même basées uniquement sur des faits « informatisés », toutes les décisions que nous prenons ne peuvent être « bonnes ». En notre qualité d'humains, nous avons parfois à prendre des décisions sans disposer de toutes les données, et nous pouvons en déduire des conclusions fausses.

Une vieille dame peut faire attention avant de traverser la rue, mais n'être pas consciente d'un camion approchant à vive allure.

Un jeune homme peut peser tous les renseignements factuels disponibles avant d'accepter une nouvelle situation, pour découvrir seulement plus tard que le patron a une épouse solitaire et exigeante.

Un savant peut travailler des années durant sur un projet de recherche puis échouer parce qu'il lui manque une connaissance essentielle.

Certains sont amplement renseignés dans un domaine particulier mais très dépourvus dans d'autres :

Un banquier compétent peut être un novice en ce qui concerne les problèmes de relations humaines.

Une personne compétente au foyer peut être ignorante dans une discussion sur les moteurs à turbines.

Un mécanicien compétent peut être incapable de diagnostiquer une maladie d'enfant.

FRONTIERES DES ETATS DU MOI

Une personne peut ressentir son *moi réel* dans n'importe lequel de ses états du moi, selon la localisation de l'énergie libre au moment en question. Lorsque le moi réel est ressenti dans un des états du moi, les autres peuvent être inactifs. Mais ils restent toujours présents et sont potentiellement capables de devenir actifs.

Au moment où il exprime de la colère Parentale, un individu peut ressentir « C'est vraiment moi », bien que ce Moi se trouve dans un état du moi emprunté.

A un autre moment, lorsqu'il additionne objectivement les comptes de son client, il sent encore « C'est vraiment moi qui additionne ces chiffres. » S'il boude comme le petit garçon qu'il a été autrefois, il sent là encore « C'est vraiment moi qui boude ». Dans ces exemples, l'énergie libre, celle qui donne lieu au sentiment du « vraiment moi », existe respectivement dans le Parent, l'Adulte et l'Enfant [6].

Il est utile de voir que chaque état du moi possède des frontières. Berne suggère de comparer ces frontières du moi à des membranes semi-perméables à travers lesquelles peut circuler l'énergie psychique pour passer d'un état du moi à l'autre [7]. Les limites des états du moi doivent être semi-perméables : sans cela, l'énergie psychique serait emprisonnée dans un état du moi et incapable de se déplacer spontanément lorsque les situations changent.

Chez certaines personnes hautement efficaces, le flux d'énergie est très rapide, chez d'autres il peut être lent. Celui dont l'énergie libre se déplace rapidement saura être une personne passionnante et stimulante, mais les autres pourront avoir quelques difficultés à se maintenir à son rythme. Celui dont l'énergie se déplace plus lentement est long à démarrer et à cesser ses activités, y compris la réflexion. Les autres s'impatientent parfois d'une telle lenteur, bien que ces réactions puissent être de grande qualité.

On n'a pas encore compris la physiologie des frontières des états de moi mais l'hypothèse de leur existence provient de l'observation de certains défauts dans des comportements de type spécifique. Il est des personnes qui agissent toujours de façon imprévisible; d'autres ont un comportement si prévisible qu'elles paraissent monotones; certaines explosent ou s'effondrent à la moindre provocation; chez d'autres, la réflexion est déformée par des préjugés ou des illusions. Ces désordres proviennent du fait que les frontières des états du moi sont trop relâchées ou trop rigides, comportent des lésions ou se chevauchent.

FRONTIERES DU MOI RELACHEES

Samuel Butler a écrit : « Il est bon d'avoir l'esprit ouvert, mais pas au point que rien n'y puisse rester ni en être exclu. Il faut pouvoir parfois en fermer les portes, faute de quoi on risque de le trouver sujet aux courants d'air. » La personne dont les frontières du moi sont relâchées ne ferme pas les portes entre ses états du moi, mais semble manquer d'identité propre et donne l'impression de faire constamment de l'à-peu-près [8]. L'énergie psychique glisse continuellement d'un état du moi à l'autre en réaction à des stimulus tout à fait mineurs. Cette personne peut avoir grand mal à agir dans le monde réel et a sans doute un besoin sérieux d'être aidée par un conseiller.

Les membres d'un groupe de thérapie décrivaient ainsi une patiente qui avait ce genre de problème de frontières : « On ne sait jamais ce qui se passe en elle, ni ce qu'elle va faire l'instant d'après. » La personnalité aux frontières relâchées peut être représentée selon le schéma de la figure 9.1.

Avec des frontières du moi relâchées, la personne a peu de contrôle Adulte et un comportement très différent de celle dont l'énergie psychique passe rapidement d'un état du moi à l'autre, mais avec l'Adulte au contrôle. Dans ce dernier cas, le comportement de la personne peut être tout à fait raisonnable, alors que dans le premier cas, il est imprévisible, souvent même irraisonné.

FRONTIERES DU MOI RIGIDES

Des frontières rigides entre les états du moi ne permettent pas la libre circulation de l'énergie psychique. C'est comme si un mur épais retenait l'énergie psychique enfermée dans un seul état du moi, à l'exclusion des deux autres. Ce phénomène s'appelle l'*exclusion*. Le comportement des personnes ayant ce problème paraît rigide car elles tendent à réagir à la plupart des stimulus avec *un* seul de leurs états du moi. Ces personnes se montrent toujours Parent ou toujours Adulte ou toujours Enfant.[1]

Ceux qui ne se servent que de l'état du moi Parent ou de l'état du moi Enfant, mais pas du tout de l'Adulte, ont probablement des troubles sérieux. Ils ne sont pas en contact avec ce qui se déroule dans le présent, ne contrôlent pas la réalité dans l'ici et maintenant.

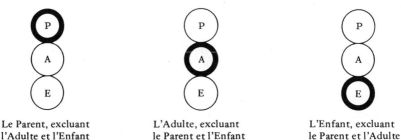

Le Parent, excluant   L'Adulte, excluant   L'Enfant, excluant
l'Adulte et l'Enfant   le Parent et l'Enfant   le Parent et l'Adulte

Celui qui exclut le Parent et l'Enfant et ne se sert que de l'Adulte peut être « raseur » ou un robot, sans passion ni compassion. Berne décrit l'Adulte exclusif comme « dénué du charme, de la spontanéité et de la gaieté caractéristiques de l'enfant sain, et... incapable de prendre parti avec la conviction ou l'indignation qu'on trouve chez les parents sains » [9]. La réaction rigide à partir d'un seul état du moi est un problème de personnalité suffisamment sérieux pour justifier l'aide d'un conseiller.

D'autres personnes ont un problème proche de l'exclusion, mais à un degré moindre. Elles privilégient assez régulièrement un état du moi par rapport aux deux autres, mais ceux-ci ne sont pas entièrement exclus. Dans les exemples qui suivent, nous faisons référence à ce problème moins grave de frontières du moi sous les noms de Parent Perpétuel, Adulte Perpétuel et Enfant Perpétuel.

Le Parent Perpétuel

La personne qui agit essentiellement à partir de l'état du moi Parent traite souvent les autres, y compris ses associés, comme des enfants.

[1]On trouve une variante de ce problème chez la personne qui ne se coupe que d'un état du moi. Si on ne possède que peu de qualités compensatoires dans son Parent, ceci peut s'imposer. On peut soit apprendre à parenter les autres à partir de son Adulte et mettre son Enfant intérieur sous le contrôle de l'Adulte, soit se faire re-parenter.

Un tel comportement peut se trouver chez la secrétaire qui « s'occupe » des problèmes de tout le monde au bureau, chez le directeur d'entreprise qui essaie de diriger la vie privée de son personnel, ou qu'on ne peut aborder raisonnablement, ou encore qui ne fait pas preuve de sens de l'humour ou n'en a que très peu. Consciemment ou inconsciemment, le Parent Perpétuel s'entoure de gens disposés à être dépendants ou subordonnés et fait souvent un jeu de rôles avec un autre jouant le rôle complémentaire d'Enfant Perpétuel.

L'un des types du Parent Perpétuel est le travailleur acharné, qui a un sens du devoir très développé. Cet individu aura une attitude de juge, de critique envers les autres, de moralisateur et peut ne jamais rire ni pleurer dans son Enfant ni être objectivement raisonnable dans son Adulte. Le Parent Perpétuel « connaît toutes les réponses », « manipule » les autres à partir de la position de grand-chef, est dominateur, accablant et autoritaire.

Des métiers d'un genre particulier, offrant une autorité possible sur les autres, attirent ce type de personne dominatrice. Certains directeurs d'entreprise, chefs de famille, titulaires de positions importantes dans l'Eglise ou l'Enseignement, personnages politiques ou militaires et, évidemment, certains dictateurs, recherchent ces positions parce qu'elles satisfont leur besoin de pouvoir parental sur les autres. Nombre d'entreprises, au chiffre d'affaires très important, furent créées par une personne de cette nature, forte et déterminée et dont les rapports avec ses employés furent ceux de Parent autoritaire à Enfant soumis.

Un autre type de Parent Perpétuel est le nourricier ou sauveteur inlassable, jouant parfois le rôle de despote éclairé, à moins qu'il ne se fasse passer pour un saint, se consacrant tout entier à aider les autres. Les expressions suivantes peuvent être associées à ce type de Parent Perpétuel :

Le 100% disponible : « Appelez-moi n'importe quand en cas de besoin. »

Le perpétuel sacrifié : « Je peux bien m'en passer; il vaut mieux que ce soit toi qui l'aies. »

Le perpétuel sauveteur : « Ne vous en faites pas. Je pourrai toujours vous aider. »

Le perpétuel nourricier est souvent attiré par les professions qui mettent en jeu « l'aide » et pourra s'y montrer très efficace. Cependant, en maintenant les autres dans une situation de dépendance, il donne trop libre cours à ses capacités nourricières et fait plus de mal que de bien.

L'Adulte Perpétuel

La personne qui agit essentiellement en tant qu'Adulte Perpétuel est constamment objective, neutre et préoccupé avant tout des faits et du traitement des données. Elle peut paraître insensible et indifférente, n'avoir aucune empathie envers quelqu'un qui souffre d'un mal de tête et se montrer ennuyeuse au cours d'une soirée.

Les individus ayant ce problème de rigidité des frontières de l'Adulte Perpétuel, rechercheront souvent des emplois à orientation objective plutôt qu'humaine. Ils pourront choisir une profession où l'on prise la réflexion abstraite dénuée de toute émotion et être attirés, par exemple, par la comptabilité, l'informatique, l'ingénierie, la chimie, la physique, les mathématiques.

L'Adulte Perpétuel éprouvera souvent des difficultés dans son travail s'il doit superviser d'autres personnes. Avec peu de Parent soucieux des autres ou d'Enfant désireux de s'amuser, cet individu est susceptible d'avoir des rapports personnels stériles. Ses subordonnés seront mécontents parce que l'Adulte Perpétuel leur offre si peu de contacts. Nombre de situations de travail se ressentent de l'absence d'un Parent nourricier. Un médecin ayant ce problème pourra rendre des diagnostics exacts, mais ses patients risquent de se plaindre de son manque de « douceur professionnelle », de sa froideur, de sa réserve et de son absence d'intérêt pour eux. Un patient sur la table d'opération est peut-être mieux préparé affectivement à l'intervention si le médecin dit, parental : « Ne vous en faites pas, nous prendrons bien soin de vous », que s'il dit, objectif : « Vous avez 50% de chances de vous en tirer. »

L'Enfant Perpétuel

La personne qui opère essentiellement en tant qu'Enfant Perpétuel est l'éternel garçonnet ou l'éternelle fillette qui, comme Peter Pan, ne veut pas grandir. Ceux qui agissent dans leur Enfant Perpétuel ne pensent pas par eux-mêmes, ne prennent pas leurs propres décisions, n'assument pas la responsabilité de leur propre conduite. Ils peuvent manifester peu de conscience dans leur attitude vis-à-vis des autres, s'attachant à quelqu'un qui veuille bien prendre soin d'eux. Un homme, une femme qui désirent être « gardés », pouponnés, punis, récompensés ou applaudis, rechercheront probablement un Parent Perpétuel.

Les individus ayant ce problème de frontières de la personnalité réussissent souvent sur la scène ou sur les terrains de sports. Cependant, sans un fonctionnement suffisant de l'Adulte, l'artiste risque de dépenser impulsivement son gros cachet, se retrouvant souvent « fauché ». Un autre genre de métier pouvant plaire à l'Enfant Perpétuel est constitué essentiellement de routine n'exigeant aucune prise de décision, par exemple le travail à la chaîne.

CONTAMINATION DE L'ADULTE

La réflexion claire de l'Adulte est souvent entravée par une *contamination*, ce qu'on peut concevoir comme une intrusion de l'état du moi Parent et/ou de l'état de moi Enfant dans les frontières de l'état du moi Adulte.

On a affaire à une contamination lorsque l'Adulte accepte comme *vérité* des croyances Parentales non fondées ou des déformations de l'Enfant et qu'il rationalise et justifie ces attitudes. Ces intrusions sont des problèmes de frontières des états du moi et peuvent être schématisées selon la figure 9.3.

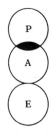

L'Adulte, contaminé
par le Parent

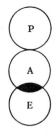

L'Adulte, contaminé
par l'Enfant

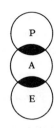

L'Adulte, contaminé
à la fois par le Parent
et par l'Enfant

Contamination par l'Etat du Moi Parent

Dans les cas extrêmes, la contamination par le Parent prend la forme d'hallucinations [10], perceptions *sensorielles* de choses qui n'existent pas. Lorsqu'une personne voit une chose qui n'existe pas, ou s'imagine entendre des voix accusatrices ou péremptoires lui dire par exemple : « Tu es un monstre », « Tue-les, ces salauds. Ils ne méritent pas de vivre », elle a une hallucination.

A un moindre degré, les contaminations Parentales prennent la forme de préjugés — des opinions conservées obstinément sans avoir été examinées à la lumière de données objectives. Les figures parentales expriment souvent leurs préjugés devant leurs enfants avec une conviction telle qu'elles paraissent énoncer des faits. Celui qui croit à ces opinions Parentales sans leur faire subir d'évaluation a un Adulte contaminé.

Butler a observé que : « La différence entre une conviction et un préjugé c'est qu'on peut expliquer la première sans se mettre en colère. »   Les contaminations Parentales impliquent souvent une émotion considérable et apparaissent généralement en rapport avec des sujets précis, tels l'alimentation, la religion, la politique, les classes sociales, les races et le sexe.

Une femme avait une contamination dans le domaine des rôles féminins. Hélène, tout comme sa mère, croyait qu'une femme qui travaille gâche la vie de ses enfants. Lorsque son opinion fut mise en question, elle entreprit de mener une enquête dans sa banlieue pour démontrer son point du vue. Elle commença par avoir un entretien avec un groupe de mères au foyer et avec un groupe de mères ayant une activité professionnelle. Avec la permission des parents, elle s'entretint ensuite avec les professeurs des enfants, les interrogeant sur leur compétence, leur indépendance et leur équilibre affectif.

Lorsqu'elle eut mis ses résultats sous forme de tableaux, les qualités considérées montraient un léger avantage (quoique peu significatif) en faveur des enfants dont les mères travaillaient. Mais Hélène refusait de croire à sa propre recherche. Au lieu de cela, elle rationalisa ainsi ses résultats : « Ces professeurs m'ont sans doute menti parce que la plupart d'entre-elles sont des mères qui travaillent et qu'elles ne voulaient pas donner une mauvaise impression d'elles-mêmes. »

Les préjugés sont généralement énoncés comme des faits :

On ne peut pas faire confiance aux Noirs.

On ne peut pas faire confiance aux Blancs.

On ne peut pas faire confiance aux hommes.

On ne peut pas faire confiance aux femmes.

On ne peut pas faire confiance aux gens de droite..

On ne peut pas faire confiance aux gens de gauche.

On ne peut pas faire confiance aux enfants.

On ne peut pas faire confiance aux plus de trente ans.

Par moments, d'importantes fractions de la société croient à certains préjugés. Par exemple, la majorité des habitants d'une ville peut en venir à croire que pour être solide, une maison doit être construite en briques, en dépit du fait que la ville soit située sur la ligne d'une faille terrestre.

La contamination empiète souvent sur les lois de la société. Encore récemment, la loi de l'état du Texas considérait qu'un homme qui tuait sa femme adultère commettait un homicide justifié; toutefois, une femme qui tuait son mari dans les mêmes circonstances était considérée comme coupable d'assassinat. La même dynamique semble être à l'oeuvre dans le projet de loi proposé par un législateur du Wyoming, au début de 1969, demandant que le vote soit accordé aux jeunes de 19 ans, à l'exception toutefois de ceux ayant des cheveux longs. Il écrivait : « S'ils veulent être des citoyens, ils doivent avoir l'air de citoyens. »

Contamination par l'Etat du Moi Enfant

Une contamination sévère par l'état du moi Enfant a souvent pour point de départ une illusion. L'une des plus courantes est l'illusion des grandeurs. Dans sa forme extrême, la personne peut se croire le sauveur ou le souverain du monde. Une autre illusion courante est de se croire persécuté, empoisonné, espionné ou victime d'un complot.

Dans une forme moins sévère, la personne dont l'Enfant contamine l'Adulte a une perception déformée de la réalité. Elle peut dire et croire, par exemple :

« La société me doit bien ça. »

« On parle de moi quand j'ai le dos tourné. »

« Personne ne pourrait jamais me pardonner/m'aimer/vouloir de moi/me détester. »

« Un beau jour on viendra me sauver. »

Si une femme entretient l'illusion qu'un beau jour son prince viendra, elle risque de conserver un petit emploi, en Cendrillon « attendant » son sauveteur. Elle présume qu'elle va se marier de toute façon, qu'elle ne fait que piétiner en attendant « qu'il » arrive.[1]

Les enfants apprennent ces déformations de diverses manières. Certaines leur sont enseignées, d'autres sont évoquées. Par exemple, un garçon peut faire un cauchemar où un monstre caché sous son lit s'apprête à le dévorer. Si la mère admoneste le monstre : « Je te défends de manger mon petit garçon, vilain monstre! Sors de là-dessous! » elle renforce la déformation. Si elle dit au contraire à son fils : « J'ai regardé sous le lit et il n'y a pas de monstre : tu as dû faire un rêve effrayant qui t'a paru tout à fait réel », elle l'aide à distinguer la réalité des produits de son imagination, en lui donnant une information exacte sans diminuer sa capacité à rêver.

Il se produit une double contamination lorsque les préjugés Parentaux et les illusions de l'Enfant recouvrent tous deux l'état du moi Adulte comme des enveloppes. Au lieu d'avoir une conscience objective des faits, l'Adulte tente de rationaliser ses contaminations. Si ces déformations sont éliminées, la personne retrouve une perception plus claire de ce qui est vrai.

Une fois les frontières de ses états du moi redressées, la personne comprend l'Enfant et le Parent au lieu d'être contaminée par ces influences. Un patient exprimait ainsi ce processus de décontamination : « Avant, j'avais cette idée bizarre que personne ne pourrait jamais m'aimer. Maintenant, je vois que c'est exactement comme ça que je me sentais à la maison quand j'étais gosse et je me rends compte à présent que tout le monde ne m'aime pas, mais qu'il y a beaucoup de gens qui m'aiment. » Un résultat semblable augmente les chances de devenir gagnant.

LESIONS DES FRONTIERES

Une personne ayant des frontières du moi lésées manifeste un comportement incontrôlé lorsqu'on touche un de ses « points sensibles ». Sa psyché a été grièvement endommagée par un événement traumatisant ou par une série d'expériences malheureuses vécues dans

---

[1] Si cette femme présumait au contraire « je ne me marierai jamais », elle pourrait réexaminer sa contamination et ses attitudes envers son instruction, son travail, son lieu d'habitation et ce qu'elle est en train de faire de sa vie.

l'enfance. Lorsque le point sensible est atteint, la blessure risque de se « rouvrir » sous un flot d'émotions violentes et irraisonnées. Nous avons observé une réaction semblable dans un groupe de thérapie. Une participante dit à un autre membre du groupe : « J'aimerais que tu me regardes quand tu me parles. » Sur cette simple demande, il se tourna vers elle, explosant de rage et cria : « Tu sais bien trouver mon point faible, hein, espèce de salope! »

On a généralement affaire à une lésion des frontières du moi si une personne s'évanouit à la simple vue d'une souris, a une crise de nerfs dès qu'éclate un coup de tonnerre, est prise de panique et se cache à l'idée d'avoir à se produire en public, et ainsi de suite. Certains fondent en larmes ou sombrent dans la dépression à la moindre critique. Une lésion se manifeste par une réaction d'importance exagérée par rapport au stimulus réel. Si l'équilibre de la personne s'en trouve gêné, elle a besoin de consulter un conseiller.

L'ADULTE AUX COMMANDES DE LA PERSONNALITE

Chacun est potentiellement capable de mettre l'Adulte aux commandes des autres états du moi. Libérée des influences négatives ou hors de propos du Parent et de l'Enfant, la personne émancipée est en mesure de prendre des décisions autonomes.

Sans une conscience de soi Adulte, on a tendance à percevoir la plupart des stimulus extérieurs et à réagir par l'état du moi Parent ou Enfant ou par les deux à la fois. Lorsque l'Adulte prend les commandes, on apprend à capter de plus en plus de stimulus par l'intermédiaire de l'Adulte. On s'arrête, on regarde, on écoute, peut-être « tourne-t-on sa langue sept fois dans sa bouche » et on réfléchit. On évalue avant d'agir, on prend la pleine responsabilité de ses propres pensées, de ses sentiments et de sa conduite, et on assume la tâche de déterminer quelles sont les réactions appropriées de ses états du moi, en se servant de ce qu'approuvent les états du moi Parent et Enfant.

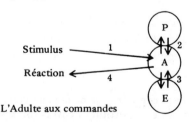

L'Adulte aux commandes

Dans certains cas, après avoir examiné la situation, une personne décidera que le plus approprié est ce qu'aurait fait son père ou sa mère. Par exemple, elle adoptera un comportement Parental, en réconfortant gentiment un enfant en larmes perdu dans un grand magasin (figure 9.5a). A d'autres moments, elle rejettera cette réaction Parentale et retiendra une remarque critique apprise d'une figure parentale (figure 9.5b).

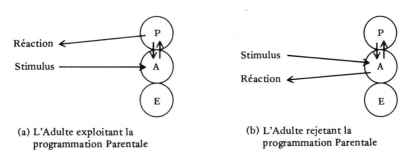

(a) L'Adulte exploitant la
    programmation Parentale

(b) L'Adulte rejetant la
    programmation Parentale

Dans certains cas, après étude de la situation, une personne décidera d'appliquer une réaction apprise dans l'enfance. Par exemple, passant en voiture auprès d'un bassin par une chaleur torride, elle peut brusquement arrêter sa voiture, s'assurer qu'il n'y a aucun danger, et décider de plonger dans l'eau pour se rafraîchir. A un autre moment, elle repoussera une impulsion de son Enfant désirant « s'amuser ».

Selon Berne, la personne dont l'Adulte est aux commandes « apprend à exercer le contrôle et la perspicacité Adulte de sorte que ces qualités enfantines ne surgissent qu'aux moments et dans l'entourage appropriés. Ces expériences de conscience disciplinée et de rapports humains disciplinés s'accompagnent de créativité disciplinée » [11].

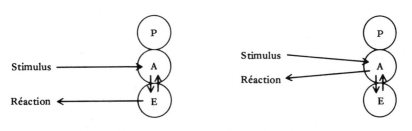

(a) L'Adulte exploitant la
    programmation de l'Enfant

(b) L'Adulte rejetant la
    programmation de l'Enfant

Pour faire un choix conscient, il faut contrôler l'énergie psychique de façon à pouvoir passer effectivement d'un état du moi à l'autre lorsque c'est justifié. Par exemple, agissant de volonté délibérée, une personne peut passer du mépris Parental à l'inquiétude Adulte, ou du ressentiment Enfant à des actions Adultes constructives. Cette capacité est illustrée par un incident rapporté par deux étudiantes.

Catherine et Françoise, toutes deux formées en AT, étaient en train d'étudier un cours ensemble. Leurs enfants jouaient tranquillement dans la cuisine lorsqu'on entendit soudain un grand fracas et des cris de terreur poussés par les enfants. Catherine se précipita immédiatement dans la cuisine pour voir ce qui se passait, comme l'auraient fait ses propres parents sensibles et nourriciers. L'expérience lui avait appris qu'elle pouvait, dans son état du moi Parent, être nourricière sans même y réfléchir.

La réaction de Françoise fut tout autre. En entendant le bruit, elle réagit tout d'abord comme l'aurait fait sa mère lorsqu'elle n'avait pas envie d'être dérangée : « Ces fichus mômes ne nous laissent même pas cinq minutes tranquilles! » Françoise avait reçu un parentage insuffisant et en était consciente. Elle devait donc « activer » son Adulte par *décision consciente*. Elle réagit alors de façon appropriée, et, tout comme Catherine, se leva pour aller voir ce qui était arrivé.

L'état du moi Adulte aux commandes de la personnalité se fait l'arbitre entre les états du moi Parent et Enfant, surtout quand le dialogue intérieur devient destructif ou source de douleur. En pareil cas, l'Adulte est pour l'Enfant un Parent plus raisonnable que ne l'étaient les véritables parents : établissant des limites raisonnables, donnant des permissions raisonnables, recherchant une satisfaction raisonnable pour l'Enfant. Les cas suivants donnent des exemples d'Adulte jouant le rôle d'arbitre, ou effectuant un compromis dans le dialogue Enfant-Parent.

Jacques

(E) Je vais me faire porter malade cette semaine et ne pas aller travailler.

(P) Le petit garçon à sa maman devrait rester à la maison s'il n'est pas bien.

(A) Je pourrais m'en tirer, mais il me faudrait travailler deux fois plus après pour rattraper mon absence. Je n'ai donc pas intérêt à rester à la maison.

Marie

(E) Si je gagne bien ma vie, les hommes ne m'aimeront peut-être pas.

(P) Les femmes ne doivent pas gagner autant que les hommes.

(A) Je suis une femme capable, mais je n'aurai jamais d'augmentation ici. Je crois que je vais chercher un autre travail.

Laurent

(E) Je suis *piégé* dans ce mariage.

(P) Tu devrais déjà être content de ce que tu as, Laurent. D'ailleurs, il n'y a jamais eu de divorce dans la famille.

(A) Quels sont les avantages et les inconvénients de ce mariage? Quels sont les avantages et les inconvénients du divorce? Je vais réunir des données objectives avant de me décider.

Pierre

(E) J'ai envie de faire l'amour ce soir.

(P) Charbonnier est maître chez lui, non? Alors c'est l'homme qui décide.

(A) Ma femme relève à peine d'une grippe. Je peux attendre.

Isabelle

(E) Pierre ne m'aime pas, sinon il ne serait pas sorti ce soir.

(P) Je t'avais bien dit qu'on ne pouvait pas faire confiance aux hommes! Ils n'ont qu'une chose en tête.

(A) Je sais que Pierre avait à travailler ce soir. Je vais appeler Véronique et peut-être irons-nous au cinéma.

Paul

(E) Je n'ai pas compris le mot que
vient de dire le moniteur, mais
si je le demande, j'aurai l'air
idiot.

(P) N'interromps jamais quelqu'un qui parle. Tu te
rendrais ridicule.

(A) Si je ne pose pas ma question, je ne vais rien
comprendre à son exposé. Alors allons-y,
même si je me sens idiot.

APAISER VOTRE PARENT

Il arrive que l'Enfant intérieur se sente perpétuellement soumis aux
pressions d'un état du moi Parent exagérément critique, brutal,
exigeant, menaçant ou avare d'affection et d'approbation. Avec
l'Adulte aux commandes, on peut apprendre à « jeter une miette »
au Parent. Ceci aide à soulager le malaise ressenti lorsqu'on va à
l'encontre d'une permission ou d'une injonction parentale.

« Jeter une miette » signifie apaiser le Parent autoritaire en
faisant une « petite » chose qui lui fait plaisir. C'est souvent une
façon d'apaiser le Parent que d'aller à la messe à Pâques et à Noël,
ou à la synagogue le jour du Grand Pardon.

Exemple clinique

Une jeune femme se sentait contrainte de conserver toutes les
reliques familiales et avait collectionné des napperons, des
gravures, des taies brodées, etc., qui remplissaient presque une
pièce entière. Bien qu'elle eût besoin de cette pièce, elle ne
pouvait se décider à jeter tout ce qui l'encombrait. Elle se
sentait coupable, disait-elle, ne serait-ce que d'y penser, car
c'était une preuve de déloyauté envers sa famille. Elle rapporta
plus tard : « Ma mère a toujours aimé donner aux gens dans le
besoin. Alors je lui ai jeté deux miettes qui m'ont vraiment fait
du bien. D'une part, j'ai conservé une petite boîte de souvenirs
pour contenter ma mère « dans ma tête ». Et d'autre part, j'ai
donné une pièce entière d'objets à des gens qui en avaient vraiment besoin. Quel soulagement! »

FAIRE PLAISIR A L'ENFANT

Il est des moments où, pour la plupart d'entre nous, il est nécessaire d'agir avec l'Adulte pendant des périodes prolongées. Peut-être devons-nous faire face à une crise — une mort, une maladie, une infirmité, ou quelque malheur; peut-être sommes-nous sous pression pour préparer un examen, finir un article, mettre en train une nouvelle affaire. En pareil cas, l'Enfant intérieur risque de se trouver négligé, et, tout comme un véritable enfant, de devenir encombrant ou « embêtant ». Une personne placée dans une telle situation peut se sentir désorganisée, devenir incapable de réfléchir clairement, irritable, pleurnicharde ou ressentir une espèce de contrainte. Ces sentiments apparaissent souvent lorsqu'un nouveau-né réclame et obtient presque toute l'attention de la famille; papa se sent alors oublié et maman a le cafard. Ils peuvent également survenir lorsqu'une personne est évincée de son emploi par une machine, une crise économique, ou remplacée par quelqu'un de plus jeune.

Lorsqu'il devient trop pesant d'être constamment un adulte ou un parent, il est utile de faire volontairement quelque chose de particulier pour l'Enfant. Cette activité peut être rassurante; parfois, elle est rafraîchissante ou rajeunissante.

Exemple clinique

Denis avait travaillé dur pour faire ses études de droit tout en subvenant aux besoins de sa famille. En dépit de sa bonne connaissance du sujet, il avait échoué trois fois à l'examen de passage pour devenir avocat. Il se plaignait : « Je n'arrivais pas à réfléchir. J'avais tellement peur d'échouer que ma main était paralysée et je n'arrivais pas à écrire. »

Lorsqu'on demanda à Denis ce qui lui faisait le plus plaisir étant petit, il répliqua immédiatement : « Le chocolat aux noisettes, mais on me l'interdisait parce que j'avais les dents fragiles. » Il décida d'essayer de faire plaisir à son Enfant. Lorsqu'il tenta l'examen pour la quatrième fois, il emporta quelque tablettes de chocolat, pour les pauses.

Denis réussit brillamment son examen. Il se sert encore de cette méthode à de rares mais importantes occasions.

Nombre de gens ont découvert des moyens précis de faire plaisir à leur Enfant. Chacun doit trouver sa propre méthode en s'assurant des désirs de l'Enfant et en choisissant avec l'Adulte quelque chose d'approprié.

Un père de famille soulageait la tension que lui donnait un patron irritable en faisant une bonne partie de football avec ses enfants.

Une mère se reposait de la tension d'avoir à s'occuper d'un enfant handicapé en prenant de luxueux bains chauds moussants pendant qu'il faisait la sieste.

Un homme, se remettant de graves brûlures, se redonnait courage en partant de temps en temps quelques jours en montagne.

Une jeune femme réussit à maintenir un régime sévère pendant plusieurs mois en s'offrant une énorme glace une fois par mois.

Cette technique consistant à « donner le petit doigt » à l'Enfant permet de continuer à faire le nécessaire. Elle revient à s'accorder une chose particulièrement appréciée dans l'enfance, ou à satisfaire un désir qui ne l'avait pas été jusque là. Nous avons tous besoin d'évaluer ce qui fait plaisir à l'Enfant et d'établir des limites raisonnables à la fréquence d'une telle auto-gratification.

ACTIVER ET FORTIFIER L'ETAT DU MOI ADULTE

L'état du moi Adulte se fortifie à l'usage, « de façon très comparable aux muscles, dont la force augmente avec l'exercice » [12]. Plus on s'en sert, plus on est capable de s'en servir.

L'Education

L'éducation, dans la mesure où elle renforce la capacité de réunir, d'organiser et d'évaluer les informations, contribue à porter des jugements Adultes plus exacts. L'Adulte en chacun de nous est affecté par divers types d'apprentissage. Ceux-ci gênent parfois l'action de l'Adulte, parfois ils l'améliorent. Berne écrit : « Dans chaque cas particulier, il faut tenir compte de l'apprentissage passé » [13].

On peut concevoir l'éducation en tant « qu'apprentissage passé » dans de nombreuses optiques. Elle peut être scolaire ou non, officielle ou non. Par exemple, la plupart des gens ont reçu leur instruction en matière d'histoire, d'arithmétique et de français dans le cadre d'une école officielle avec des enseignants agréés. Leur éducation sexuelle, par contre, provient généralement de sources moins officielles — souvent de camarades — et est obtenue dans des endroits comme les vestiaires, la rue, la grange à foin. L'information ainsi acquise peut être exacte ou inexacte; dans ce dernier cas, elle n'est d'aucune utilité à l'Adulte. L'expression utilisée en informatique « bon à prendre, bon à jeter » s'applique aussi à la qualité des informations apportées à l'Adulte et d'ailleurs à tous les états du moi.

L'état du moi Adulte réunit des données non seulement au cours de son éducation, mais aussi à travers ses contacts avec la réalité. Tout le monde entend, sent, touche, voit son environnement et observe que certains phénomènes se reproduisent à intervalles prévisibles. Par exemple, les arbres fleurissent vers la même époque chaque année et les graines se gonflent et produisent des fruits. On apprend à connaître quelle distance on peut parcourir avec un réservoir plein d'essence, le meilleur accès sur l'autoroute, le temps nécessaire pour se rendre au travail chaque matin, la meilleure poissonnerie du quartier. L'état du moi Adulte rassemble constamment des données grâce aux expériences de tous les jours.

Il arrive que l'information soit faussement évaluée. Même ce qu'on « voit » peut être faux. La terre nous paraît plate, elle ne l'est pas. Et quel avocat n'a entendu trois versions « honnêtes » mais contradictoires du même fait raconté par trois témoins différents?

Celui ou celle qui se sert de son Adulte aux commandes pour améliorer la qualité de ses réactions peut avoir besoin de fortifier l'Adulte en recueillant des données auprès de nombreuses sources extérieures, tout en apprenant à se connaître lui-même ou elle-même. Récolter et évaluer des informations permet à l'individu de mieux déterminer la réaction effectivement appropriée dans l'ici et maintenant. Une personne dont l'Adulte est aux commandes a besoin d'une auto-éducation permanente. Elle doit aussi trier les données de ce monde intérieur afin de se servir judicieusement des contributions OK du Parent et de l'Enfant.

Les Contrats

Le contrat Adulte est un outil essentiel de l'AT pour fortifier l'Adulte. C'est un engagement de changement pris envers soi-même et/ou envers quelqu'un d'autre. On passe un contrat pour changer des sentiments, un comportement ou des problèmes psychosomatiques. Selon Berne :

...le contrat peut avoir trait à des symptômes caractéristiques de certains troubles; par exemple, dans les cas de névroses, les paralysies hystériques, les phobies, les obsessions, les symptômes somatiques, la fatigue ou les palpitations; dans les cas de psychopathies, la mythomanie, l'excès de boisson, l'accoutumance à une drogue, la délinquance et d'autres comportements de jeu; pour les troubles caractériels, le pessimisme, la pédanterie, l'impuissance sexuelle ou la frigidité; et dans le cadre des psychoses, les hallucinations, l'exaltation et la dépression [14].

Le contrat doit être clair, concis et direct. Il implique : 1. la décision d'entreprendre une action concernant un problème précis, 2. l'énonciation, en langage assez simple pour être compris par l'Enfant intérieur, d'un but clair à poursuivre, et 3. la possibilité d'atteindre ce but.

Avant de décider d'un contrat, il faut être suffisamment conscient de la façon qu'on a d'appréhender la vie pour savoir ce qui provoque l'insatisfaction ou un malaise injustifié pour soi-même ou les autres. L'insatisfaction est souvent une excellente motivation de changement.

Il est important de passer le contrat avec l'état du moi Adulte. L'état du moi Parent peut faire une promesse pour que l'Enfant patiente et l'état du moi Enfant prendra une « bonne résolution de Nouvel An » sans avoir aucune intention de la tenir. L'Adulte, lui, est régulier!

Si l'analyse transactionnelle fut tout d'abord créée sous forme de thérapie contractuelle, on peut en fait passer un contrat avec n'importe qui — soi-même, un conjoint, un patron, un collègue ou un ami — pour

cesser de s'apitoyer sur son triste sort
   cesser d'avoir des pensées ou de faire des actions auto-dégradantes
      cesser de jouer les martyrs
         cesser de dévaloriser les autres
            cesser de détruire son corps;

commencer à écouter les autres
   commencer à être agréable
      commencer à se détendre
         commencer à rire
            commencer à se servir de son cerveau.

Apprendre à passer des contrats, à les remplir jusqu'au bout, à les changer lorsque c'est approprié et s'occuper ensuite du problème et du contrat suivants, ce sont là des signes d'autonomie, les signes d'un gagnant.

Poser la Bonne Question

Après avoir défini le problème et passé le contrat, on peut programmer l'état du moi Adulte par une question relative à ce problème précis. Ensuite, au moment crucial, dès qu'on s'apprête à reproduire un schéma de comportement qu'on a décidé de changer, on pose la question. Celle-ci « active » l'état du moi Adulte.

Une personne sur la défensive, blessée ou facilement déprimée face à la critique, peut se proposer le contrat suivant : « Je vais apprendre à évaluer les critiques. » Elle se posera cette question : « Je me demande si par hasard cette critique ne serait pas vraie? », et aussi celle-ci : « Je me demande si par hasard elle ne serait pas fausse? »

Une personne qui a tendance à se replier sur elle-même peut décider du contrat suivant : « Je me ferai entendre. » Lorsque l'ancien schéma de comportement est sur le point d'être reproduit, elle se demandera : « Quelle responsabilité suis-je en train d'éviter? » ou « Qu'est-ce qui ne va pas dans ce que je veux dire? », ou encore : « Qu'est-ce qui pourrait m'arriver de pire si je me faisais entendre? »

Quelqu'un qui veut toujours occuper le devant de la scène, établira par exemple le contrat suivant : « Je partagerai la scène avec les autres et les laisserai parfois l'avoir pour eux tous seuls. » Lorsque surgit le désir violent d'être sous les projecteurs, la personne peut se poser la question : « Qu'ai-je à dire ou à faire que tout le monde doive voir et entendre? », ou bien « Quand est-ce que ça suffit? », ou encore « Que pourrais-je apprendre en regardant et en écoutant quelqu'un d'autre? »

Une personne dont l'état du moi Parent est arbitrairement autoritaire et dit « non » à la plupart des demandes, surtout celles faites par ses propres enfants, pourra passer le contrat Adulte suivant : « J'écouterai toutes les requêtes et y réagirai raisonnablement ».

Lorsqu'une demande est présentée, elle pourra activer son Adulte en disant : « Pourquoi pas? » Si la demande risque effectivement de porter atteinte à la santé ou à la sécurité de l'enfant, cette personne dira « non » à partir de son Adulte, en exposant ses raisons et en s'en tenant fermement à sa décision. S'il n'y a pas de raisons valables de s'y opposer, elle dira « oui », tout en précisant les limites et les conditions à respecter. En adoptant cette marche à suivre, les « oui » et les « non » proviendront de l'état du moi Adulte, bien qu'il s'agisse d'une action de parentage.

Si une personne s'impose trop fréquemment des « non », son Enfant intérieur réagit encore à trop d'injonctions parentales comme « ne fais pas ça ». L'expression du plaisir et de l'amusement de cet Enfant intérieur est interdit. La personne s'engage dans le contrat : « Je m'autoriserai à rire, à aimer, à jouer. » Munie de ce contrat, lorsqu'elle aura envie de jouer, elle pourra se dire : « Pourquoi pas? » S'il existe de bonnes raisons pour cela (et non des rationalisations), elle remettra peut-être son plaisir à un autre moment. S'il n'y en a pas, elle se laissera aller et passera un bon moment.

Si au contraire une autre personne a un Parent trop tolérant, qui acquiesce sans réfléchir à la plupart des impulsions (alcool, drogue, nourriture, sommeil, etc.) ou aux demandes des autres, elle peut établir ce contrat Adulte : « Je ne dirai « oui » ni à moi-même ni aux autres si le comportement impliqué est destructif. » Elle se posera les questions : « Pourquoi donc me ferais-je cela? » ou « Pourquoi donc devrais-je faire du mal aux autres ou leur permettre de se faire du mal à eux-mêmes? »

Les individus qui se servent de la technique du contrat-question pour « activer » l'Adulte, déterminent leur question unique liée au contrat pour engager leur intelligence afin de pouvoir évaluer plus raisonnablement la situation. Ils se risquent à prendre en charge leurs propres actions.

S'Instruire par ses Projections

Les personnes conscientes se servent de leur Adulte pour découvrir certaines parties aliénées de leur personnalité à partir de leurs projections. La projection est un phénomène courant dans le comportement humain. Perls écrit :

Une projection est un trait de caractère, une attitude, un sentiment ou un comportement qui appartient en fait à votre personnalité, mais n'est pas perçu comme tel; il est attribué à des objets ou des personnes de l'entourage, puis perçu comme dirigé *vers* vous, au lieu du contraire...

L'impression d'être rejeté — par les parents d'abord, puis les amis — est établie et maintenue d'une façon durable par le névrosé. Si de telles revendications sont parfois fondées, le contraire est certainement vrai aussi : le névrosé rejette les autres parce qu'ils ne sont pas à la hauteur d'une norme ou d'un idéal particuliers qu'il leur impose. Une fois qu'il a projeté son rejet sur une autre personne, il peut, sans se sentir aucunement responsable de la situation, se considérer comme l'objet passif de toutes sortes de brimades, traitements sévères, ou même de « victimisations » immérités [15].

Les individus peuvent projeter n'importe quel trait de caractère positif ou négatif qui a été aliéné de leur conscience. Inconsciemment, ils reprochent aux autres d'être en colère, alors qu'en fait ce sont eux qui sont en colère, ou perçoivent les autres comme tendres et aimables, alors qu'en fait leur propre apparence de froideur dissimule un coeur d'or, ou encore, ils prétendent avoir un conjoint peu affectueux, alors qu'en fait eux-mêmes n'éprouvent guère d'affection envers leur compagnon.

Certains jeux, par exemple *Les Défauts*, se pratiquent en projetant ses propres traits de caractère sur quelqu'un d'autre. Plutôt que d'admettre le sentiment d'une inaptitude personnelle, celui qui joue au jeu *Les Défauts* se pose en Parent et épluche les inaptitudes attribuées aux autres.

Les personnes qui se servent de leurs projections pour acquérir une meilleure connaissance d'elles-mêmes, mettent en question leurs raisons d'accuser ou d'admirer les autres. Lorsqu'elles portent une accusation ou expriment leur admiration, elles apprennent à se demander : « Se pourrait-il qu'en fait ce trait de caractère m'appartienne? » Grâce à cette question :

La femme qui se plaint : « Personne ne m'apprécie » peut découvrir que c'est elle-même qui manifeste rarement une appréciation positive sur les autres.

L'ami qui s'émerveille : « Vous êtes vraiment extraordinaire; personne ne pourrait faire ce que vous faites » peut découvrir sa propre capacité à exécuter des choses identiques.

Le professeur qui s'exclame : « Ce gosse idiot! » peut découvrir sa propre stupidité.

Le garçon qui dit : « Cette porte me cogne tout le temps la figure » peut découvrir qu'il se détourne de son propre chemin pour se cogner dans la porte.

L'homme qui se plaint constamment : « Personne ne m'écoute jamais » peut découvrir que c'est lui qui n'écoute jamais les autres.

Un patient qui dit, en groupe de thérapie : « Vous refusez de vous ouvrir à moi » peut découvrir que c'est lui qui n'est pas disposé à s'ouvrir aux autres.

Une femme, sexuellement inhibée, qui se plaint : « Les hommes me font tout le temps des avances » peut découvrir que c'est elle qui éprouve du désir pour les hommes.

S'Instruire par ses Rêves

Tout comme nous pouvons nous instruire par nos projections, nous pouvons également le faire par nos rêves. Perls décrit les rêves comme « l'expression la plus spontanée de l'existence de l'être humain » [16]. Les rêves sont semblables à des représentations théâtrales, mais ni la direction ni l'action ne sont sous le même contrôle que dans la vie éveillée.

L'approche de la Gestalt consiste à intégrer les rêves plutôt qu'à les analyser. L'intégration peut se faire en revivant le rêve, en assumant la responsabilité d'être chaque objet, chaque personnage du rêve, en prenant conscience des messages qu'il recèle. Pour s'instruire par les rêves, il n'est pas essentiel d'étudier un rêve dans sa totalité. Il est souvent fructueux de ne travailler que sur de petites parties du rêve.

Pour revivre un rêve, on commence par le raconter ou l'écrire comme une histoire qui se déroule *maintenant*, en se servant du présent grammatical ; par exemple : « Je marche sur une route solitaire... », « Je suis assise dans un avion... » ; en incluant tout ce qui a été vécu dans le rêve, mais sans rien ajouter qui n'y ait effectivement figuré.

Au stade suivant, la personne entame un dialogue — en parlant à haute voix. Pour faciliter le début, elle demande à chaque personne, à chaque objet, à chaque événement : « Que fais-tu dans mon rêve ? » Puis, devant chaque personne, chaque objet, ou chaque événement, elle répond, en commençant par « je », et toujours en utilisant le présent. Par exemple : « *Je* suis une belle petite voiture de sport rouge... », « *Je* suis un tapis étendu sur le sol... », « *Je* suis une vieille femme qui essaie de grimper un escalier... »

Chaque élément du rêve est susceptible de livrer un message déguisé concernant le rêveur. Lorsque le message est apparent, la personne pense généralement : « Ah bon ! Je suis donc comme ça ! »

Une femme, patronne inflexible dans son rêve, se découvrit elle-même inflexible et peu disposée à changer. Un homme, décrivant un rouleau-compresseur dans son rêve, découvrit qu'il écrasait les gens qui barraient son chemin. Dans ces deux cas, la partie aliénée de la personnalité fut reconnue et « re-avouée », s'intégrant ainsi à l'ensemble de la personnalité. Perls recommande :

...pour travailler sur vos rêves, il est préférable de le faire avec quelqu'un d'autre qui puisse vous signaler ce que vous évitez. Comprendre le rêve, c'est vous rendre compte des moments où vous évitez l'évident. Le seul danger est que l'autre personne vienne trop rapidement à la rescousse pour vous dire ce qui se passe en vous, au lieu de vous donner l'occasion de le découvrir vous-même [17].

LES JOURS DE DESESPOIR

Une personne qui active l'Adulte se met à voir la vie de façon plus réaliste et peut faire des découvertes difficiles à accepter; par exemple :

que son travail est une voie sans issue.

que son conjoint est atteint d'une maladie mentale.

qu'il y a vraiment des gens qui se détestent.

qu'il y a vraiment des gens qui se font du mal.

que les enfants leur sont aliénés.

qu'il faut payer les pots cassés.

que la véritable amitié est bien rare.

que nombre de potentialités ne se réalisent jamais.

De plus, certains découvrent que ce personnage ou cet événement magique qu'ils attendaient pour améliorer leur sort n'arrivera jamais :

qu'ils ne gagneront jamais à la loterie.

que l'occasion ne « se présentera » pas.

que le facteur ne sonnera pas « trois fois ».

que la beauté ne donne pas de pouvoirs magiques.

que ni le bon génie ni la marraine-fée n'existent.

que le crapaud est bien un crapaud, non un prince charmant.

Face à une telle prise de conscience, nombre de gens sombrent dans le désespoir, n'attendant plus de secours de personne. Pour la première fois peut-être, ils se rendent compte que s'ils veulent être sauvés, il leur faudra compter sur eux-mêmes et renforcer leurs propres ressources, car pour une large part, on doit réaliser sa vie soi-même.

Bien que le sentiment du désespoir soit douloureux, il représente un défi à la personne de se conduire autrement. A ce moment-là, on peut 1. se retirer de la société en se faisant ermite dans un lieu isolé, ou en se faisant envoyer dans un établissement de santé publique, ou en s'enfermant dans une chambre d'hôtel; 2. tâcher de supprimer tout problème personnel en « se coupant » du monde grâce à l'alcool ou à d'autres drogues, ou en allant jusqu'au suicide; 3. se débarrasser des personnes qui sont à l'origine de la douleur — en éloignant les enfants, en se défaisant d'un mari ou d'une femme, ou en assassinant quelqu'un; 4. ne rien faire et attendre; 5. aller mieux et commencer à vivre dans un monde réel. Berne décrit ainsi ce processus :

A long terme, le patient doit entreprendre la tâche de vivre dans un monde où il n'y a pas de Père Noël. Il se trouve alors confronté aux problèmes existentiels de la nécessité, du libre arbitre, et de l'absurdité, qui tous étaient jusqu'alors esquivés dans une certaine mesure grâce aux illusions du scénario [18].

Les gens qui décident de vivre dans le monde réel et qu'ils sont nés pour gagner, s'accorderont à dire, comme Disraeli : « la vie est trop courte pour être petite. »

RESUME

L'état du moi Adulte traite objectivement la réalité. L'Adulte n'est pas lié à l'âge, mais est influencé par l'éducation et l'expérience. S'il est activé, la personne est capable de rassembler et d'organiser l'information, de prédire les conséquences possibles de diverses actions et de prendre des décisions conscientes. D'ailleurs, même lorsqu'une décision est prise par l'Adulte, elle n'est pas forcément juste si les renseignements possédés sont insuffisants. Cependant, se servir de l'Adulte peut contribuer à réduire au minimum les risques d'actions regrettables et à augmenter les chances de succès.

En cas de conflit intérieur ou d'interaction auto-destructive entre le Parent et l'Enfant intérieurs, l'état du moi Adulte peut s'interposer : il arbitre, trouve des compromis et prend de nouvelles décisions en faveur de l'expression de l'Enfant intérieur. Il peut également accepter ou rejeter des présomptions Parentales en se fondant sur la réalité et l'à-propos. Pour arriver à cette intégration de la personnalité, l'Adulte doit acquérir une connaissance des états du moi Enfant et Parent. Ceci fait partie de la conscience de soi.

L'usage spontané qu'on fait des ressources de sa personnalité peut être affecté par des problèmes de frontières du moi. Si celles-ci sont trop relâchées, l'énergie psychique glisse capricieusement d'un état du moi à l'autre, rendant la personne tout à fait imprévisible dans ses réactions. Si ces frontières sont trop rigides au contraire, l'énergie psychique est « emprisonnée » dans un état du moi, à l'exclusion des autres. Ce problème se manifeste par l'usage répété d'un état du moi — la personne choisit d'agir presque exclusivement à partir de son Parent, de son Adulte, ou de son Enfant. Lorsqu'intervient un traumatisme ou l'accumulation d'expériences négatives, les frontières du moi subissent des lésions. Il en résulte un flot d'émotions apparemment irraisonnées eu égard au stimulus. La perception Adulte claire de la réalité du moment peut également être contaminée par des préjugés ou des illusions de l'enfance.

Lorsqu'une personne vient d'acquérir la conscience Adulte, il en résulte souvent un certain désespoir. Elle peut réagir à ce sentiment désagréable en se cachant, en laissant tout tomber, en se débarrassant des autres, en ne faisant rien, ou en mettant l'état du moi Adulte aux commandes de sa personnalité et en décidant de diriger sa propre vie.

L'état du moi Adulte aux commandes ne signifie pas que la personne agisse toujours dans son Adulte, mais que l'Adulte autorise l'expression appropriée de tous les états du moi, car chacun a sa contribution à apporter à une personnalité complète. L'Adulte est « branché » et sait quand donner libre cours joyeusement à une impulsion, et quand la contenir ou la modifier pour l'adapter à la réalité du moment.

Pour se mettre aux commandes de la personnalité, l'état du moi Adulte doit être activé et exercé. Chacun en est capable, même si cela ne semble pas être le cas pour certains. Berne fait l'analogie suivante : « ...si on n'entend pas marcher la radio dans une maison, cela ne veut pas dire qu'il n'y en a pas; y peut y en avoir une excellente, mais il faut la mettre en marche et la laisser chauffer avant de l'entendre clairement » [19].

Lorsque votre état du moi Adulte est branché et réglé, il peut vous aider à diriger le cours de votre vie de façon beaucoup plus intelligente. Un vieux proverbe polonais conseille : « S'il n'y a pas de vent, alors rame. »

EXPERIENCES ET EXERCICES

Les personnes conscientes connaissent la sollicitation urgente de la vie car elles connaissent aussi l'indiscutable réalité de la mort. Elles font leurs choix en se basant sur la signification qu'elles veulent donner à leur vie.

1. Scène du lit de mort (fantasme)

Trouvez un endroit tranquille où vous pourrez vous installer sans être dérangé(e). Imaginez-vous très vieux (vieille) et sur votre lit de mort. Vous revoyez votre vie. Fermez les yeux. Projetez le déroulement de votre vie sur un écran imaginaire placé en face de vous. Regardez-la depuis le début jusqu'au moment présent. Prenez votre temps. Après avoir vécu cela, interrogez-vous :

- Quels souvenirs vous font le plus mal? Le plus plaisir?

- Quelles expériences, quels engagements, quelles réalisations ont donné un sens à votre vie?

- Avez-vous des regrets? Si oui, qu'auriez-vous pu faire de façon différente? Que pouvez-vous faire autrement dès maintenant?

- Auriez-vous souhaité passer plus de temps ou moins de temps avec telle ou telle personne?

- Y avait-il d'autres choix dont vous n'étiez pas conscient(e)? Ou peut-être les craigniez-vous?

- Avez-vous découvert ce que vous appréciez? Vos appréciations sont-elles celles que vous souhaitez avoir?

- Avez-vous découvert quelque chose que vous voulez changer maintenant?

2. Votre dernière heure (fantasme)

A présent, examinez votre vie d'un autre point de vue. Imaginez qu'il vous reste une heure à vivre et que vous pouvez la passer avec la ou les personnes de votre choix.

• Qui voudriez-vous avoir près de vous?

• Où et comment aimeriez-vous passer cette dernière heure?

• Cette ou ces personnes connaissent-elles vos sentiments à leur égard?

3. Evadez-vous de votre piège du bélier

S'il y a un domaine de votre vie où vous vous sentez piégé(e) ou acculé(e) à un mur, essayez donc ce petit voyage imaginaire :

• Fermez les yeux et imaginez-vous vous cognant la tête contre un grand mur de brique, essayant d'atteindre quelque chose de l'autre côté.

• Regardez-vous en train de vous cogner la tête.

• A présent, cessez de vous cogner et regardez autour de vous.

• Trouvez un moyen de passer par-dessus, par-dessous, ou à côté du mur sans vous cogner. Si vous avez besoin de quelque chose pour vous aider, inventez-le.

Si vous avez l'impression d'être enfermé(e) dans une boîte, imaginez-vous être effectivement dans une boîte.

• Imaginez-vous pelotonné(e) dans la boîte. Qu'éprouvez-vous? Cette attitude vous protège-t-elle de quelqu'un ou de quelque chose?

• Imaginez plusieurs moyens de sortir de votre boîte. Maintenant, sortez-en.

• Après vous être évadé(e) de votre boîte, imaginez-vous assis(e) dehors, à l'ombre d'un arbre.

• Regardez autour de vous. Retournez-vous vers votre boîte, puis regardez à nouveau le reste du monde.

Si vous vous sentez acculé(e) à un mur ou enfermé(e) dans une boîte, et si vous n'écoutez pas des enregistrements d'autrefois disant « les grandes personnes ne font pas ce genre de choses »,

- Construisez-vous un mur avec des cartons, des journaux, etc. Cognez-vous la tête contre ce mur. Regardez derrière vous; y a-t-il une issue plus facile?

- Procurez-vous un grand carton. Mettez-vous dedans et rabattez-en le couvercle. Restez accroupi(e) quelque temps et prenez conscience de vos sentiments. Puis sortez de la boîte. Regardez le reste du monde.

Maintenant, posez-vous ces questions :

- Ne serait-ce pas par hasard moi-même qui construirais mon propre mur, m'enfermerais dans ma propre boîte?

- Dans ce cas, quels avantages pourrais-je en retirer?

- Comment cela agit-il sur les autres?

- Quelles positions cela me permet-il de renforcer?

- Quels bons-cadeaux cela me permet-il de collectionner?

- Comment est-ce que cela rentre dans le cadre de mon scénario?

- Est-ce vraiment ce que je désire pour moi-même?

A présent, cessez donc de vous cogner et regardez autour de vous.

4. L'examen du Parent Perpétuel, de l'Adulte Perpétuel, de l'Enfant Perpétuel

Demandez-vous : *Se pourrait-il que j'agisse trop souvent et/ou de façon inappropriée à partir de l'état du moi Parent?*

- Les autres vous reprochent-ils de penser à leur place, de parler pour eux, de ne jamais les laisser être eux-mêmes, d'avoir réponse à tout, d'être inabordable ou inaccessible?

- Vous arrive-t-il de prêcher, d'endoctriner, ou d'écraser les autres?

- Etudiez soigneusement les groupes que vous fréquentez.

- Chaque groupe admet-il les divergences de vues, ou bien la plupart de ses membres ont-ils la même opinion?

- Vos parents ont-ils appartenu (ou auraient-ils aimé appartenir) à ces mêmes groupes?

- Quelles sont les opinions partagées par les divers groupes auxquels vous appartenez?

- Si vous avez tendance à appartenir à des groupes sauveteurs, demandez-vous s'ils résolvent effectivement les problèmes ou se contentent d'en parler. Envisagent-ils les problèmes d'un seul ou de plusieurs points de vue?

- Vos groupes comptent-ils sur vous pour prendre leurs décisions à leur place?

- Leur dites-vous ce qu'il faut faire? Ou bien les encouragez-vous à réfléchir et à agir par eux-mêmes?

- Vous arrive-t-il souvent de dire aux autres « vous devriez », « il faudrait », ou « vous devez »? S'agit-il d'injonctions Adulte ou d'injonctions Parent?

- Quels sont les sujets que vous discutez chaudement et de façon répétée?

- Peut-être exprimez-vous les jugements de valeur de quelqu'un d'autre sans les soumettre à votre réflexion et à votre examen personnels?

Demandez-vous : *Se pourrait-il que j'agisse trop souvent et/ou de façon inappropriée à partir de mon état du moi Adulte?*

- Vous trouvez-vous habituellement trop porté(e) vers l'analyse raisonnable, dépourvu(e) de spontanéité et agissez-vous comme une machine?

- Utilisez-vous régulièrement le traitement des données, n'exprimant que rarement une inquiétude parentale ou un enjouement enfantin?

- Etes-vous toujours raisonnable dans votre façon d'utiliser l'argent, sans jamais faire de « folies » impulsives ou d'offrir à une personne un cadeau dont elle a toujours eu envie?

- Avez-vous peu de temps pour vous distraire ou simplement ne rien faire?

- N'appartenez-vous qu'à des groupements professionnels — où l'on se réunit essentiellement pour échanger des idées?

- A présent, pensez à vos amis intimes. Se limitent-ils à des collègues de travail?

- Lorsque vous vous trouvez en société, vous arrangez-vous toujours pour parler « boulot » ou pour trouver un petit coin où vous recueillez des informations dans les journaux?

- Vous reproche-t-on de n'être « pas drôle » ou de « ne pas prendre votre part de responsabilité avec les enfants »?

- Avez-vous tendance à être une machine — un ordinateur qui ne fait que brasser des données et des conclusions?

- Vous servez-vous de votre Adulte pour rationaliser — pour expliquer des défauts et des préjugés?

- Vous en servez-vous pour défendre et entretenir des opinions Parentales qui vous ont paru autrefois trop menaçantes pour les examiner intelligemment?

- Vous en servez-vous pour aider votre Enfant à « duper » les autres et lui donner de « bonnes » raisons d'utiliser des jeux?

Demandez-vous : *Se pourrait-il que j'agisse trop souvent et/ou de façon inappropriée à partir de mon état du moi Enfant?*

- Laissez-vous souvent les autres avoir de l'autorité sur vous?

- Les autres pensent-ils à votre place, parlent-ils en votre nom, étouffent-ils votre personnailté, vous donnent-ils les réponses, viennent-ils souvent à votre rescousse ou vous laissent-ils être vous-même?

- Etudiez les groupes auxquels vous appartenez.

- Ont-ils pour but avant tout de se distraire?

- De renverser les autorités ou encore de les harceler?

- De vous conseiller sur la façon de diriger votre vie?

- Face à des problèmes ou à des décisions à prendre, prenez-vous la fuite, vous affolez-vous, ou vous montrez-vous faible?

- Vous tournez-vous constamment vers les autres pour rechercher leur approbation, leurs critiques, ou leur soutien?

- Pensez à vos dix amis les plus intimes. Ont-ils quelque chose en commun? S'agit-il de compagnons de jeux? Vous servent-ils de figures parentales?

- Vous arrive-t-il souvent de dire « je ne peux pas » quand en fait vous voulez dire « je ne le ferai pas » ou bien « je ne veux pas le faire »?

5. Le portrait de vos états du moi

Grâce à des cercles de tailles différentes, dessinez le portrait de vos états du moi tel que vous *vous percevez* la plupart du temps. Votre portrait peut ressembler à l'un des schémas de la figure 9.7 ci-dessous :

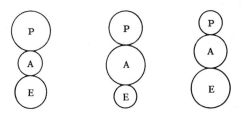

- Pensez-vous avoir un état du moi préféré?
- Votre portrait change-t-il selon les circonstances? Selon que vous êtes au travail? A la maison? En classe? A une soirée? Ou ailleurs?
- Change-t-il lorsque vous êtes en compagnie de certaines personnes? De votre patron? D'un subordonné? De votre conjoint? Des enfants? D'amis? De qui d'autre?
- A présent, demandez à un enfant, un conjoint, un ami, un parent, un cousin et/ou un collègue de vous dessiner tel(le) qu'ils vous perçoivent. Remarquez-vous des différences?

Après avoir dessiné le portrait de vos états du moi, de votre propre point de vue aussi bien que de celui des autres, demandez-vous :

- Cela me satisfait-il? Dans le cas contraire, qu'est-ce qui a besoin d'être changé?
- Quels contrats ai-je besoin de faire? Quelles questions Adulte ai-je besoin de poser?

6. Décontaminer votre Adulte

Une méthode efficace pour décontaminer votre Adulte des préjugés de votre Parent et des illusions de votre Enfant consiste à renverser vos conceptions.

Pour les contaminations Parentales

- Faites une liste de quatre adjectifs que vous employez pour parler des personnes de race, de sexe, d'âge, de religion, de culture, de classe sociale, d'origine, différents des vôtres. Par exemple :

Les hommes sont _____, _____, _____, _____

Les femmes sont _____, _____, _____, _____

Les Juifs sont _____, _____, _____, _____

Les Chrétiens sont _____, _____, _____, _____

Les Noirs sont _____, _____, _____, _____

Les Blancs sont _____, _____, _____, _____

Les _____ sont _____, _____, _____, _____

Les _____ sont _____, _____, _____, _____

- Possédez-vous une information correcte et suffisante vous permettant d'étayer les croyances ci-dessus, ou bien avez-vous adopté cette position en vous basant sur une seule expérience? Ou sur des racontars? Ou en subissant l'impact des mass-media?
- A présent, renversez vos conceptions en vous servant des adjectifs inverses des précédents. Que découvrez-vous?

Pour les contaminations Enfant

- Utilisez-vous souvent des mots indiquant que vous attendez une personne ou un événement magiques? Des mots tels que :
Quand il/elle changera, (si seulement il/elle changeait)...
Quand je me marierai (si seulement je me mariais)...
Quand je divorcerai (si seulement je divorçais)...
Quand je trouverai (si seulement je trouvais) la situation qu'il me faut...

Quand les enfants seront grands (si seulement les enfants étaient grands)...

- Utilisez-vous souvent des expressions indiquant que vous vous concevez d'une certaine façon et ne pouvez changer? Par exemple :

  Je suis tellement impuissant(e) que...

  Je suis tellement bête que...

  Je suis tellement déprimé(e) que...

  Je suis tellement embrouillé(e) que...

- Que dites-vous fréquemment de vous-même?

  Je suis tellement . . . . que. . . . .

- A présent, renversez les assertions ci-dessus, par exemple :

  Il/elle ne changera peut-être jamais, alors...

  Je suis tellement puissant(e) que...

  Je suis tellement . . . . que. . . . .

Après avoir examiné les contaminations Parent et Enfant possibles, posez-vous les questions suivantes :

- Suis-je satisfait(e) de ce que j'ai découvert?
- Que dois-je ré-évaluer?
- Que dois-je changer?
- Quelles questions Adulte ai-je besoin de poser?

7. Instruisez-vous de vos projections

Les autres nous servent souvent de miroir. En les regardant, c'est vous-même que vous voyez! Il est utile, pour vous connaître vous-même, de vous instruire grâce à vos projections. Commençons ainsi.

Evoquez quelqu'un que vous détestez particulièrement.

- Qu'est-ce que vous n'aimez pas chez cette personne?
- Connaissez-vous d'autres personnes qui aient également ces défauts? Les détestez-vous?
- A présent, imaginez-vous ayant ces mêmes défauts. Voyez-vous à l'action.

- Comportez-vous et agissez de la façon qui vous agace tant chez les autres.
- A présent, posez-vous la question : Se pourrait-il que ce soit moi qui agisse ou sois ainsi?

Maintenant, évoquez quelqu'un que vous admirez particulièrement.

- Qu'aimez-vous chez cette personne?
- Connaissez-vous d'autres personnes qui possèdent des qualités semblables? Les admirez-vous autant?
- A présent, imaginez-vous en train de parler, de marcher, d'agir et d'être ce que vous admirez chez elles. Voyez-vous possédant leurs qualités.
- Puis, posez-vous la question : Serais-je réellement capable d'être et d'agir ainsi?

Pendant une semaine, tenez deux listes séparés :

- Sur l'une, écrivez tout ce que vous reprochez aux autres (elle me rejette, il est idiot, mon mari/ma femme me trompe, elle est toujours en colère, il me déteste, etc.)
- Sur l'autre, notez toutes vos appréciations admiratives (elle est si affectueuse, il est si délicat, ma femme/mon mari a toujours le mot juste, il a le chic avec les enfants, elle a un style très précis, etc.)
- A la fin de la semaine, examinez vos listes. Y trouvez-vous des modèles?
- Maintenant, posez-vous la question : se peut-il que je...?

Par exemple « Se peut-il que je rejette Marie exactement pour le mêmes raisons que je pense qu'elle me rejette? » « Se peut-il que j'aie envie de rompre notre union tout comme j'ai accusé Pierre de vouloir le faire? »

8. Instruisez-vous par vos rêves

Beaucoup de gens prétendent oublier leurs rêves. Si c'est votre cas, gardez du papier et un crayon à portée de votre lit, et notez vos rêves dès que vous vous réveillez. Tout rêve est porteur d'un message. Pour découvrir celui-ci, Perls suggère la méthode suivante :

Décrivez le rêve et dressez une liste de *tous* ses détails. Prenez chaque personne, chaque chose, chaque humeur et efforcez-vous de *devenir* chacun d'entre eux. N'hésitez pas à caboter, identifiez-vous vraiment à chaque élément. Devenez véritablement chaque chose — tout ce qu'il peut y avoir dans un rêve — *devenez-le.* Servez-vous de vos pouvoirs magiques. Transformez-vous en vilain crapaud, en ce qui est là — chose morte, chose vivante, démon — et cessez de penser.

Puis, prenez chacun de ces divers éléments, personnages et rôles, et laissez-les se rencontrer. Ecrivez un scénario; j'entends par là établissez un dialogue entre les rôles antagonistes, et vous découvrirez — surtout si vous avez bien su déterminer les contraires — qu'ils commencent toujours par se battre [20].

• Après avoir étudié un rêve ou une partie de rêve ainsi que le suggère Perls, demandez-vous : « Ai-je évité quelque chose dans ce rêve? Me suis-je enfui(e)? Caché(e)? Etais-je incapable de me servir de mes jambes ou de ma voix? Ou quoi d'autre? »

• ...Dans ce cas, cela rappelle-t-il certains schémas de dérobade de ma vie réelle?

9. Techniques de résolution de problèmes

Si vous avez un problème à résoudre — par exemple comment trouver un emploi, changer de schéma de comportement, améliorer les rapports familiaux — activez votre Adulte en suivant une démarche bien déterminée. Certaines étapes peuvent ne pas s'appliquer à tous les problèmes, mais réfléchissez-y tout de même au fur et à mesure que vous avancez dans cette expérience.

1. Définissez le problème par écrit (peut-être trouverez-vous que ce que vous pensiez être le problème n'est pas vraiment le problème fondamental).

2. Quels sont les options, l'information, et le comportement de votre Parent vis-à-vis de ce problème.

   • Faites une liste de ce qu'en auraient dit ou fait vos figures Parentales.

- Ecoutez parler vos Parents dans votre tête. Ecrivez leurs « tu dois », « tu devrais », « il faudrait ». A présent, énumérez ce qu'ils évitaient et leurs messages implicites.

3. Ensuite, réfléchissez aux sentiments, aux attitudes et à l'information de votre Enfant concernant ce problème.

- Faites une liste des sentiments que vous éprouvez en rapport avec ce problème. S'agit-il de bons-cadeaux ou bien de sentiments légitimes?

- Jouez-vous certains jeux liés à ce problème?

- Ce problème entre-t-il dans la trame de votre scénario constructif, destructif, ou improductif? Jouez-vous certains rôles manipulateurs?

4. Grâce à votre Adulte, évaluez les données Parent et Enfant ci-dessus.

- Quelles attitudes Parentales vous retiennent de résoudre ce problème?

- Quels sentiments et adaptations de l'Enfant vous retiennent de résoudre ce problème? Quels sentiments et adaptations de l'Enfant vous aident à le résoudre?

- Quelle solution ferait plaisir à votre Parent? Serait-il approprié ou destructif pour vous de faire cela?

- Quelle solution ferait plaisir à votre Enfant? Serait-elle appropriée ou destructive?

5. Imaginez d'autres solutions possibles, sans en censurer aucune. Laissez au contraire votre Petit Professeur faire un véritable « brainstorming »[1]. Envisagez autant de possibilités que vous le pouvez — même si certaines vous semblent ridicules.

6. Puis, réfléchissez aux ressources intérieures et extérieures nécessaires pour mener à bien chaque solution ainsi trouvée. Ces ressources sont-elles disponibles? Sont-elles appropriées?

7. Estimez les probabilités de succès de chaque possibilité. Eliminez celles qui ne sont pas réalisables.

---

[1] N.d.T. Bouillonnement d'idées.

8. Sélectionnez-en deux ou trois parmi les plus plausibles. Prenez votre décision en vous fondant sur les faits et sur votre imagination créatrice.

9. Soyez conscient(e) des effets qu'aura votre décision.

Une décision qui vous « fait du bien » peut contenter tous vos états du moi. Une décision qui vous met mal à l'aise va quelquefois à l'encontre de votre Parent et/ou de votre Enfant, elle vous sera préjudiciable ainsi qu'à d'autres, ou bien il peut tout simplement s'agir d'une mauvaise action.

10. Etablissez le contrat dont vous avez besoin pour effectuer cette décision. Posez les questions Adulte appropriées à votre contrat.

11. Mettez votre décision en pratique en agissant. Si possible, essayez-la d'abord sur une petite échelle. Puis allez de l'avant en augmentant l'importance de votre action.

12. Evaluez les points forts et les points faibles de votre plan tout en l'exécutant. Apportez-y les rectifications nécessaires.

13. Prenez plaisir à vos succès. Ne vous laissez pas exagérément abattre par vos échecs. Apprenez-en la leçon et recommencez. Pensez à cette phrase de John Dewey : « Qui sait vraiment réfléchir profite autant de ses échecs que de ses succès. »

Lorsqu'un perdant prend une décision, il rejette généralement la faute sur quelqu'un d'autre si les choses tournent mal. Lorsqu'un gagnant prend une décision, il en assume généralement la responsabilité, que les choses tournent bien ou mal.

10

L'AUTONOMIE ET LA MORALE ADULTE

En fin de compte l'homme décide par lui-même!
Et toute éducation doit finalement
tendre à lui donner la faculté de décider.
Viktor Frankl

Atteindre l'autonomie, voilà le but final de l'analyse transactionnelle. Etre autonome c'est se gouverner soi-même, déterminer sa propre destinée, assumer la responsabilité de ses propres actions et de ses sentiments, et se défaire de schémas d'existence inappropriés ou sans rapport avec la vie dans l'ici et maintenant.

Chacun a la capacité de se donner une certaine autonomie. Mais, bien que cette autonomie soit un droit que chaque individu possède à la naissance, bien peu y parviennent vraiment. Berne écrit :

L'homme est né libre, mais l'une des premières choses qu'il apprenne est d'accomplir ce qu'on lui dit, et c'est ce qu'il passe le reste de sa vie à faire. Son premier asservissement se trouve donc être envers ses parents. Il suit à tout jamais leurs instructions, ne se gardant que dans certains cas le droit de choisir ses propres méthodes, et se consolant par une illusion d'autonomie [1].

Une personne est victime d'une illusion d'autonomie si elle pense avoir changé son scénario, alors qu'elle n'a en fait changé que le décor, les personnages, les costumes, etc., et non l'essence même de la pièce. Par exemple, une personne dont la programmation Parentale la destine à devenir prêtre, peut rejoindre des groupes de drogués et, pleine de zèle religieux, prêcher aux autres de la suivre. Le choix du cadre de son évangélisation lui donnera l'illusion de la liberté, alors qu'en fait l'asservissement aux instructions parentales n'est que déguisé.

De même, une femme dont le scénario s'inspire de La Belle et la Bête pourra se croire délivrée d'une vie de misère en divorçant d'avec une « bête » pour se remarier, alors qu'en réalité elle ne fait peut-être qu'échanger une « bête » contre une autre.

La personne véritablement autonome, selon Berne, est celle qui manifeste la capacité « de mettre en oeuvre ou de rétablir trois fa cultés : la conscience, la spontanéité et l'intimité » [2].

LA CONSCIENCE

Etre conscient c'est savoir ce qui se passe maintenant. La personne autonome est consciente. Elle dépouille son Adulte de toutes les couches de contamination qui l'enveloppaient, et commence à entendre, voir, sentir, toucher, goûter, étudier, et évaluer de façon indépendante. S'étant défait d'opinions anciennes qui déformaient sa perception du présent, celui qui est conscient perçoit le monde par le contact personnel plutôt que comme on lui a « appris » à le voir.

Sachant que la vie est éphémère, la personne consciente apprécie la nature *maintenant*. Elle vit cette part de l'univers qui lui est connue, aussi bien qu'elle ressent le mystère de ce qui est encore à découvrir. Elle peut être au bord d'un lac, étudier un bouton d'or, sentir le vent, et en éprouver un sentiment d'admiration respectueuse ou assister à un coucher de soleil et dire « oooh! »

Elle sait écouter les messages du corps, prendre conscience de ses états de tension ou de détente sachant si elle s'ouvre ou se referme sur elle-même. Elle connaît l'univers intérieur de ses émotions et de ses fantasmes, et n'en a pas honte.

Elle sait aussi écouter les autres, et leur offrir en retour un apport actif quand ils parlent. Son énergie psychique ne sert pas à formuler des questions, créer des diversions, préparer mentalement une contre-attaque. Elle tente plutôt d'établir un contact authentique avec les autres, en apprenant à exercer ces qualités précieuses : savoir parler et écouter.

La personne consciente est présente totalement. Son esprit et son corps réagissent à l'unisson à l'ici et maintenant, le corps ne fait pas une chose pendant que l'esprit se concentre sur une autre chose. Une telle personne

ne dit pas de mots coléreux tout en souriant.

ne fronce pas les sourcils dans une situation qui prête à rire.

n'écrit pas mentalement une lettre d'affaires en faisant l'amour.

ne remâche pas les événements de la nuit passée pendant qu'elle écrit une lettre importante au bureau.

ne porte pas de lunettes roses pour éviter de faire face aux difficultés de la vie.

ne joue pas de la lyre pendant que Rome brûle.

Les personnes conscientes savent où elles en sont, ce qu'elles font, et comment elles se sentent. Comme le remarquait Abraham Lincoln : « Si nous pouvions d'abord savoir où nous en sommes et vers quoi nous tendons, nous pourrions mieux juger de ce qu'il nous faut faire et de quelle façon le faire. »

Le premier pas sur le chemin de l'intégration est la conscience, avec l'Adulte aux commandes. Quelqu'un qui prend conscience de se conduire en tyran ou en boudeur peut décider de ce qu'il va faire concernant ce comportement — le maintenir sciemment, le reconnaître, et le vivre, ou bien le jeter au rebut avec les déchets, s'il le juge comme tel. Perls avance que « tout est basé sur la *conscience* » [3].

LA SPONTANEITE

La spontanéité est la liberté de choisir dans toute la gamme des sentiments et comportements Parentaux, des sentiments et comportements de l'Adulte, et des sentiments et comportements de l'Enfant [4]. La personne autonome et spontanée est souple — et non étourdiment impulsive. Elle voit les nombreux choix dont elle dispose et adopte le comportement qui lui paraît le mieux s'appliquer à la situation et à ses propres buts.

La personne libérée est spontanée, faisant ses choix personnels et en assumant toute la responsabilité. Elle se débarasse de la compulsion à vivre selon un style de vie prédéterminé, apprend à faire face à des situations nouvelles et à explorer de nouveaux modes de pensée, de sentiments et de réactions. Elle augmente et ré-évalue constamment son répertoire de comportements possibles.

La personne spontanée emploie ou retrouve la faculté de prendre des décisions indépendantes. Elle accepte le Parent et l'Enfant comme faisant partie de son histoire personnelle, mais prend de nouvelles décisions plutôt que de demeurer à la merci du « destin ». Si on se refuse à prendre ses propres décisions, même si celles-ci ne sont pas toujours les bonnes, le pouvoir personnel reste sans direction et la morale demeure floue ou instable. L'absence de prise de décisions, selon Martin Buber, est le mal — « le mal est le tourbillon sans but des potentialités humaines, sans lesquelles rien ne peut être accompli, mais à cause desquelles tout va de travers, si elles ne prennent aucune direction et restent piégées entre elles. » [5]. Dans ce sens, la personne autonome est celle qui prend des décisions en utilisant au mieux ses propres potentialités dans des buts définis. Dans les limites du possible, cette personne assume sciemment la responsabilité d'une destinée auto-déterminée.

Prendre pour soi-même une décision consciente dans l'état du moi Adulte c'est être libre — libre malgré les pulsions ou les instincts fondamentaux, libre malgré les caractères génétiques et les influences du milieu. Viktor Frankl écrit :

Certes l'homme possède des instincts, mais ceux-ci ne le possèdent pas. Nous n'avons rien contre les instincts, ni contre leur acceptation par l'homme. Mais nous maintenons qu'une telle acceptation doit également présupposer la possibilité du refus. En d'autres termes, il doit y avoir eu liberté de décision...

...En ce qui concerne les caractères héréditaires, la recherche en génétique a montré le haut degré de liberté des humains face à la prédisposition. Par exemple, des jumeaux peuvent bâtir des vies différentes sur la base de prédispositions identiques. De deux vrais jumeaux, l'un devint un adroit criminel, tandis que son frère devenait un non moins adroit criminologiste...

...En ce qui concerne le milieu, nous savons que ce n'est pas lui qui fait l'homme, mais que tout dépend de ce que l'homme en fait, de l'attitude qu'il adopte envers lui [6].

Il y a plus, toutefois, que la simple prise de décisions. Si l'on n'agit pas en conséquence, la décision n'a aucun sens. C'est seulement lorsque notre morale intérieure et notre comportement extérieur s'accordent que nous sommes une personnalité harmonieuse et entière. Une personne spontanée est libre de jouer son propre jeu mais pas au détriment des autres, en les exploitant et/ou en les ignorant.

L'INTIMITE

L'intimité est l'expression des sentiments de chaleur, de tendresse, et d'amitié réelle que l'Enfant Spontané ressent envers les autres. Nombre de gens souffrent d'être incapables de se montrer ainsi proches des autres. Pour Maslow cela se vérifie particulièrement chez les Américains.

...Si les Américains ont un besoin tellement plus grand de thérapeutes que le reste du monde, c'est qu'ils ne savent tout simplement pas être intimes — ils n'ont pas d'amitiés profondes comme les Européens, et ils n'ont par conséquent pas d'amis intimes auxquels confier leurs soucis [7].

Les personnes autonomes se risquent à l'amitié et à l'intimité lorsqu'elles décident que c'est approprié. Ceci ne vient pas facilement à ceux qui ont restreint le champ de leurs sentiments d'affection et n'ont pas l'habitude de les exprimer. Ils pourront en fait se sentir gauches, ou même ne pas se sentir « vrais » les premières fois qu'ils tenteront d'aller à l'encontre de leur ancienne programmation. Ils ne l'essaient pas moins.

Pendant qu'elle cherche à développer cette capacité à l'intimité, la personne devient plus ouverte — elle apprend à « se laisser aller », à se faire mieux connaître en mettant bas certains masques — mais toujours en pleine conscience de l'Adulte. Elle s'efforce de ne pas avoir avec les autres des transactions qui l'empêchent d'en être proche, évite les dévalorisations, les transactions croisées, les jeux. Elle ne s'engage dans un jeu qu'après une décision consciente — ne désirant peut-être pas consacrer son temps ou son énergie à une personne ou à une situation données. Elle ne contraint pas les autres à tenir des rôles de Persécuteur, de Sauveteur ou de Victime, ou à rester Perpétuellement Enfant, Parent ou Adulte. Elle essaie plutôt d'être ouverte et authentique, existant avec les autres dans l'ici et maintenant, et essaie également de voir les autres à travers leur personnalité unique, non à travers les déformations de ses propres expériences passées. Une telle personne ne lance pas d'accusations du type

« Tu es bien négligée comme ta mère! »

« Mon père, lui, savait tout réparer. Et tu ne peux même pas réparer un robinet? »

« Tu est bien comme mon frère, toujours à pleurnicher pour avoir ce que tu veux! »

« Tu es bien comme ma soeur — il faut toujours qu'elle ait le dernier mot! »

Ceux qui refusent la conscience, la spontanéité et l'intimité, refusent également la responsabilité de construire leur propre vie. Ils se conçoivent comme ayant de la chance ou n'en ayant pas, tenant pour vrai que

c'est écrit et on ne peut rien y changer

c'est écrit et on ne doit rien y changer

c'est écrit et seul _____ peut y changer quelque chose.

Les personnes autonomes au contraire se préoccupent « d'être ». Elles permettent à leurs capacités de s'épanouir et encouragent les autres à faire de même. Elles projettent leurs propres possibilités dans l'avenir sous forme d'objectifs réalistes qui donnent un but et une direction à leur vie. Leurs seuls sacrifices sont ceux d'une valeur moindre en faveur d'une valeur supérieure, ceci en fonction de leur propre système de valeurs. Elles ne se préoccupent pas d'avoir plus, mais *d'être* plus.

L'ADULTE INTEGRE

Ceux qui sont sur le chemin de l'autonomie augmentent leurs capacités personnelles de conscience de soi, de spontanéité et d'intimité. Au cours de leur cheminement ils développent un état du moi Adulte intégré. Le filtrage sans cesse accru des données Parent et Enfant par l'Adulte et l'apprentissage de nouveaux schémas de comportement font partie du processus d'intégration. Berne décrit ainsi l'Adulte intégré :

...il semble que dans de nombreux cas, certaines qualités d'enfant s'intègrent à l'état du moi Adulte sur un mode différent du processus de contamination. Le mécanisme de cette « intégration » demeure encore à élucider, mais on peut observer que certaines personnes, tout en se comportant en tant qu'Adultes ont une nature ouverte, un charme, rappelant ceux des enfants. Ces qualités s'accompagnent de certains sentiments de responsabilité vis-à-vis du reste de l'humanité, qu'on peut assimiler au terme classique de « pathos ». D'autre part des qualités morales sont toujours attendues de ceux qui assument des responsabilités adultes, comme le courage, la sincérité, la loyauté, et la crédibilité, et qui sont conformes non aux seuls préjugés régionaux mais à l'éthos universel. En ce sens on peut dire que l'Adulte possède des aspects quasi-enfantins et des aspects moraux, mais ceci reste la zone la plus obscure de l'analyse structurelle, de sorte qu'il est actuellement impossible de la clarifier cliniquement. Dans une intention didactique, et afin d'expliquer certains phénomènes cliniques, cependant, on pourrait subdiviser l'Adulte en trois zones [8].

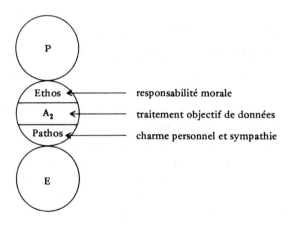

Analyse structurelle du second ordre
de l'Adulte [9]

...En termes transactionnels, ceci signifie que toute personne agissant en Adulte devrait idéalement manifester trois types de tendances : le charme personnel et la sympathie, le traitement des données et la responsabilité morale... Cette personne « intégrée » *est* charmante, etc., et courageuse, etc., dans son état du moi Adulte, quelques qualités qu'elle ait ou qu'elle n'ait pas dans ses états du moi Enfant et Parent. La personne « non-intégrée » pourra, elle, *devenir* charmante, et sentir qu'elle *devrait* être courageuse [10].

Celui qui est *en train* de s'intégrer, assume la responsabilité de tous ses sentiments, de ses pensées et de ses croyances, et possède ou se crée un code moral de vie — l'éthos. Une telle personne réunit également des informations et les traite objectivement — la technique [11]. De plus, elle cultive les charmes de la vie en société et ressent les émotions de la passion, de la tendresse et de la souffrance — le pathos.

Au cours de ce processus les états du moi traversent une série de changements, illustrés dans la Figure 10.2.

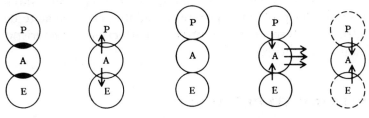

| Adulte non-conscient et contaminé | Adulte conscient de l'Enfant et du Parent | Redressement et décontamination Adulte | Filtrage Adulte du comportement | Processus d'intégration |

Celui ou celle dont l'Adulte est intégré peut revenir parfois à des comportements archaïques du Parent ou de l'Enfant. Perls prétend que l'intégration totale n'existe pas. Cependant, dans le processus continu de l'intégration on peut acquérir une responsabilité accrue de sa propre vie.

L'Adulte intégré paraît semblable à ce qu'Erich Fromm appelle la *personne pleinement développée* [12], et à ce qu'Abraham Maslow nomme la *personne qui se réalise elle-même*. Non seulement les personnes qui se réalisent elles-mêmes utilisent leurs propres talents et leur propre intellect, dit Maslow, mais elles assument la responsabilité des autres aussi bien que la leur, et possèdent une capacité quasi-enfantine de conscience et de plaisir.

Ces individus ont couramment une mission dans la vie, une tâche à mener à bien, un problème extérieur à eux-mêmes qui mobilisent une grande partie de leur énergie...

En général, ces tâches sont impersonnelles ou désintéressées, tendant plutôt vers le bien de l'humanité en général, ou d'une nation en général... D'ordinaire préoccupées par les problèmes fondamentaux et les questions posées par tous, et de tout temps, ces personnes vivent habituellement dans le système référentiel le plus étendu possible... Elles travaillent à l'intérieur d'un cadre de valeurs larges et sans mesquinerie, universelles et non régionales, et à l'échelle d'un siècle plutôt que d'un moment... ont la capacité merveilleuse d'apprécier encore et encore les biens fondamentaux de la vie avec fraîcheur et naïveté, avec respect, plaisir, émerveillement, et même avec extase, quelques fades que ces expériences aient pu devenir pour d'autres [13].

Il apparaît que celui qui est le plus pleinement en contact avec son propre potentiel humain est en voie d'intégrer son Adulte. Cet individu possède une préoccupation honnête des autres et un engagement sincère envers eux, caractéristiques du bon parent, l'intelligence de résoudre les problèmes propres à l'adulte, et la capacité de créer, d'exprimer le respect, de montrer de l'affection, caractéristiques de l'enfant sain et heureux.

LES SENTIMENTS DE L'ADULTE

Au moment où nous écrivons, les chercheurs poursuivent des études destinées à mieux comprendre les sentiments de l'Adulte et de l'Adulte intégré. A notre avis, s'il n'est pas intégré, l'Adulte n'agit que comme une machine à traiter l'information.

Une machine insensible aux commandes de la personnalité créerait une personnalité insuffisante. Une machine n'a pas de système de valeurs morales, aucune capacité affective. Elle ne peut ni changer ni se programmer elle-même. Nous pensons donc que c'est l'Adulte intégré qui contient les sentiments et la morale Adultes, de même que les compétences et le savoir-faire techniques.

Les sentiments *copiés*, généralement sous forme d'attitudes ou de croyances, relèvent habituellement du Parent. Les sentiments *ressentis* dans l'enfance relèvent habituellement de l'Enfant. Les sentiments qui sont une *réaction sincère à une situation se déroulant effectivement maintenant* ont probablement une part d'implication Adulte. Ou l'Adulte met l'Enfant au courant de la situation de sorte que la réaction est authentique, ou certains sentiments ont déjà été intégrés dans l'Adulte.

Par exemple, les crises de colère sont un racket de l'Enfant, mais l'indignation ou la révolte basées sur l'observation d'une réelle injustice indiquent une responsabilité Adulte.

La confiance et l'admiration sont des sentiments de l'Enfant qui croit que les gens sont OK. Mais le véritable respect des autres, basé sur leur observation objective, est Adulte.

La dépression est une auto-gratification de l'Enfant, tandis que le désespoir implique la conscience Adulte d'une réalité tragique.

Les sentiments de culpabilité peuvent représenter soit un boncadeau ajouté à la collection de l'Enfant, soit une réaction authentique à une faute effective.

La compassion est généralement copiée sur une attitude parentale, la compréhension implique l'information Adulte.

LA MORALE ADULTE

Le processus de l'intégration sert de catalyseur motivant la personne à ré-évaluer son système de valeurs actuel et à créer son propre code moral.

Si une personne accomplit quelque chose de « bien » parce que la programmation Parentale lui dit qu'elle le « devrait », il s'agit là d'un acte de soumission, non d'un acte basé sur un principe moral. Si une action programmée par le Parent peut effectivement être saine, elle n'est toutefois pas basée sur une décision morale autonome de la personne. L'histoire regorge de tragédies humaines dues à l'obéissance inconsciente, tragédies provoquées par des individus qui se pliaient aveuglément à une autorité dont le but était, ou de maintenir les autres dans un état de dépendance et d'incapacité de changer, ou bien de les détruire.

Pour établir un code moral Adulte, il faut sonder objectivement avec l'Adulte les opinions et les sentiments du Parent et de l'Enfant. Ce sondage n'implique pas nécessairement que les enregistrements passés soient rejetés par l'Enfant rebelle, car de nombreux parents transmettent un système moral rationnel. Il s'agit plutôt d'examiner les valeurs Parent et Enfant. Tout ce qui apparaît favorable à l'épanouissement est intégré. Ce processus met en question nombre d'opinions conservées précieusement — qui ont pu être transmises soigneusement de génération en génération à travers l'état du moi Parent, et observées par l'Enfant soumis.

L'individu n'est pas obligé de s'asservir à son passé, il peut en transcender les influences et réagir librement. En se servant de l'état du moi Adulte, il est capable de *re-décider* de ce qui est bien et de ce qui est mal, en se fondant sur des actions qui, examinées dans leur réalité, sauvegardant sa santé et sa dignité et celles de l'humanité.

Un système moral Adulte est basé sur une position Adulte Je suis OK et Vous êtes OK. Cette position Adulte diffère d'une position Enfant non vérifiée Je suis OK et Vous êtes OK, fondamentale pour la santé mentale, mais qui peut être conservée soit sous forme d'un sentiment naïf et exagéré d'être OK, soit comme un refus maniaque de ne rien vouloir reconnaître comme négatif [14]. Une position morale, évaluée par l'Adulte, reflète un respect fondamental envers soi-même et envers les autres — sauf si la réalité démontre qu'il en est autrement — position qui permet de discerner et de reconnaître le négatif aussi bien que le positif.

La protection, l'enrichissement et le bien-être des humains, ainsi que la protection, l'enrichissement et le bien-être du monde naturel animé et inanimé, sont les fondements de la morale Adulte. Celle-ci est le support de la vie humaine — elle soutient les gagnants.

Une décision est morale si elle enrichit le respect de soi-même, développe l'intégrité personnelle et l'intégrité des rapports humains, supprime les fausses barrières entre les êtres, établit une base de confiance véritable en soi et envers autrui, et facilite la réalisation des potentiels humains sans porter tort aux autres.

Une décision n'est pas morale si une personne est exploitée ou traitée comme un objet, si la vie est menacée pour des motifs cachés; si cette décision édifie des barrières entre les êtres, si les potentiels humains sont amoindris, réprimés ou négligés, et si le libre choix est rendu impossible.

Un système de valeurs peut être jugé sur la façon dont la personne établit ses rapports avec les êtres et les choses. La personne morale établit un rapport pratique, fonctionnel, attentif et enrichissant avec la *totalité* de l'environnement.

La survie et la poursuite du développement de l'espèce humaine dépendent non seulement de nos transactions avec nos semblables, mais aussi de nos rapports avec notre environnement. Le monde inanimé, les roches, les couchers de soleil, l'eau et l'air, et le monde animé des plantes et des animaux sont à notre merci. Il est de notre pouvoir de les apprécier, de les enrichir, ou de les détruire. Lorsque nous en faisons mauvais usage en polluant l'air et les cours d'eau, en rendant des terres arides, en provoquant l'extinction d'une espèce, ou en rompant l'équilibre écologique, c'est notre propre existence et la perpétuation de la race humaine qui, à long terme, se trouvent menacées. La façon dont nous exploitons notre environnement peut nous vouer inutilement à une fin tragique.

Une personne morale ne mésestime pas un problème ni sa portée, mais considère plutôt que tous les individus peuvent travailler ensemble à le résoudre. Elle s'attache à étudier ses problèmes personnels, des problèmes de communauté et des problèmes d'ordre mondial tels ceux causés par les épidémies, les maladies infantiles, la surpopulation et les guerres qui apportent la mort et le désespoir à des milliers d'êtres humains. Une personne morale peut partir en croisade, comme le suggère Berne [15], contre les quatre Cavaliers de l'Apocalypse — la Guerre, la Maladie, la Famine et la Mort — dont les victimes innocentes sont les enfants et contre la morne tristesse résultant de l'oubli des valeurs esthétiques et ouvrant ainsi la voie à la laideur. Elle considère l'apathie comme un consentement à la mortalité infantile, aux mauvais traitements infligés aux enfants, à la détérioration urbaine et à l'injustice en matière d'emploi, d'instruction et de logement. Elle s'indigne des maux et des injustices infligés à l'humanité et s'efforce d'y remédier. Elle est consciente de toute la création, à laquelle elle est sensible.

La personne morale travaille à l'élaboration d'un milieu dans lequel les individus peuvent devenir des gagnants, privilégie et réalise les potentiels personnels, et devient le gagnant que la naissance la destinait à être.

EPILOGUE

Il faut du courage pour être un vrai gagnant — non pas dans le sens d'une victoire sur d'autres dans le but d'arriver toujours le premier — mais un gagnant dans sa réponse à la vie. Il faut du courage pour vivre la liberté qui accompagne l'autonomie, pour accepter l'intimité et le contact direct avec les autres, pour défendre une cause impopulaire, pour choisir l'authenticité plutôt que l'approbation et s'y maintenir encore et encore, pour accepter la responsabilité de ses propres choix, en somme il faut du courage pour être la personne unique qu'on est véritablement. Les nouvelles façons d'agir sont souvent incertaines, et, comme l'exprimait Robert Frost, « le courage est la plus importante des vertus humaines — le courage d'agir avec une connaissance limitée et des preuves insuffisantes. C'est tout ce que chacun de nous possède. »

La voie que doit suivre une personne morale et de conscience autonome, spontanée et.capable d'intimité, n'est pas toujours facile; cependant, si une telle personne identifie ses « tendances perdantes » et décide de les combattre, elle découvrira sans doute qu'elle est née avec ce qu'il faut pour gagner.

EXPERIENCES ET EXERCICES

1. Votre morale Adulte

Pendant que vous élaborerez votre propre code moral Adulte, examinez toutes les zones où votre vie touche aux vies d'autres personnes — où vos opinions affectent des individus qui vivent peut-être fort loin de vous et/ou qui sont peut-être fort différents de vous.

Examinez également votre comportement et vos attitudes envers tout votre environnement, le monde inanimé aussi bien que le monde animé.

Interrogez-vous dans votre Adulte :

- Qui et quoi est-ce que *moi* j'apprécie?
- Pour qui et pour quoi est-ce que *moi* je vis?
- Pour qui et pour quoi serais-je, *moi*, prêt(e) à donner ma vie?
- Quel sens a ma vie pour moi maintenant?
- Quel sens pourrait-elle avoir?
- Quel sens a ma vie pour les autres maintenant? Quel sens aura-t-elle pour d'autres plus tard?
- Est-ce que j'agis de façon à préserver et enrichir la création?
- Qu'est-ce qui est *vraiment* important?

Enumérez les cinq choses auxquelles vous attachez le plus de valeur dans la vie.

1. _____

2. _____

3. _____

4. _____

5. _____

A présent classez vos valeurs par ordre de priorité :

1. _____

2. _____

3. _____

4. _____

5. _____

Etudiez votre liste de priorités. Demandez-vous :
- Quel est le rapport entre mes valeurs et ma vie familiale, ma vie sociale, mon travail?
- Quel est leur rapport avec mes états du moi Parent et Enfant?
- Ma façon de vivre maintenant reflète-t-elle ce à quoi je dis attacher de l'importance?

2. Quelques questions Adultes concernant votre vie

Si vous commencez à penser à un niveau profond à ce que vous êtes réellement, pourquoi vous l'êtes, ce que vous faites vraiment de votre vie, et où vous mèneront vos schémas de vie actuels, laissez votre Adulte acquérir une plus grande conscience en vous demandant :
- Qui ai-je le sentiment d'être? (d'après mon vécu Enfant)
- Qui est-ce que je crois être? (d'après mes opinions Parentales)
- Qui est-ce que je crois être? (d'après mes données Adultes)
- Les autres me traitent-ils comme un parent, un adulte ou un enfant? (conjoint, enfants, amis, collègues)
- Qui est-ce que je veux être? (aujourd'hui, dans 5 ans, 10 ans, 20 ans)
- Quels potentiels est-ce que je possède pour devenir cette personne?

- Quels sont les obstacles?
- Que vais-je faire à propos de ces potentiels et de ces obstacles?
- Est-ce que j'attribue de la valeur à ce qui enrichit mes potentiels?
- Est-ce que j'attribue de la valeur à ce qui aide les autres à développer leurs potentiels?
- Comment puis-je devenir plus proche du gagnant ou de la gagnante que j'étais destiné(e) à être?

GLOSSAIRE

Adulte L'Adulte est celui des trois états du moi qui traite objectivement les données, évalue les probabilités, fonctionnant comme un ordinateur. Chez la personne pleinement intégrée, toutefois, cet état du moi tient compte des deux autres et ajoute les qualités de morale et d'empathie à son pouvoir d'analyse.

Analyse structurelle Désigne l'analyse de la personnalité, du comportement, ou des transformations en termes d'états du moi Parent, Adulte, et Enfant.

Analyse transactionnelle Ce terme désigne à la fois, au sens strict, l'analyse des transactions interpersonnelles représentées au moyen de schémas transactionnels (cercles et flèches), et, dans une acception plus large, une théorie de la personnalité et des interactions humaines basée sur l'étude des états du moi et des transactions les joignant. Désigne également la psychothérapie (généralement en groupe) basée sur cette théorie et cette analyse, appliquées aux transactions observées durant les séances de thérapie et rapportées par le patient de sa vie courante.

Bénéfice Le bénéfice est le but plus ou moins caché auquel aboutit un jeu, ou, à plus long terme, un plan de vie.

Bons-cadeaux   Les bons-cadeaux désignent des émotions privilégiées dans l'enfance, que l'individu s'arrange souvent pour ressentir au cours de sa vie adulte, en provoquant, le plus souvent inconsciemment, des situations où il sera effrayé, culpabilisé, brutalisé, etc. Ces émotions sont accumulées puis, quand elles forment une collection suffisante, justifient une « récompense » finale : divorce, démission, crise de nerfs, dépression nerveuse, etc.

Caresse   Voir *Stroke*.

Contamination   On parle de contamination lorsque la réflexion claire et objective de l'Adulte est entravée par les illusions de l'Enfant ou les préjugés du Parent.

Contrat   Il s'agit de l'engagement clairement exprimé que prend une personne envers le thérapeute, le groupe de thérapie, ou elle-même, d'atteindre un but précis constituant un pas dans son traitement.

Dévalorisation   Une personne est dévalorisée, par elle-même ou par une autre, lorsqu'elle est diminuée, humiliée, ridiculisée ou lorsque l'on minimise son importance ou sa dignité humaine par des dégradations physiques ou mentales. L'absence d'attention accordée à quelqu'un, particulièrement un enfant, le refus de reconnaître sa présence et son existence, constituent également une dévalorisation.

Empathie   Capacité de comprendre, de ressentir véritablement les émotions ou sentiments d'autrui, comme en « se mettant dans sa peau ».

Enfant Etat du moi archaïque; on y distingue l'Enfant Spontané, le Petit Professeur, et l'Enfant Adapté.

Enfant Adapté Egalement appelé Parent dans l'Enfant. Obéit aux directives des parents, même en l'absence de ceux-ci, permettant ainsi à l'enfant de devenir sociable, mais parfois aussi en étouffant ses désirs propres.

Enfant Spontané Egalement appelé Enfant dans l'Enfant. Recherche exclusivement la satisfaction de ses propres désirs, sans se soucier des autres, et constitue la source d'énergie vitale de l'individu.

Etat du moi Désigne un ensemble de sentiments et de sensations correspondant à un ensemble de comportements liés. On distingue trois principaux états du moi, le Parent, l'Adulte, et l'Enfant, observables comme trois personnes différentes.

Exclusion Lorsque les frontières des états du moi deviennent trop rigides, hermétiques, et ne permettent plus le passage de l'énergie psychique de l'un à l'autre, cette énergie se trouve emprisonnée dans un seul état du moi, excluant les deux autres. Certaines personnes se comportent ainsi perpétuellement en Parent, en Adulte, ou en Enfant.

Grand-chef C'est un personnage autoritaire, conscient de son bon droit, qui manipule son entourage par la brutalité verbale ou physique, ou la menace. Voir aussi sous-fifre.

Jeu Une série de transactions suivant un schéma répétitif et aboutissant à un bénéfice négatif pour les joueurs.

Jeu de rôles   Une méthode créée par Perls, dérivée du psychodrame, où le sujet met en scène et joue tous les rôles de la situation ou du rêve analysé. La technique des deux chaises — le sujet change de chaise lorsqu'il change de personnage — en est une forme spécialisée.

OK   Conservé en français pour exprimer les positions psychologiques. « Je suis OK », « Vous êtes OK » signifie essentiellement « Je m'accepte », « Je vous accepte »; « Je ne suis pas OK », « Vous n'êtes pas OK », que l'on se refuse, qu'on rejette le reste du monde.

Parent   C'est l'état du moi qui reproduit le comportement, les valeurs des personnages parentaux les plus marquants. Il peut exercer son influence ouvertement, sur quelqu'un d'autre, ou intérieurement, sur les autres états du moi de l'individu.

Parent critique   La partie du Parent qui gronde, menace et punit, empêchant par exemple un enfant de se faire du mal ou d'en faire aux autres; parfois aussi l'étouffant inutilement.

Parent nourricier   La partie du Parent qui soigne, console et rassure. Il est utile lorsque l'objet de ses soins en a besoin, nuisible lorsqu'un excès de sollicitude entrave le développement de l'enfant ou pèse à celui qui ne les recherche pas.

Permission   Ce terme désigne parfois une autorisation donnée par les parents à l'enfant d'adopter certains comportements; il peut également s'agir de l'intervention thérapeutique consistant à autoriser un individu à rompre un interdit parental, ce qui nécessite de la part du thérapeute une protection et une puissance efficaces (permission, protection et puissance sont parfois appelées les « 3 P » de la thérapie).

Persécuteur   L'un des trois rôles du triangle dramatique. Le Persécuteur opprime les autres, les attaque, au besoin leur tend des pièges, afin de pouvoir les prendre en faute et leur faire subir ses récriminations ou sa brutalité verbale ou physique.

Petit Professeur   Egalement appelé l'Adulte dans l'Enfant. Il constitue la partie créatrice, intuitive de l'état du moi Enfant.

Position de vie ou position existentielle   Avant l'âge de huit ans, l'enfant se fait une opinion de sa propre valeur et de celle du reste du monde. Il existe quatre positions possibles combinant ces sentiments de valeur :
« Je suis OK — Vous êtes OK » (ou je m'accepte et j'accepte le reste du monde).
« Je suis OK — Vous n'êtes pas OK » (je m'accepte mais je rejette le reste du monde).
« Je ne suis pas OK — Vous êtes OK » (je me refuse mais j'accepte le reste du monde).
« Je ne suis pas OK — Vous n'êtes pas OK » (ni moi ni le monde ne valons rien).

Racket   Désigne le processus par lequel l'individu se procure pour des causes réelles ou imaginaires les anciennes émotions « préférées » de l'enfance, telles que la peur, la culpabilité, la dépression, la colère, etc.

Reparentage   La substitution à un comportement et un ensemble de messages parentaux inappropriés d'un nouveau Parent que se donne l'individu par l'observation de « bons » parents ou, plus radicalement, après un gommage total de l'ancien état du moi Parent au cours d'une régression.

Retrait ou repli sur soi-même L'un des modes de structuration du temps impliquant le minimum d'échanges avec le milieu extérieur : l'individu se retire en lui-même, soit psychologiquement en présence d'autres personnes en « partant dans la lune » ou « dans les nuages », soit physiquement, en se retirant seul à l'écart des autres.

Sauveteur L'un des trois rôles du triangle dramatique. Le Sauveteur, sous prétexte d'aider les autres, tâche de se les attacher en les rendant dépendants et incapables de se débrouiller par eux-mêmes.

Scénario ou plan de vie Une véritable histoire pré-programmée de la vie, basée sur une décision prise dans l'enfance et renforcée par les parents et les événements ultérieurs, menant à une fin déterminée.

Signe de reconnaissance Voir *Stroke.*

Sous-fifre Le sous-fifre est un personnage faible, humble, méfiant, qui parvient, malgré son impuissance, à manipuler son entourage par ses preuves de bonne volonté, répétées autant qu'inefficaces. En dépit de son apparente infériorité, il parvient généralement à duper le grand-chef.

Stimulus Voir *Stroke.*

Stroke C'est l'unité d'échange humain, un signe de reconnaissance de l'existence et de la valeur d'une personne. On distingue les *strokes* positifs, souvent appelés « caresses » et néga-tifs, parfois appelés « coups de pied », condi-tionnels et inconditionnels, physiques et symboliques. Les traductions les plus cou-rantes sont : caresse, contact, signe de recon-naissance, stimulation, stimulus.

**Structuration
du temps**
Pour éviter les affres de l'ennui, le « spleen », l'homme dispose de six modes de structuration ou d'occupation du temps qui sont, par degré croissant d'interaction humaine, le retrait, les rituels, les passe-temps, les jeux, les activités, et l'intimité.

Transaction
Ce terme désigne un stimulus verbal ou non-verbal, émanant d'un état du moi donné du locuteur et visant un état du moi de l'interlocuteur, additionné de la réaction provenant d'un état du moi de l'interlocuteur et en visant un autre chez le premier locuteur.

**Triangle
dramatique**
Le schéma imaginé par Karpman illustrant les passages dans les trois différents rôles possibles au cours d'un jeu ou d'un scénario. Ces trois rôles sont : le Persécuteur, le Sauveteur, et la Victime.

Victime
L'un des trois rôles du triangle dramatique. La Victime se trouve constamment et de façon répétée dans des situations où elle est rejetée, attaquée, blessée par un Persécuteur. Elle attire généralement soit un Sauveteur soit un Persécuteur par son attitude craintive et ses plaintes.

NOTES ET REFERENCES
BIBLIOGRAPHIQUES

1. GAGNANTS ET PERDANTS

1. Martin Buber, *Hasidism and Modern Man* (New York: Harper & Row, 1958), pp. 138-144.
2. Karen Horney, *Self Analysis* (New York: W.W. Norton, 1942), p. 23.
3. Muriel James, *What Do You Do With Them Now That You've Got Them? Transactional Analysis for Moms and Dads* (Reading, Mass.: Addison-Wesley, 1974), pp. 4-5, 12.
4. Frederick S. Perls, *Gestalt Therapy Verbatim* (Lafayette, California: Real People Press, 1969), p. 29.
5. Frederick S. Perls, *In and Out the Garbage Pail* (Lafayette, California: Real People Press, 1969), aucune page précise.
6. Abraham Levitsky et Frederick S. Perls, "The Rules and Games of Gestalt Therapy". Joan Fagan et Irma Lee Shepherd, Eds., *Gestalt Therapy Now* (Palo Alto: Science and Behavior Books, 1970), pp. 140-149.
7. J. L. Moreno, "The Viennese Origins of the Encounter Movement, Paving the Way for Existentialism, Group Psychotherapy, and Psychodrama", *Group Psychotherapy*, Vol. XXII, No. 1-2, 1969, pp. 7-16.
8. Perls, *Gestalt Therapy Verbatim*, p. 121.
9. *Ibid.*, p. 66.
10. *Ibid.*, p. 67.
11. *Ibid.*, p. 236.
12. Eric Berne, *Games People Play* (New York: Grove Press, 1964).
13. Eric Berne, *Principles of Group Treatment* (New York: Oxford University Press, 1964).
14. *Ibid.*, p. 216.

2. UN SURVOL DE L'ANALYSE TRANSACTIONNELLE

1. Perls, *Gestalt Therapy Verbatim*, p. 40.
2. *Voir* Dorothy Jongeward, *Transactional Analysis Overview* (Reading, Mass.: Addison-Wesley, 1973). Une cassette.

3. Eric Berne, *Transactional Analysis in Psychotherapy* (New York: Grove Press, 1961), pp. 17-43.

Cf. Paul McCormick et Leonard Campos, *Introduce Yourself to Transactional Analysis: A TA Handbook* (Stockton, Calif.: San Joaquin TA Study Group, distribution par les Transactional Pub., 3155 College Ave., Berkeley, CA 94705, U.S.A., 1969).

Voir également John M. Dusay, "Transactional Analysis, dans *A Layman's Guide to Psychiatry and Psychoanalysis* par Eric Berne (New York: Simon and Schuster, 3ème édition, 1968), pp. 277-306.

4. Berne, *Principles of Group Treatment*, p. 364.
5. *Ibid.*, p. 281.
6. Berne, *Transactional Analysis in Psychotherapy*, p. 32.
7. Berne, *Games People Play*, pp. 29-64.
8. *Ibid.*, p. 29.
9. *Voir* Eric Berne, *The Structure and Dynamics of Organizations and Groups*, (Philadelphia: J. B. Lippincott, 1963).
10. *Voir* Claude M. Steiner, *Games Alcoholics Play: The Analysis of Life Scripts* (New York: Grove Press, 1971).

Cf. David Steers, "Freud on the 'Gallows Transaction' ", *Transactional Analysis Bulletin*, Vol. 9, No. 1 (Jan. 1970), p. 3-5.
11. Eric Berne, "Transactional Analysis", dans *Active Psychotherapy*, Harold Greenwald, Ed. (New York: Atherton Press, 1967), p. 125.
12. Berne, *Games People Play*, p. 64.
13. Berne, *Principles of Group Treatment*, pp. 269-278.
14. *Voir* Thomas A. Harris, *I'm OK—You're OK* (New York: Harper & Row, 1969).
15. Eric Berne, "Standard Nomenclature, Transactional Nomenclature", *Transactional Analysis Bulletin*, Vol. 8, No. 32 (Oct. 1969), p. 112.

Cf. Zelig Selinger, "The Parental Second Position in Treatment", *Transactional Analysis Bulletin*, Vol. 6, No. 21 (Jan. 1967), p. 29.
16. Muriel James, "The Downscripting of Women for 115 Generations: A Historical Kaleidoscope", *Transactional Analysis Journal*, Vol. 3, No. 2 (Jan. 1973), pp. 15-22.
17. Greenwald, *op. cit.*, p. 128.

3. LA SOIF DE SIGNES DE RECONNAISSANCE ET LA SOIF DE STRUCTURATION DU TEMPS

1. Berne, *Games People Play*, p. 15.

Plus particulièrement sur l'échange de caresses à l'intérieur des familles, voir James, *What Do You Do With Them Now That You've Got Them?* pp. 16-17.
2. R. Spitz, "Hospitalism: Genesis of Psychiatric Conditions in Early Childhood", *Psychoanalytic Study of the Child*, 1945, 1 : 53-74.

Voir également "Hospitalism: A Follow-Up Report" et "Anaclitic Depression", *Ibid.*, 2 : 113-117 et 312-342.

3. Berne, *The Structure and Dynamics of Organizations and Groups*, p. 157.
4. Film, *Second Chance*, American Medical Association, 6644 Sierra Lane, Dublin, CA 94566, U.S.A.
5. *Voir* Dorothy Jongeward et Collaborateurs, *Everybody Wins: Transactional Analysis Applied to Organizations* (Reading, Mass.: Addison-Wesley, 1973), pp. 76-78.
6. Jacqui Lee Schiff avec Beth Day, *All My Children* (New York: M. Evans, distribué en association avec J.B. Lippincott, 1971), pp. 210-211.
7. *Planned Parenthood Report*, édité par Planned Parenthood World Population, 810 Seventh Ave., New York, 10019, Vol. 1, No. 5 (June-July 1970), p. 3.
8. Virginia M. Axline, *Dibs in Search of Self* (New York: Ballantine Books, 1964), pp. 85-86.
9. George R. Bach et Peter Wyden, *The Intimate Enemy* (New York: William Morrow, 1969), p. 302.
10. Berne, *Principles of Group Treatment*, p. 314-315.
11. *Voir* Dorothy Jongeward et Coll., pp. 72-78.
12. Ecrire pour renseignements à Thomas Gordon, Ph.D., Effective Training Associates, Inc., 110 Euclid Ave., Pasadena, CA 91101, U.S.A.
13. Sidney M. Jourard, *Disclosing Man to Himself* (New York: Van Nostrand Reinhold, 1968), pp. 136-151.
14. Bernard Gunther, *Sense Relaxation* (New York: Macmillan, 1968), p. 13.
15. *Cf.* Eric Berne, "Social Dynamics: The Intimacy Equipment", *Transactional Analysis Bulletin*, Vol. 3, No. 9 (Jan. 1964), p. 113. *Egalement* le Vol. 3, No. 10 (April 1964), p. 125.

4. LES SCENARIOS DE VIE
ET LEUR DEROULEMENT DRAMATIQUE

1. Perls, *Gestalt Therapy Verbatim*, p. 47.
2. Berne, *Principles of Group Treatment*, p. 368.
3. *Voir* Dorothy Jongeward et Coll., Chapitre 1, "Organizations Have Scripts". *Practical Guide* (Reading, Mass.: Addison-Wesley, 1973), Chapitre 2: "Women's Lack of Achievement: Then and Now."
5. *Voir* Dorothy Jongeward et Dru Scott, Chapitres 1 et 2, "The Organization Woman: Then and Now" et "Women's Lack of Achievement: Then and Now."
6. Herbert Hendin, *Suicide and Scandinavia* (New York: Doubleday, Anchor Books Edition, 1965), p. 5.
7. *Oakland Tribune*, Oakland, Californie, le 13 février 1970, p. 10.
8. Eleanor Flexner, *Century of Struggle* (Cambridge: Belknap Press, Harvard University, 1959), pp. 9-12.
Voir également Muriel James et Dorothy Jongeward, *The People Book: Transactional Analysis for Students* (Reading, Mass.: Addison-Wesley, 1975), Chapitre 1.

9. *Voir* Dorothy Jongeward et Dru Scott, Chapitre 2, "Women's Lack of Achievement: Then and Now."
10. Matina Horner, "Women's Will to Fail", *Psychology Today*, Vol. 3, No. 6 (Nov. 1969), pp. 36 et suivantes.
   Cf. Dorothy Jongeward, "New Directions: Changing Family Patterns," *California State Marriage Counseling Quarterly*, I, No. 4 (May 1967).
11. Thomas Szasz, *The Myth of Mental Illness* (New York: Dell Publishing, 1961), p. 230.
12. Muriel James, "Ego States and Social Issues: Two Case Studies from the 1960s", *Transactional Analysis Journal*, Vol. 5, No. 1 (Jan. 1975).
13. Berne, *Principles of Group Treatment*, p. 310.
   Cf. Muriel James, *Born to Love*, pp. 119-151.
14. *Cf.* Leonard P. Campos, "Transactional Analysis of Witch Messages", *Transactional Analysis Bulletin*, Vol. 9, No. 34 (April 1970), p. 51.
   Voir également Claude M. Steiner, "The Treatment of Alcoholism", *Transactional Analysis Bulletin*, Vol. 6, No. 23 (July 1967), pp. 69-71.
15. Perls, *Gestalt Therapy Verbatim*, p. 42.
16. Claude Steiner, *Games Alcoholics Play* (New York: Grove Press, 1971), p. 49.
17. Perls, *Gestalt Theory Verbatim*, p. 42.
18. *Cf.* Stephen B. Karpman, "Fairy Tales and Script Drama Analysis", *Transactional Analysis Bulletin*, VII, No. 26 (April 1968), pp. 39-43.
19. Thomas Bullfinch, *The Age of the Fable* (New York: Heritage Press, 1958), p. 11.
20. *Voir* Dorothy Jongeward, "What Do You Do When Your Script Runs Out?" *Transactional Analysis Journal*, 2, No. 2 (April 1972), pp. 78-81.
21. *Ibid.*
22. *Cf. également* William Bridges, "How Does a Narrative Mean?" (article non publié), Mills College, Oakland, Californie, U.S.A.
23. W. R. Poindexter, "Hippies and the Little Lame Prince", *Transactional Analysis Bulletin*, VII, No. 25 (Jan. 1968), p. 18.
24. James Aggrey, "The Parable of the Eagle", Peggy Rutherford, Ed., *African Voices* (New York: The Vanguard Press, n.d.), pp. 165-166.

5. LA FONCTION PARENTALE ET L'ETAT DU MOI PARENT

1. *Dictionary of Quotations*, "Notebook of a Printer" (Reader's Digest Assoc., 1966), p. 114.
   Cf. Muriel James, *What Do You Do With Them Now That You've Got Them?*
2. Harry Harlow, "The Nature of Love", *The American Psychologist*, 13 (12): 673-685, 1958.
   Voir également H. F. Harlow et M. K. Harlow, "Social Deprivation in Monkeys", *Scientific American*, 207 : 136-46 (Nov. 1962).
3. Source inconnue.
4. Selma Fraiberg, *The Magic Years* (New York: Scribner's, 1959), p. 135.

5. Erik K. Erikson, "Identity and the Life Cycle", *Psychological Issues* (monographie), Vol. I, No. 1, (New York: International Univ. Press), p. 68.
6. Karen Horney, *Neurosis and Human Growth* (New York: W. W. Norton, 1950), p. 65.
7. Frederick S. Perls, "Four Lectures". Joen Fagan et Irma Lee Shepherd, Eds., *Gestalt Therapy Now* (Palo Alto: Science and Behavior Books, 1970), p. 15.
8. Carl R. Rogers et Barry Stevens, *Person to Person: The Problem of Being Human* (Walnut Creek, Calif.: Real People Press, 1967), pp. 9-10.
9. Eleanor Roosevelt, *This Is My Story* (New York: Harper, 1937), p. 21.
10. Urie Bronfenbrenner, "The Changing American Child", *Journal of Social Issues*, XVII, No. 1 (1961), pp. 6-18.
11. Urie Bronfenbrenner, *Two Worlds of Childhood, U.S. and U.S.S.R.* (New York: Russel Sage Foundation, 1970), p. 104.
12. Evan S. Connel, Jr., *Mrs. Bridge* (New York: Viking Press, 1958), p. 13.
13. *Cf.* Jacqui Lee Schiff avec Beth Day, *op. cit.*, aucune page précise.
14. *Voir* Muriel James, *What Do You Do With Them Now That You've Got Them?* (Reading, Mass.: Addison-Wesley, 1974).
    Voir également Muriel James, "Self Reparenting: Theory and Process", *Transactional Analysis Journal*, Vol. 4, No. 3 (July 1974), pp. 32-39.
15. Muriel James, "The Use of Structural Analyses in Pastoral Counseling", *Pastoral Psychology*, Vol. 19, 187 (Oct. 1968), pp. 8-15.
    Voir également Muriel James, *Born to Love: Transactional Analysis in the Church* (Reading, Mass.: Addison-Wesley, 1973).
    Cf. Muriel James and Louis Savary, *The Power at the Bottom of the Will: Transactional Analysis and the Religious Experience* (New York, Harper & Row, 1974).
16. *Psychologia — An International Journal of Psychology in the Orient*, Ed., Koji Sato, Kyoto Univ., Vol. 8, No. 1-2, 1965.

6. L'ENFANCE ET L'ETAT DU MOI ENFANT

1. A. A. Milne, *Winnie the Pooh* (London: Methuen, 1965), pp. 1-18.
2. Fraiberg, *op. cit.*, p. 109.
3. Compilé par Lee Parr McGrath et Joan Scobey, *What Is a Mother* (New York: Simon & Schuster, 1968), aucune page précise.
4. Berne, *Principles of Group Treatment*, p. 283.
5. Fraiberg, *op. cit.*, p. 109.
6. Berne, *Games People Play*, p. 173.
7. Berne, *Principles of Group Treatment*, p. 305.
8. *Oakland Tribune*, Oct. 15, 1967.
9. *Voir* Muriel James, *What Do You Do With Them Now That You've Got Them?*, pp. 33-34.
10. Perls, *Gestalt Therapy Verbatim*, p. 236.

7. L'IDENTITE PERSONNELLE ET SEXUELLE

1. Billie T. Chandler, *Japanese Family Life with Doll-and-Flower Arrangements* (Rutland, Vt.: Charles Tuttle, 1963), pp. 29-30.
2. Caroline Bird, *Born Female* (New York: Simon & Schuster, 1969), p. 183.
3. Erich Fromm, *The Art of Loving* (New York: Harper & Row, 1956), pp. 18-19.
4. Anthony Storr, *The Integrity of the Personality* (Maryland: Penguin Books, 1966), p. 43.
5. Virginia Satir, *Conjoint Family Therapy* (Palo Alto: Science and Behavior Books, 1964), pp. 29, 48-53.
6. Merle Miller, "What It Means to Be a Homosexual" (New York Times Service, *San Francisco Chronicle*, Jan. 25, 1971).
7. Peter et Barbara Wyden, *Growing Up Straight* (New York: Stein and Day, 1968).
8. *Cf.* Dorothy Jongeward, "Sex, Roles, and Identity: The Emergence of Women", *Calif. State Marriage Counseling Quarterly*, I, No. 4 (May 1967).
9. Sidney Jourard, *The Transparent Self* (Princeton, N.J.: D. Van Nostrand, 1964), p. 46.
   Cf. Muriel James, *Born to Love*, pp. 119-122.
10. *Voir* Dorothy Jongeward et Collaborateurs, *op. cit.*
    Sur les séminaires pour les femmes ayant une carrière, voir pp. 106-109, 152-182.
11. *Voir* Dorothy Jongeward et Dru Scott, *op. cit.*, pp. 203-250.
12. Erikson, *op. cit.*, p. 68.
13. The Child Study Association of America, *What to Tell Your Children About Sex* (New York: Pocket Books, 1964), p. 22.
14. *Voir* Renatus Hartogs, *Four-Letter Word Games* (New York: Dell Publishing, 1968).
15. *Voir* Alexander Lowen, *The Betrayal of the Body* (London: Macmillan, 1969).
16. Muriel James, "Curing Impotency with Transactional Analysis", *Transactional Analysis Journal*, Vol. 1, No. 1 (Jan. 1971), pp. 88-93.

8. COLLECTIONS DE BONS-CADEAUX ET JEUX PSYCHOLOGIQUES

1. Berne, *Principles of Group Treatment*, pp. 286-288.
   Cf. Muriel James, *What Do You Do With Them Now That You've Got Them?*, pp. 45-57.
2. *Ibid.*, p. 308.
3. Haim G. Ginott, *Between Parent and Child* (New York: Macmillan, 1967), pp. 29-30.
   Sur les techniques d'identification de jeux familiaux, voir John James, "The Game Plan", *Transactional Analysis Journal*, Vol. 3, No. 4 (Oct. 1973), pp. 194-197.

4. *Voir* Berne, *Principles of Group Treatment*, pp. 278-311. *Voir également* Berne, *Games People Play*, p. 53.
   Sur les jeux courants dans l'église, voir Muriel James, *Born to Love*, pp. 95-110.
5. Berne, *Games People Play*, p. 102.
6. Dorothy Jongeward, "Games People Play — In the Office", *P.S. For Private Secretaries*, Vol. 13, No. 12 (June 1970), Roterford, Conn.: Bureau of Business Practices, Section II, pp. 1-8.
7. Berne, *Games People Play*, p. 95.
8. Perls, *Gestalt Therapy Verbatim*, p. 53.
9. Pour une description détaillée du mode d'adaptation des jeux, voir Dorothy Jongeward et Collaborateurs, *op. cit.*, Chapitre 2, "Games Cost Organizations Money", pp. 23-49.
10. *Ibid.*, Chapitre 3, "Games Can Be Stopped Many Ways", pp. 51-59.
11. *Voir* Dorothy Jongeward et Muriel James, *Winning with People: Group Exercises in Transactional Analysis* (Reading, Mass.: Addison-Wesley, 1973), pp. 80-81.
12. Stephen Karpman, "Options", *Transactional Analysis Journal*, Vol. 1, No. 1 (Jan. 1971), pp. 79-87.
    Cf. John James, "The Game Plan", p. 195.
13. Franklin Ernst, *Activity of Listening* (monographie, 1ère édition Mars 1968, peut être demandée à la Golden Gate Foundation for Group Treatment, Inc., P.O. Box 1141, Vallejo, Calif.) pp. 13-14.
14. Frederick Perls, Ralph F. Hefferline, et Paul Goodman, *Gestalt Therapy: Excitement and Growth in the Human Personality* (New York: Julian Press, 1951), p. 168.
15. *Ibid.*, p. 168.
16. *Voir* Alexander Lowen, *op. cit.*, pp. 237-250.
17. Perls, *Gestalt Therapy Verbatim*, p. 127.
    Cf. Muriel James, *What Do You Do With Them Now That You've Got Them?*, pp. 61-71.
18. *Cf.* Muriel Schiffman, *Self Therapy: Techniques for Personal Growth* (Self Therapy Press, Menlo Park, California, 1967), aucune page précise.
19. *Cf.* William C. Schutz, *Joy* (New York: Grove Press, 1967), p. 66.
20. *Cf.* W. Cheney, "Hamlet: His Script Checklist", *Transactional Analysis Bulletin*, Vol. 7, No. 27 (July 1968), pp. 66-68.
    Cf. également Claude Steiner, "A Script Checklist", *Transactional Analysis Bulletin*, Vol. 6, No. 22 (April 1967), pp. 38-39, 56.

9. L'ETAT DU MOI ADULTE

1. Berne, *The Structure and Dynamics of Organizations and Groups*, p. 137.
2. Berne, *Transactional Analysis in Psychotherapy*, p. 37.
3. Berne, *Principles of Group Treatment*, p. 220.

Notes et références bibliographiques 305

4. Berne, *Games People Play*, p. 24.
5. Berne, *Transactional Analysis in Psychotherapy*, p. 77.
6. Berne, *Principles of Group Treatment*, pp. 306-307.
Pour des précisions sur l'énergie et le sentiment du moi lorsqu'elle est activée, voir Muriel James et Louis Savary, *The Power at the Bottom of the Will*, pp. 145-146.
7. Berne, *Transactional Analysis in Psychotherapy*, pp. 39-40.
Cf. Muriel James, *Born to Love*, pp. 48-52.
8. *Ibid.*, p. 51.
9. *Ibid.*, p. 45.
10. *Ibid.*, p. 62.
11. Berne, *Principles of Group Treatment*, p. 306.
12. Berne, *Transactional Analysis in Psychotherapy*, p. 146.
13. Berne, *The Structure and Dynamics of Organizations and Groups*, p. 137.
14. Berne, *Principles of Group Treatment*, p. 90.
Voir également Muriel James, *What Do You Do With Them Now That You've Got Them?*, pp. 23-43.
15. Perls, *Gestalt Therapy Verbatim*, pp. 211-212.
16. *Ibid.*, p. 66.
17. *Ibid.*, p. 70.
18. Berne, *Principles of Group Treatment*, p. 311.
19. *Ibid.*, p. 221.
20. Perls, *Gestalt Therapy Verbatim*, p. 69.

10. L'AUTONOMIE ET LA MORALE ADULTE
1. Berne, *Sex in Human Loving* (New York: Simon & Schuster, 1970), p. 194.
2. Berne, *Games People Play*, p. 178.
3. Perls, *Gestalt Therapy Verbatim*, p. 44.
4. Berne, *Games People Play*, p. 180.
5. Martin Buber, *Between Man and Man* (New York: Macmillan, 1968), p. 78.
6. Victor E. Frankl, *The Doctor and the Soul* (New York: Alfred Knopf, 1957), pp. xviii, xix.
7. Abraham H. Maslow, *Eupsychian Management* (Homewood, Ill.: Richard D. Irwin and The Dorsey Press, 1965), p. 161.
8. Berne, *Transactional Analysis in Psychotherapy*, pp. 194-195.
9. *Ibid.*, p. 193.
10. *Ibid.*, p. 195.
11. Les Docteurs Roberto Kertesz et Jorge A. Savorgnan, de l'Université de Buenos Aires, Faculté de Médcine, ont été les premiers à utiliser le terme « technics » (traduit ici par « technique ») pour décrire l'Adulte dans l'Adulte.
12. Erich Fromm, *The Revolution of Hope* (New York: Bantam, 1968), p. 16.

13. Abraham H. Maslow, *Motivation and Personality* (New York: Harper & Row, 1954), pp. 211-214.
14. Kertesz *et coll.* soutiennent que la position de l'Adulte « Je suis OK/Vous êtes OK » est très différente de la position maniaque de l'Enfant « Je suis OK/Vous êtes OK. »
15. Eric Berne, « Editor's Page », *Transactional Analysis Bulletin*, Vol. 8, No. 29 (Jan. 1969), pp. 7-8.
16. Copyright, 1955, par E. E. Cummings. Reproduit de E. E. Cummings: *A Miscellany*, sous la direction de George J. Firmage, avec l'autorisation de Harcourt Brace Jovanovich, Inc.

QUELQUES OUVRAGES EN FRANÇAIS

Eric Berne, *Analyse transactionnelle et psychothérapie,* Payot, 1971
Eric Berne, *Psychiatrie et psychanalyse à la portée de tous*, Fayard, 1971
Eric Berne, *Des jeux et des hommes,* Stock, 1975
Eric Berne, *Que dites-vous après avoir dit bonjour?,* Tchou, 1977
John Dusay et Claude Steiner, *L'analyse transactionnelle en thérapie de groupe,* Jean-Pierre Delarge, 1976
Thomas Harris, *D'accord avec soi et les autres,* Epi, 1974
Muriel James, *Le nouveau jeu des familles,* InterEditions, 1979
Gysa Jaoui, *Le triple moi*, Robert Laffont, 1979
Dorothy Jongeward et Dru Scott, *Gagner au féminin,* InterEditions, 1979
Dorothy Jongeward et Philip Seyer, *Gagner dans l'entreprise,* InterEditions, 1980
Frederick Perls, *Ma Gestalt-thérapie,* Tchou, 1976
Gilbert Tordjman, *Les racines du bonheur,* Denoël, 1976

INDEX